現代企業の組織デザイン

The Modern Firm: Organizational Design for Performance and Growth

戦略経営の経済学

ジョン・ロバーツ
John Roberts

谷口和弘=訳

NTT出版

©Donald John Roberts 2004
The Modern Firm: Organizational Design for Performance and Growth
was originally published in English in 2004. This translation is published
by arrangement with Oxford University Press.

日本語版への序文

　私は，*The Modern Firm: Organizational Design for Performance and Growth* の日本語版『現代企業の組織デザイン：戦略経営の経済学』を日本の読者に紹介できる機会をえたことを，大変光栄に思うと同時にうれしく感じている．本書を手にとられた読者が，何らかの価値を見出してくれることを強く望んでいる．

　本書の意図は，企業の成功がいかなる組織を採用するかによって左右されることを理解する点に求められる．この問題を扱ううえで経済学のロジックを適用し，企業の有効な組織デザインにかかわる問題の解決に向けた基礎を提供している．

　本書が，日本語で世界で最初に翻訳されることになったのは，きわめて適切だと言える．というのも，そもそも私自身，企業の有効な組織デザインにかかわる問題については，1980年代末の日本企業の研究によってだけでなく，日本企業の慣行とアメリカ企業の慣行との比較によって理解してきたからである．

　日米の慣行のあいだには，さまざまな面で顕著な違いがあった．日本企業は，アメリカ企業が目的としてきた利潤や株式市場価値ではなく，むしろ長期的な存続や成長を強く志向してきたようである．また，アメリカ企業よりもアウトソーシングに大きく依存してきたのだが，あくまでも距離をおいた市場取引ではなく，長期関係をつうじた取引を行ってきた．日本企業は，長期雇用を保障するとともに，大量の新卒採用を実行してきた．そして，日本企業の従業員にとって，1社の企業でキャリアをすごしていくのが当たり前になっていた．これとは対照的に，アメリカ企業の従業員にとって，転職が

一般的になっており，雇用者サイドでは，経験の豊かな人々を雇用する一方で，しばしば従業員を解雇することすらあった．日本企業は，アメリカ企業よりも積極的に，従業員の人的資本の開発に向けて投資を実行するとともに，報酬や昇進の決定において年功を重視してきた．さらに，資金調達について言えば，アメリカ企業よりも銀行融資に大きく依存してきたので，株式市場は適切に利用されてこなかった．日本企業の株式の大部分は，他企業によって保有されていた．これにたいして，アメリカでは，株式相互持合いは稀にしか行われていなかった．日本企業の取締役会は，もっぱら社内取締役によって構成されていたのにたいして，アメリカ企業は，典型的に独立性の高い社外取締役を数多く採用していた．

これら2つの異なったモデルは，なぜ双方ともにうまく機能したのだろうか．私は，この問題を理解するために，数年間という時間を費やすこととなった．

その答えを導き出すうえで，同僚であるポール・ミルグロム（Paul Milgrom）教授と私自身が用いた数多くのアイデア[1]は，本書で展開する分析にとって重要な意味をもっている．われわれは，日米それぞれの経済システムを，以下のような問題にたいする1つのコヒーレントな解として認識するに至った．すなわち，経済規模のベースで人々のコーディネーションとモチベーション（動機づけ）を可能にするようなシステムをいかにデザインすればよいのか．そうした経済システムは，それぞれの国を取り巻く経済，技術，人口，政治，そして社会に関連した環境に適合していたのであろう．とくに，日本企業を特徴づけている特異な戦略や組織の選択は，相互に適合していただけでなく，企業の事業環境とも適合していた．これにたいして，アメリカ型モデルは，日本型モデルと同様に内部的な整合性をもっていただけでなく，アメリカを取り巻く環境の下では適切に機能していたと言えよう．

戦略と組織に関連した諸要素のあいだには，豊かな補完関係のネットワークが存在していた．このことは，重要な洞察である．すなわち，一方のモデ

---

[1] Milgrom and Roberts (1992) を参照．および，詳細な分析については，Milgrom and Roberts (1994) も参照．

ルのある要素を採用することによって，そのモデルの他の要素を採用することが，より有効になるということを意味している．かくして，相対的に重要でないとみなされがちな環境上の差異は，組織デザイン問題の解にかんして異なった帰結をもたらす．

　さらに，ミルグロム教授と私は，劇的な環境変化が生じたために，1990年代初期までに日本の企業モデルが次第に機能不全をきたすようになったと論じた．人口や社会の変化，国際政治経済の発展，そして日本が先進国経済の仲間入りをはたしたという歴然とした事実は，どれもみな日本型経済モデルとその環境のあいだに存在していた整合性を破壊する要因となった．われわれが予測したのは，創発的な環境に適合するようなニュー・デザインを発見するのは困難だということである．日本企業の成功をもたらした戦略や組織デザインの特徴の多くは，もはや存立しうるものではなくなっている．しかし，ニュー・モデルの開発というのは，きわめて複雑で多くの時間を要する営みなのである．

　実際，日本では10年以上にわたって，ニュー・モデルの開発に向けた取り組みが行われてきた．幸いにも，新しいコヒーレントなシステムが創発しつつあり，ニュー・モデルをベースにした日本の復活を予感させる望ましい兆候が確認されている．だが私は，いまだに実行すべき多くの課題が残されているという認識を抱いている．新しい環境の下で業績向上と成長を実現できるように，いかなる組織を採用したらよいのだろうか．とくに，日本企業は，この問題にたいして真摯に取り組む必要がある．本書は，日本企業のケースに限定した議論を展開しているわけではないが，そこでの知的努力に何らかの価値が見出せるはずである．いかにして有効な組織デザインを実行したらよいのか．とくに，本書で展開する枠組や概念は，マネジャーがこの問題を理解し，解決していくうえで役立つ．そして，私が提示するアイデアは，新しい日本の環境にたいしても適用できるものだと確信している．さらに，日本の社会と政府は，この国が抱えている問題の本質を理解せねばならない．この10年間に日本経済が直面してきたファンダメンタルな問題というのは，実はマクロ経済に関連したものではなかった．だが，多くの関心や論争の的は，あいにくマクロ経済の局面へと向けられてしまった．低成長，長引く不

況，そしてデフレといったものは，あくまでも構造的な問題のために生じているのであって，旧来の経済システムが新しい環境の下でうまく機能しなくなったことを示唆する兆候にほかならない．したがって，企業を含む経済制度のリデザイン（再設計）こそが，究極的な解になりうるはずである．おそらく，本書はこの点においても有効である．

　本書の日本語版が出版されることを喜ばしく思うのには，さらにまた別の理由がある．というのは，スタンフォード大学（Stanford University）の同僚でもある青木昌彦名誉教授にたいして，あらためて深い感謝の念を記す機会にめぐまれたからである．青木教授は，組織経済学の発展に多大な貢献をされ，私自身の理解を深めて下さった．経済理論をベースにした制度や組織の研究に尽力されている先駆者的な学者の1人である．そして，現代の日本企業にかんする理解を発展させるだけでなく，日本型の組織デザインを欧米の学者に広く認知させるのに，中心的な役割をはたしてこられた．とくに，彼の記念碑的な研究書である *Toward a Comparative Institutional Analysis* (2001)（日本語版『比較制度分析に向けて』は，本書の日本語版と同様にNTT出版から刊行された）では，きわめて重要な研究分野を確立された．さらに，「青木先生」は，スタンフォード大学の教員や学生のあいだで，組織の問題にたいする研究関心を大きく高めるのに貢献したリーダーなのである．やはり，われわれは，青木教授に多くを負うている．

　そして，本書が価値をもつものだとすれば，日本語版の翻訳を行って下さった谷口和弘助教授のおかげでもある．私に代わって，真摯な知的努力をこの翻訳の実現に振り向けて下さったことにたいして，谷口助教授への深い感謝の念をここに記しておきたい．

　　　　　　　　　　　　2005年7月　カリフォルニア　スタンフォードにて

　　　　　　　　　　　　　　　　　　　　　　　　ジョン・ロバーツ

はじめに

　ゼネラル・マネジャーにとって最も基本的な責任は，戦略策定を行うとともに，戦略を実行するための組織をデザインすることである．ここ数十年のあいだに，戦略経営論の研究だけでなく戦略策定の慣行も，経済学にとって重要な価値をもつということが明らかになった．本書の意図は，経済学も戦略経営論と同様に，組織デザインを理解するうえで有効だということを証明する点に求められる．

　実践の場で活躍しているマネジャーが，本書を読むことによって何らかの示唆をえることができる，と私は確信している．だが，あいにく本書は，成功の秘訣にかんする単純な解答を提供するような「ハウ・トゥ本」ではない．むしろ，業績向上と成長を実現するために，企業組織をいかにデザインすればよいかという問題を考えるための方法を提示している．組織論や経営学の研究に取り組んでいる学生のみならず，ビジネスの世界で活動している経営者も，組織経済学の基本原理を学習するのにとどまらず，現実の企業にたいするその応用の仕方を学ぶことによって，多くの便益を享受できるはずである．本書が提供しようとしているのは，理論，および現実への理論的応用にほかならない．したがって，そこでは，ケース・スタディや簡潔な事例と，基本的な概念や理論的枠組とを結合する試みが繰り広げられる．その展開や表現については，極力テクニカルではない仕方で行っていき，やがて組織デザイン問題にたいする応用へと進むつもりである．さらに，本書においては，現代企業のニュー・モデルを創造している実際の企業で確認されるように，きわめて大きな変化を説明してみたい．

　本書は，1997年の春にオックスフォード大学（Oxford University）で行

った講義をベースに作成されたものである．そして今，私がこの序文を書いているのは，2003年の夏である．講義をまとめてから，長い時間が経過してしまったのは疑うべくもないことである．しかし，この時間的な遅れには，それなりに重要な意味があった．このように，私は確信せざるをえない．そのあいだに，有効な組織をいかにして創造するかという議論の面で大きな進展があったし，何よりも私自身，多くのことを学ぶことができた．したがって，本書について言えば，もし5年前ないし6年前の時点で執筆していたならば，まったく違った内容のものになっていたであろう．本書では，3回の講義を7章分の内容に拡張してまとめることにした．それによって，新しい理論の展開を含めることができただけでなく，当時では想像もできなかったさまざまな慣行にかんする豊富な事例も織り込むことができた．

　本書の執筆にあたって，私は多くの方々に負うている．まず，栄誉ある第1回目のクラレンドン経営研究講義（Clarendon Lectures in Management Studies）を行うための訪問機会を与えて下さったことにたいして，謝意を示しておきたい．この点にかんして，オックスフォード大学サイード・ビジネス・スクール（Saïd Business School, Oxford University）のコリン・メイヤー（Colin Mayer）とオックスフォード大学出版局（Oxford University Press）にたいして，お礼申し上げたい．第2に，私が組織にかんして行ってきた研究のほぼすべてが，コラボレーションの産物なのであって，私自身，思考，教育，そして執筆の面で協働してきた方々に多くを負うている．私は，そうしたすべての方々から学んできたのだが，とくにスーザン・エイシー（Susan Athey），ジョナサン・デイ（Jonathan Day），ベント・ホルムストローム（Bengt Holmström），ポール・ミルグロム，そしてジョエル・ポドルニー（Joel Podolny）の諸氏に感謝せねばならない．彼らは，それぞれのアイデアが本書に活かされていることを認識するのみならず，私が彼らとの共同研究からいかに大きな便益をえているかを知るであろう．スタンフォード大学ビジネス・スクール（Graduate School of Business, Stanford University）は，教育・研究機関として無類の環境をほこっている．この点において，私も多くのサポートをうけていることにたいして感謝しなければならない．さらに，私の学習にたいして大きな貢献をして下さったという意味で，スタン

フォード大学，MIT スローン・マネジメント・スクール（MIT Sloan School of Management），そしてエグゼクティブ・プログラムに関連した仲間の研究者と Ph. D. や MBA の学生にたいして，お礼申し上げたい．とくに，ウィリアム・バーネット（William Barnett），デヴィッド・バロン（David Baron），ジェームズ・バロン（James Baron），ロバート・バーゲルマン（Robert Burgelman），キャサリン・ドアニック（Katherine Doornik），デヴィッド・クレプス（David Kreps），エドワード・ラジアー（Edward Lazear），ジョン・マクミラン（John McMillan），チャールズ・オライリー（Charles O'Reilly），ポール・オイヤー（Paul Oyer），ガース・サローナー（Garth Saloner），スコット・シェーファー（Scott Schaefer），エリック・ヴァン・デン・スティーン（Eric Van den Steen），そしてロバート・ウィルソン（Robert Wilson）といった諸氏にたいして，心より謝意を表したい．また，私は，本書を執筆しているあいだ，オックスフォード大学ナフィールド・カレッジ（Nuffield College, Oxford University）とロンドンのマッキンゼー・アンド・カンパニー（McKinsey & Company）で過ごした．両組織とそのメンバーの方々にたいしても，お礼申し上げたい．さらに，私が研究のために訪問した数多くの企業，とくに BP plc, GM（ゼネラル・モーターズ：General Motors），ジョンソン・コントロールズ（Johnson Controls），ノキア（Nokia Corporation），ノボノルディスク（Novo Nordisk），ソニー，そしてトヨタ自動車といった企業の役員ならびにマネジャーの方々にたいして感謝したい．これらの企業にかんするケースについては，私と他の研究者との共著によるものだが，私自身の思考形成に役立ったばかりか，本書の基礎をなしている．オックスフォード大学出版局の担当編集者であるデヴィッド・マッソン（David Musson）にたいしては，私の緩慢な執筆状況を寛大に受け容れて下さったことに，深い感謝の意を表したい．（とは言うものの，並外れた寛大さを示してくれたわけではなかったので，私は負い目を感じるのをやめることにした）．ポール・クームズ（Paul Coombes），ジョン・マクミラン，アンドリュー・ポストルウェイト（Andrew Postlewaite），リチャード・サウマ（Richard Saouma），そしてとりわけジョナサン・デイの諸氏は，本書の原稿を読んで下さり，貴重なコメントを寄せて下さった．アイチ

ャ・カイヤ（Ayca Kaya）は，有益なリサーチ・アシスタンスを提供して下さった．そして，ジェン・スミス（Jen Smith）には，原稿を校了させるうえでご助力をいただいた．最後に私事になるが，妻であるキャサリン・ロバーツ（Kathleen Roberts）には，私がこのプロジェクトを際限なく引き延ばしていたことで迷惑をかけてしまった．それにともない過ぎ去った日々について，彼女は，もち前の愛嬌とユーモアで乗り越えてくれたにちがいない．ありがとう，キャシー．

現代企業の組織デザイン
――戦略経営の経済学――
＊
目　次

日本語版への序文　*i*

はじめに　*v*

第1章　戦略と組織　*1*

戦略，組織，そして環境　*12*

組織デザイン問題：戦略と組織の設定　*17*

戦略と組織の変化　*21*

乱気流環境の戦略と組織　*25*

第2章　組織デザインの主要概念　*29*

補完性　*31*

非凸性と非凹性　*47*

タイト・カップリングとルース・カップリング　*63*

第3章　企業の性質と目的　*69*

市場の失敗の源泉と性質　*73*

企業 vs. 市場　*82*

企業の本質　*98*

協力とイニシアチブ　*101*

第4章　現代企業とモチベーション　*111*

モチベーション問題の原因と性質　*112*

基本的なエージェンシー理論　*119*

業績指標の選択　*128*

マルチタスクとエージェンシー関係　*133*

グループ業績給　*146*
業績指標の操作　*148*
主観的評価　*150*
評判　*152*
PARC とモチベーション　*155*

第 5 章　業績向上のための組織　*169*

垂直範囲　*178*
水平範囲　*201*
内部組織と業績　*215*
全体的なシステム　*224*

第 6 章　成長とイノベーションのための組織　*227*

成長を買う　*229*
既存企業のイノベーション：探査と発掘　*237*
マルチタスクのジョブ・デザイン　*251*

第 7 章　現代企業の創造：経営とリーダーシップの課題　*263*

訳者あとがき　*269*

参考文献　*275*

事項索引　*287*

企業・組織名索引　*293*

人名索引　*295*

装幀　間村俊一

第 1 章　戦略と組織

　20 世紀が幕を開けた直後の 20 年のあいだに，スタンダード・オイル・オブ・ニュージャージー（Standard Oil of New Jersey），デュポン（Dupont），シアーズ・ローバック（Sears Roebuck），そして GM（ゼネラル・モーターズ：General Motors）といった企業のマネジャー†は，事業の組織化や運営にかんして新しい手法を開発した．これらの企業が創造した組織構造──現在では，至るところで確認されるようになった M 型組織（事業部制組織）──は，企業の組織デザインの根本的な変化を必要とした．最も際立った変化というのは，職能（機能）によってではなく，むしろ製品や地域によって規定した複数の事業部からなる組織構造であった．このニュー・モデルは，情報の収集と記録，資源配分，そして行動のコントロールのための新しいシステムを必要とした．多数の人々が，相互依存的な一連のアクティビティ（活動や機能など）††をさまざまな場所で実行している．そのために，彼らをコーディネートするとともに動機づけるという複雑な問題が生ずる．だが，

---

† 訳注：manager の訳語としては「マネジャー」や「経営者」，そして management の訳語としては「経営者」「経営陣」「マネジメント」および「経営」といったものが考えられる．また，それらは，現場管理を担うロワー，企業全体の指揮にあたるトップ，そして両者のあいだでコミュニケーションを促進するミドルといったレベルに分けることができる．本訳書では，前者については「マネジャー」，そして後者については「経営陣」という訳語を主に採用し，議論の文脈にあわせて多様な訳語を適宜に用いていく．

†† 訳注：activity については，インプットがアウトプットに変換されるプロセスを表すために「活動」という訳語が用いられてきた．しかし，それにとどまらず「機能」「工程」そして「システム」といった意味をもつと考えられるので，「アクティビティ」と表記する．

ニュー・モデルは，この問題にたいして効率的な解を提供した．その結果，大陸規模だけでなく地球規模でも，マルチプロダクト型の巨大な企業組織が創発して，有効に機能するようになった．さらに，新しい組織デザインによって，マネジャーとして働く人々の数が飛躍的に増え，マネジメントというものを，専門職の地位へと向上させるような価値観や規範が出現するに至った．M型の組織デザインは，経済活動にたいする影響だけでなく人間社会全体にたいする影響という点でも，20世紀のメージャー・イノベーションの1つとみなされるにちがいない[1]．

だが，現在からさかのぼって過去20年のあいだに，M型組織と同様にファンダメンタルで，かつきわめて重大だとみなされるような企業の組織イノベーションが数多く確認された．かと言って，組織デザインの要素は，どれもみな究極的な形態にたどりついたというわけではない．マネジャーは，組織の変化を誘導していくうえで，改善に向けてたゆまぬ実験を続けていかねばならない．この点にかんして，一般的な傾向が明らかになった．すなわち，企業は，アクティビティの範囲を変更してきたが，典型的に言えば，コア事業の見直しを図るとともに，以前は中核とみなしていたアクティビティの多くをアウトソーシングの対象にした．そうした変化は，おびただしい数のM&A（合併・買収）やスピンオフといった活動に反映されている．このような活動は，1980年代と1990年代の特徴になっていたが，近年再び活発化している．多くの企業は，顧客やサプライヤーとの関係を再検討する際，単純な距離をおいた取引（アームズ・レンス）に代わって，長期的なパートナーシップを採用することもある．さらに，以下のことを試みてきた．——マネジャーやスタッフといったポジション（職位）の階層を削減する．組織内におけるビジネス・ユニット（事業単位）の分割の仕方を見直す．職能別のエキスパートをそれぞれのビジネス・ユニットに配置する．そして，ライン・マネジャーの権限と責任を高める．企業は，これらの策を講じるとともに，情報システムや評価システムの改善，および業績管理システムのリデザイン（再設計）を試みるこ

---

1) そうした組織の発展を記したスタンダードな文献として，Chandler (1977) を挙げることができる．さらに，Chandler (1962) を参照．

とによって，意思決定のスピード化を図るとともに，今まで行ったことがないような仕方で，従業員の知識やエネルギーを引き出そうとつとめてきた．さらに，コーディネーションと学習を促すために，組織の異なった部署の人々を直接結びつけるための実験を試みてきた．まさにこのことによって，ヒエラルキーの上下方向で行われる垂直的コミュニケーションにとどまることなく，水平的コミュニケーションが促進されるようになった．多くの企業は，従業員との関係を再評価する一方で，職務（ジョブ）や仕事のリデザインを実行した．

　企業は，そうした変化を試みることによって業績向上を意図している．競争圧力の増大によって，変化が促進されるようになった．そうした試みの多くは，まず新技術によって実行できるようになった．国際貿易や海外投資にたいする障壁の撤廃，情報技術（とくに，インターネット）の台頭，そして輸送の改善といったもののために，ある企業にとっての競争相手は，旧来の地域的に限定されたローカルな企業ではなくなった．むしろ，世界の至るところから出現するようになったのである．競争が激化するにつれて，業績向上にたいするニーズはより高まった．さらに，そうした一連の変化によって，自国から離れた地域で事業を展開する新たな機会が生み出された．そうした事業機会の活用は，新しい組織デザインによって支えられた．また，資本市場は，企業にたいして業績向上を強く求めている．とくにアメリカにおいて，機関投資家は，強大なパワーを積極的に行使するようになり，その結果，企業の業績は向上した．このことは，他の国々でも確認されるようになっている．いくつかのケースをみれば理解できるように，特別なスキルや才能にめぐまれた人材を求め，その維持を模索する企業の数が増えた．前述のような変化は，人材をめぐる競争の激化にたいする反応として解釈することもできよう．他方，コミュニケーション技術や計算技術がめまぐるしい進歩を遂げたことによって，組織や経営手法の面で重要な変化がもたらされた．

　そうした組織イノベーションの成果を適切に応用するのであれば，望ましい経済パフォーマンスが実現するであろう．そして，世界中の人々の物質的な豊かさにも影響が及ぶであろう．さらに，そうしたイノベーションは，仕事の仕方を変えることによって，人々の生活を一変させてしまうだろう．結

局，現代企業の事業の仕方にたいして全般的な影響を及ぼしうる．

だが，以下の事例が示しているように，このニュー・モデルの基盤をなす原理は，まったく目新しいものだというわけではない．

この事例には，サービス産業——貿易——における2社の企業が関係している．そのうちの1社，すなわち創業して相対的に長い歴史をもつ「HB社」は，長い年月にわたって市場を完全に支配してきた．HB社のリーダーは，経済的にも政治的にもパワーをもっており，この企業は政府によって優遇され続けた．他方，新たに設立された「NW社」は，急に立ち現れた競争相手であって，何の優位性ももっていない．NW社のリーダーは，外国から移住してきた亡命者であって，パワーをもつ友人にもめぐまれていなかった．さらに，その本社は，遠く離れた地方都市に位置していた．実際，NW社は，HB社と競争を展開していくうえで，違法行為にも手をそめなければならなかった．さらに，HB社は，既存の顧客ベース，事業上の経験，そして政治や法の問題にかんする優位性に加えて，非常にすぐれた技術にもめぐまれていた．そして，資金にたいしても容易にアクセスできた．結果として，HB社の費用は，その競争相手であるNW社の約2分の1になっていたと推定される．

しかし，NW社は，事業参入後まもなくして，その競争相手であるHB社から市場の80％を奪取し，高い収益を実現するようになった．他方，かつては，支配的な独占企業の地位に君臨していたHB社は，破綻寸前の状況においこまれてしまった．はたして，このような事態は，いかにして生じることになったのだろうか．

ビジネスの世界で生じている近年の変化に熟知した人々にとって，その答えは，さほど驚きに値するものではなかろう．NW社は，顧客に接近することによって，彼らをより適切に扱う仕方を発見するに至った．それによって，さまざまな顧客ニーズにたいしてだけでなく，たえまなく変化する市場にたいしても即応できるようになった．さらに，数多くの組織イノベーションを実行した．サプライヤー構造の単純化を図るとともに，伝統的な仲介者を削減したのである．NW社は，官僚制のいきすぎを極力回避した．そして，システム開発をつうじて，適切な情報が企業内で広く共有されるように

するだけでなく，意思決定の面ですべての関連主体が特定の役割をはたし，その理解を深められるようにした．この企業は，事業部門の人材として，責任とイニシアチブ（個人の独創力や行動力）を積極的に発揮できる人々を新規採用した．彼らは，ヒエラルキーの上位者による詳細なチェックをうけることなく，自分の知識と知性にもとづいて行動する権限を付与された．最終的に，NW 社では，企業家的行動を促すような報酬システムが設けられることになった．換言すれば，この企業は，新しい戦略を発展させるとともに，そうした戦略を支える人々，組織構造，経営プロセス，そして企業文化を創出したのである．このような経営革新によって，一見して明らかだった深刻な費用劣位を克服することができた．

　当初，HB 社は，NW 社による挑戦をうけているにもかかわらず，冷静な態度を保っていた．自社のビジネス・モデルが，長い年月にわたってうまく機能してきたことだけでなく，自社が，圧倒的な優位性をもっていることも認識していた．だが同時に，NW 社の新しい戦略と新しい組織が可能にする競争優位を把握できなかったのも，また事実である．だからこそ，対応がかなり遅れて，適切なタイミングを逸してしまった．突如として出現した競争相手が巨大なマーケット・シェアを獲得した後ですらも，古い歴史をもつ企業のリーダーは，ほとんど何もせずにいた．このことは，近年のさまざまな実務経験をもつ人々のあいだで，ポピュラーなストーリーとして語り継がれるべきものであろう．

　しかしながら，結果的に HB 社は，NW 社の新しいアプローチを模倣することによって，脅威に対応するという策を選択した．だが，そうした対応が試みられたのは，HB 社のリーダーが新しい人物に代わった後のことであった．新しいリーダーは，脅威の本質を理解することができたばかりか，長きにわたって有効に機能してきた伝統的なビジネス・モデルにしばられてはいなかった．

　NW 社は，つねに認識していた．すなわち，競争相手である HB 社が，自社の顧客志向型戦略を模倣するとともに，集権的なコマンド・アンド・コントロール（命令と管理）のプロセスに代えて，そうした新しい戦略に適合したプロセスを採用するのであれば，やがて自社が，費用劣位のために存続の

危機にさらされてしまうということを．そこで，NW 社は，HB 社の経営が新しいリーダーの手に委ねられる前の段階で，この企業にたいして先制的なテイクオーバー（乗っ取り）を仕掛けた．しかし，この試みは，失敗に終わってしまった．結果的に HB 社は，その圧倒的な費用優位のために，NW 社を凌駕したのである．

　パブリック・リレーションズに関連した理由で，合併という方法で 2 社の企業を統合するディール†が行われることになった．だが，1820 年の時点でカナダにいた人々（そして，状況を把握していたイギリスの人々）なら誰もが知っていたように，モントリオールのノースウェスト（North West Company）は，ロンドンを本拠地とした勝者であるハドソン・ベイ（Hudson Bay Company）によって，あるいはより正確に言えば，「ハドソン湾において通商に従事するイギリス冒険家達と総督（Governor and Company of Adventurers of England Trading into Hudson's Bay)」によって，吸収された[2]．

　ハドソン・ベイは，カナダの代表的な小売業者の 1 つとして，今日まで事業を続けている．この企業は，1670 年にチャールズ 2 世（Charles the Second）の勅許状(チャーター)によって設立されたが，ルパート王子（Prince Rupert）を総督とするこの企業には，巨大なハドソン湾につながる地域の貿易にかんする排他的権利が与えられた．この巨大な独占体は，イギリスの15倍以上の広さをもつ 150 万平方マイルの地域を対象にしていた．その面積は，2004 年に加盟国が増える以前の EU よりも大きかった．当時，そこには，ヨーロッパ出身の居住者は存在しておらず，岩と木と水しかない人跡未踏の荒野が広がっていた．（その多くは，今日でもいまだに当時のままである）．そこに存在していたのは，比較的少数の先住民と無数の動物の毛皮だけであった．動物のなかでも，とくにビーバーの毛皮についてはヨーロッパでの需要が大きかった．

---

2) ここでの議論は，主として Newman（1985, 1987）に負っている．この企業の合併後の経営史については，Newman（1991）を参照．そして，各企業の合併前と合併後のコントロール・システムの諸相にかんする詳細な議論については，Spraakman（2002）を参照．
† 訳注：ディールとは，M&A 関連の取引や案件のことを意味する．

第1章　戦略と組織

　この企業は、受動的な戦略によって特権を利用した。すなわち、湾岸にいくつかの交易拠点を設けて、毛皮とヨーロッパ製の産品との取引を望む潜在的な顧客がそこへ集まってくるのを待つ、という戦略であった。ハドソン・ベイは、年に1回の航海を行う外洋航行船によって、交易商品をイギリスからもちこむ一方、取引でえた毛皮を復路の船に積んでイギリスへと戻った。（あいにく、当時の船舶技術が十分ではなかったというだけでなく、ハドソン湾が年の大半をつうじて凍結していたという理由で、航海を頻繁に行うことはできなかった）。ハドソン・ベイは、18世紀のあいだも、この戦略に固執し続けた。交易ネットワークは、そのあいだに発展を遂げた。ハドソン湾から離れた集落に住む先住民は、交易拠点の近くの地元の部族と取引を行っていたが、やがてハドソン・ベイと取引を行うようになった。

　17世紀と18世紀の市場条件や技術、そしてこれらに関連したリスクと機会を所与とすれば、事業にたいするそうしたアプローチは、大胆さを欠いていたとはいうものの、即応性の高い戦略であった。さらに、ハドソン・ベイは、この戦略にきわめて適合した組織を構築したので、そうした戦略を有効に実行することができた。

　重要な意思決定の機能は、ロンドンに集中していた。そのために、意思決定に余計な時間がかかってしまい、ローカルな条件にたいして即応できなかった。（とくに、その理由を挙げるならば、ルパーツランド〔Rupertsland〕と呼ばれていたハドソン・ベイのテリトリーに足をふみいれた者は、意思決定を行うシニア・マネジャーのなかに誰もいなかったからである）。しかし他方で、コヒーレンス†とコントロールを確実に実現できた。さらに、完全な保護をうけた合法的独占、事業の発展にたいする受動的アプローチ、そして変化が遅い素朴な市場といった状況を勘案すれば、迅速な意思決定を行う必要はほとんどなかった。だが、現場の従業員は、シニア・マネジャー

---

†　訳注：本書では、「コヒーレンス（coherence）」や「コヒーレント（coherent）」という語が重要な意味をもっている。前者については、「整合性」「凝集性」および「一貫性」、そして後者についてはそれらの形容詞を訳語として考えることができる。本書の場合、その語は、さまざまな個別要素が適切に配置されている状態、ないし適合を表すために用いられており、補完性やシナジーを含意していないということに注意しなければならない。そもそも、それらは、物理学の用語なのであって、位相がそろった状態を意味する。

の監督の目が及ばなかったこともあって，利潤を浪費したり，さらに悪い場合には，利潤を横領してしまうおそれがあった．

かくして，ハドソン・ベイにおいて，ルパーツランドに赴任する人材は，才能，イニシアチブ，そして知性だけでなく，想像力の欠如や退屈に耐える能力といった要素も加味して選抜された．彼らは，仕事の多面的な統治（報酬と費用に正当な価格を適用するなど），固定給の支払，会社の交易拠点の近隣地域での居住，そして違反行為にたいする物理的制裁といったものを詳細に規定したうえで，年季契約奉公人に近い契約の下で，ルパーツランドに派遣されたのである．

このシステムは，無謀で愚かなものにみえるかもしれない．だが，実際にはきわめてうまく機能していた．すなわち，ハドソン・ベイという企業は，初期段階から高い収益を実現するだけでなく，この状態を創業後１世紀にわたって維持した．

しかしながら，このシステムには固有の非効率性が存在していた．このシステムでは，ハドソン湾から離れたところに住む人々との取引機会を十分にいかしきれなかった．ヨーロッパ製の産品にたいする彼らの需要が満たされないばかりか，食糧をえるために狩猟によって集めた彼らの毛皮が十分に利用されていなかった．この企業の交易拠点と豊かな毛皮産地に挟まれた地域に住む人々は，仲介者となって間接的な取引を行い，潜在的な交易利益を部分的に実現させた．だが，おそらくこのシステムは，非効率だったとみなされるだろう．非効率性が生じた理由として，以下の２つを指摘することができる．第１に，仲介者が搾取を行いうる独占的地位を利用して，マークアップ（利幅）を次々と上乗せしたために，取引数量がきわめて小さくなってしまったからである．第２に，仲介者が取引にともなうリスクを負担するのに，適切な状況におかれていなかったからである．彼らは，マーケット・ポジションを維持するための資金にアクセスできず，需要と供給の不確実性に直面せざるをえなかった．以上の２点がもたらした影響により，現実的な取引数量は，非効率な低い水準に抑えられてしまった．

ノースウェストの創業者――イギリスから直接やってきたにせよ，13のアメリカ植民地での革命から逃れてきたにせよ，モントリオールに移住して

まもない人々――は，そうした非効率性にともなう利潤機会を見出したのである．彼らは，フランス系カナダ人の交易業者が，イギリスによるカナダ征服の以前，先住民と直接的に有利な取引を行っていたことに気づいた．もちろん，このことだけでなく，ハドソン・ベイがその受動的な戦略にもかかわらず，1世紀以上にもわたって獲得し続けてきた莫大な利潤の存在についても．このような状況においては，適切な能力にめぐまれた競争相手であれば，きわめてうまく利潤を実現できるはずである．

　ノーウェスターズ（ノースウェストの交易商人）にとって最大の弱点は，毛皮取引地の中心部への直接的な入出港ができなかった点である．つまり，ハドソン湾の利用は，ハドソン・ベイにたいしてのみ独占的に許可されているにすぎず，ノーウェスターズは，そこから締め出されていた．彼らは，セントローレンス川にある中継地点のモントリオールに，ヨーロッパの交易商品を搬入し，そこから毛皮を搬出する必要があった．だが，モントリオールは，最大の毛皮産地から数千マイルも離れていただけでなく，ハドソン・ベイの交易拠点と比べて千マイルほど遠かった．ノーウェスターズは，潜在的な顧客が彼らのところまでわざわざやってくることを期待できなかった．そのために，顧客のところへ出向いていくことを余儀なくされた．

　このことは，彼らが採用した戦略の原点になっていたが，それと同時に費用劣位の源泉にもなっていた．18世紀が終わろうとしていた数十年のあいだに，ノーウェスターズは，毛皮産地に数多くの交易拠点を設けて，現在のサスカチュワン州とアルバータ州の北に位置するアサバスカという地域に毛皮が集まるようにした．フランス系カナダ人の船頭がこぐアメリカシラカンバのカヌーや小型のオープンボートで，交易商品を荒野に運び入れるとともに，毛皮を市場へと運び出した．その際，五大湖やカナダ北部の荒々しい河川をつうじて，モントリオールとアサバスカとのあいだを往復した．

　そうした顧客志向型戦略は，現在の競争環境においてうまく機能してはいるものの，これを当時のノースウェストで機能させるには，ハドソン・ベイが120年にわたって利用してきたものとはまったく異なった構造，プロセス，そして行動が必要とされた．当時の通信技術を所与とすれば，集権的な意思決定をつうじて，そうした複雑なオペレーション（運営や作業など）をコー

ディネートすることは不可能だった．そこで，現場のさまざまな個人にたいして，予測不能なコンティンジェンシー（予測できないすべてのおこりうる事象）への適応，および生じた諸条件の変化への対応について責任をもたせる必要があった．このことを有効に行わせるために，毛皮産出国での任務についている人々を会社のパートナー（「越冬パートナー（wintering partner）」）として処遇した．所有のインセンティブを利用しながら，仕事が適切に実行されるように，彼らには事業運営にかんする広範な権限が与えられた．さらに，交易商品の搬入と毛皮の搬出は，超人的な物理的努力に依存した厳しい仕事であった．越冬パートナーは，そうしたタスクの履行に向けて確実に努力するように，プロフィット・シェアリング（利潤の分配）という直接的なインセンティブを与えられた．そして彼らは，船頭にたいして仕事の実行に向けた強いインセンティブ（パートナーになる可能性など）を与えた．モントリオールを拠点とするパートナーは，交易商品の獲得，毛皮の販売，そして事業運営のためのファイナンスといった役割を担った．さらに，ノースウェストの本拠地は，カナダ内陸部に位置するスペリオル湖の湖頭におかれていた．そうした越冬しないパートナーは，そこに交易商品を送り届けた．そして，カナダ北部から毛皮を運び出した越冬パートナーに，毎年夏にこの地で会った．このように，すべてのパートナーが，年に1度会うことによって，情報共有だけでなく意思決定の告知や理解が確実に行われることになった．

「日の下には新しきものなし」という教訓以外に，このケースから導かれるものがあるだろうか．

第1に，戦略と組織が重要である．すなわち，仲介者を削減するとともに顧客のそばに歩み寄るというノースウェストの戦略は，これを実行するための組織によって補われていた．それによって，50％の費用劣位，100年以上の実績，そして独占企業にたいする勅許といった障害をまもなく克服することができた．

第2に，戦略と組織との適合（fit）だけでなく，これらと技術的環境，法的環境，そして競争環境との適合が必要である．ハドソン・ベイの組織は，その戦略にたいしてだけでなく，ノースウェストが参入する以前の環境にた

いしても適合していた．結果的に，このことは，1世紀にわたって持続した収益性に反映されたのである．これと同様に，ノーウェスターズ・モデルも，内部的なコヒーレンスを示していただけでなく，戦略，技術，そして競争にまつわる文脈と整合するものであった．だが，一般的にみて，そうした適合を発見するのは，気が遠くなるほど困難な課題である．というのも，あまりに多くの変数を扱わねばならないために，選択がきわめて複雑なものになってしまうからである．しかしながら，この課題を達成することは可能である．もし達成できなければ，成功を手中におさめることはできないとすら言える．

　第3に，戦略や組織の変化というのは，簡単に生み出せるものではない．だが，それは，頻繁に必要とされるばかりか，偶然に生じることもある．ハドソン・ベイは，脅威に対応して改革を実現するまでに，10年にも及ぶ年月を要した．それは，アメリカ自動車産業がその競争相手である日本企業の参入に対応するまでに要した時間とほぼ同じである．やがて，この企業では変化が生じることになったが，あくまでもそれは，破綻の脅威にさらされた後のことなのである．ハドソン・ベイは，競争に対処すべく交易拠点を内陸部に設けるとともに，新しい戦略を補うために組織プロセスの改革を試みた．その結果，勝利を手にした．

　第4に，激しい競争環境の下では，ノースウェストが着手したタイプの組織デザインが有利なのであって，その原理は，現代企業の創発的な組織デザインの場面でも共有されている．

　本書において，一連の原理を説明し，その応用の仕方を示すつもりである．その過程で，有効な組織デザインの理解にとって重要な概念的枠組と理論的構築物の開発につとめたい．

　第1に，この課題に着手するための出発点を示しておこう．すなわち，ゼネラル・マネジャーは，組織のデザイナーにならなければならないという命題である．ゼネラル・マネジャーの基本的な責任として，事業競争の仕方を決定づける戦略を策定するだけでなく，それを実行するための組織のデザインと創造を行うこと，が必要とされる．戦略は，単にCEOにとどまる問題ではなく，組織のすべてのマネジャーにとっての問題だということを理解すべきなのである．これと同様のことは，組織デザインについてもあてはまる．

第2に，本書の基盤になっているのは，経済学が組織デザイン問題にかんして多くの示唆をもたらすという考え方である．マイケル・ポーター (Michael Porter) が，産業組織論の概念を戦略経営論の分野 (Porter 1980, 1985) に応用するようになってから20数年のうちに，実務家や経営学徒も，経済分析がこの分野できわめて有用だということを認識するようになった．同様に，経済学の方法は，組織研究や組織デザインについても有効性をもっている．この点については，以下で示していくが，その前にいくつかの文脈を明確にしておかねばならない．

戦略，組織，そして環境

　事業によって高業績を実現するには，以下の3つの要素のあいだに適合を生み出し，これを維持することが不可欠になる．企業の戦略，組織デザイン，そして事業環境が，すなわちそれである．ここで，経営学のスタンダードとなっている概念化について述べよう．組織デザイン問題にかんする議論は，企業が事業を繰り広げている経済，法，社会，そして技術に関連する環境を所与とみなす．そのうえで，戦略が策定されてから，特定の環境において，所与の戦略を実行するための組織を創造する，と仮定している．このアプローチは，「組織は戦略にしたがう (structure follows strategy)」──組織とは，戦略を実現するためのメカニズムにほかならない──というアルフレッド・チャンドラー (Alfred Chandler) の命題に依拠している．

　これは，組織デザイン問題の性質や組織の役割にまつわるかなり狭い見解であることは否めない．だが，本書を展開していくうえで，さしあたりわれわれの議論をそうした文脈に位置づけることにしよう．そして，簡単化のために，伝統的なチャンドラー流の定式化にフォーカスをあてて，企業とは何か，そして企業は何を行っているのか，といった問題にかんする単純な理念的見解を吟味することにしよう．出発点となるのは，事業機会──未充足のニーズや市場の非効率性──にほかならない．ノースウェストにとっての機会は，ハドソン・ベイが潜在的な取引利益を効率的に利用していないという事実に隠されていた．より一般的に言えば，機会というものは，市場に参加

している既存企業よりも費用を削減したり，あるいは（さまざまな）顧客ニーズにみあった製品を提供することから生ずる．そして，このことは，高水準の技術，高い創造性，あるいは以前は実現できなかった規模と範囲の経済を反映している．

　伝統的な見解によると，次に必要になるのは，そうした機会を利用しつくすための戦略——企業による価値創造の仕方に加えて，価値の一部を留保する仕方——にほかならない．適切に定式化された戦略は，いくつかの要素から成り立っている (Saloner, Shepard, and Podolny 2001)．

　第1に，戦略は，企業が自社を評価し，その成功を判断するための目標を必要とする．目標になるのは，利潤最大化かもしれないし，あるいは株主価値最大化かもしれない．さもなければ，さまざまな構成メンバーやステイクホルダーの利害など，幾分複雑なものかもしれない．株主価値が究極的な目的だとしても，戦略的な目標については，高い操作性をもつ（そして，高い動機づけを生み出すような）仕方で表現しなければならない．たとえば，1970年代と1980年代に，日本の重機メーカーであるコマツは，「打倒キャタピラー（Beat Caterpillar!）」という目標を掲げていた．

　重要な要素として次に挙げられるのは，事業範囲にかんするステートメント——企業が行う事業の特定化，どのような製品やサービスを提供するか，どのような顧客や市場セグメントを対象とするか，どのようなアクティビティを実行するか．どこで物事の実行にあたるか，そしてどのような技術を利用するか——にほかならない．何を，いかにして，どこで，そして誰のために行うのかという選択は，戦略に直接関連した重要な問題である．このことは，明白である．だが，戦略の範囲によって，企業が追求すべきではない機会が決定づけられるのである．残念ながら，このことは，あまり明白になっていない．しかしながら，きわめて重要である．すなわち，戦略は，無数の機会のなかから，企業が追求すべきものと追求すべきでないものとの選別を促す抑制装置として機能するということである．さらに，組織の人々にたいして，議論や論争に多くの資源を費やすことなく，そうした機会を決定させるという意味で，コーディネーションの促進に貢献するのである．また，明確な目標と選択の境界を示すことによって，モチベーションをも促進しうる．

戦略にかんする第3の重要な要素は，企業の競争優位の性質を特定することである．つまり，この要素が示唆するのは，いかにしてある企業の供給物が，その目標実現を可能にするような条件で，他企業による対応を引き出すかということである．企業は，いかにして市場で高い収益性を実現するのか．また，いかにして価値創造を行い，顧客にたいして，供給費用よりも大きな支払を積極的に行わせるのだろうか．はたして，顧客からみた改善の追加的価値よりも，低い増分費用でより良い製品を供給するのだろうか．良い製品をより安価に供給するのだろうか．さもなければ，あまり望ましくない製品をかなり安価に供給するのだろうか．

戦略を構成している要素として最後に挙げられるのは，なぜ競争優位が実現するのかというロジックである．企業は，創造した価値のうち大きな割合を持続的に獲得しようとするのはなぜか．そして，いかにして費用よりも高い価格を設定するのだろうか．現実的ないし潜在的な競争相手が，競争優位を確立した企業のマージンを侵食したり，その顧客を奪うことができないのはなぜか．サプライヤーや顧客が，創造された価値のすべてを専有できない理由は何か．この要素は，しばしば戦略のフォーマルなステートメントに欠落していることがある．だが，そうしたロジックの存在や有効性は，重要な意味をもつ．典型的に言って，有効なロジックというものは，さまざまな含意の体系を必要としている．そうした体系によって，企業が占めている特定のポジションとその特異なケイパビリティの双方は，消費者の選択に結びつけられている．さらに，供給の価格，費用，そして数量をつうじて，企業がそうしたポジションやケイパビリティの維持と拡張を実現する能力にも結びつけられている．

そこで，ノースウェストのリーダーが戦略を明確な形で発表していたとすれば，以下のようなものになったであろう．すなわち，

> ノースウェストは，カナダ北部の先住民との取引を行うが，その際，ヨーロッパ製の産品と引き換えに毛皮を獲得する．取引は，毛皮産地に設置された交易拠点で行う．交易拠点とモントリオールとを結ぶ輸送については，自社の従業員が小型の船を用いて行う．交易商品をモントリ

オールとイギリスで調達するが，毛皮についてはロンドンで販売する．ハドソン・ベイは，それと毛皮の狩猟を行う人々とのあいだに仲介者を設ける．だが，ノースウェストは，ハドソン・ベイの正味の交易条件よりも，有利な交易条件を提示する．さらに，競争にたいする対応に力をいれる代わりに，顧客ニーズにたいして敏感に反応していく．これら一連の試みを組み合わせて，顧客を優先的な取引相手として扱う．また，ノースウェストは，そうしたポジションの優位性に加えて，仲介者の排除から生じた節約分のために，利潤マージンを残す形で顧客に貢献できる．ハドソン・ベイよりも相対的に高い費用構造になってはいるが，ハドソン・ベイが自社の供給物（その供給については，既存企業の戦略，組織，そしてマネジメントのために，当初は実現できない）に対抗してこない限り，そうした交易条件での供給と利潤の維持を実現できる．このことによって，北米イギリス領における毛皮取引を有利に支配するという目標を達成できる．

複数の事業を営む企業において，戦略には，企業戦略（全社戦略）というまた別のレベルが存在する．企業戦略は，企業が実行する事業の集合を同定する．そして，企業は，事業の集合を実行するためのロジックをもつために，相互に無関連のスタンドアロン型事業の寄せ集めが生み出す場合よりも，高い水準の超過価値を創造することができる．したがって，本質的に言えば，企業戦略というのは，コーポレート・センターの理論と結びついたポートフォリオ選択とみなせる．

戦略は，その実現に向けて実行すべきアクティビティの集合を含意している．典型的な企業において，この集合のなかには，HRM（人的資源管理：human resource management），経営情報システム，そしてファイナンスといった「支援アクティビティ」だけでなく，顧客ニーズを満たすうえで行われるバリュー・チェーン（価値連鎖）の「主要アクティビティ」，すなわち製品のデザインや開発，投入物の調達，製造，流通，販売，そしてアフター・サービスといったものが含まれる．ノースウェストのバリュー・チェーンは，交易商品の獲得と顧客への輸送，交易の実行，そしてモントリオールか

らの毛皮の輸出，さらにロンドンでの毛皮の輸入と販売によって成り立っていた．

　他方，組織は，一連のアクティビティを実現するとともに，戦略を実行するための手段とみなせる．どの企業の組織も，多面的な構造になっているために，組織変数の範囲は，気が遠くなるほどの広がりをもっている．したがって，わずかな分類を行うだけでも，それなりの意味があるだろう．本書で提示する分類法によれば，組織は，人々（P：people）の集合体としてだけでなく，多数の組織特性からなる配置としても同定できる．また，こうした配置は，アーキテクチャ（A：architecture），ルーティン（R：routine），そして文化（C：culture）に区分される．かくして，"PARC"というアクロニム（頭字語）が浮かび上がる．

　まず，組織の構成要素である人々の集合についてみてみよう．彼らは，どのような種類の才能やスキルをもっていて，またいかなる嗜好，信念，そして目的を抱いているのだろうか．どれくらい熱心に仕事の準備に取り組み，いかなる目的を実現しようとしているのか．また，どのようなリスクを負担し，どのような報酬を評価するのだろうか．いかにして，企業と結びついているのだろうか．所有者としてか，従業員としてか，それとも請負業者としてなのか．

　次に，アーキテクチャの特性は，組織図に描かれるようなものを含む．──企業の垂直境界や水平境界，タスクを職務に，そして職務を部門，ビジネス・ユニット，ないし事業部へと組み立てていくこと．そして，報告と権限の関係など．さらに，企業のファイナンス，所有，そしてガバナンス構造といった問題も含まれる．これらは，相対的に「ハード」な特性であって，しばしば明示的契約の要素として扱われる．だが，アーキテクチャには，企業全体の人々だけでなく，企業境界を超えた人々を結びつける人的ネットワークも含まれる．実際に，それは，フォーマルなアーキテクチャと同様ないしそれ以上に重要な意味をもつ．

　ルーティンには，経営プロセス，経営政策，そして経営の手続きといったものが含まれる．それらは，職務に関係するものや関係ないもの，あるいはフォーマルなものやインフォーマルなものであって，情報の収集や移転の仕

方，意思決定の仕方，資源配分の仕方，業績のモニタリングの仕方，そしてアクティビティのコントロールや評価の仕方を形づくる．ここで，企業における意思決定権の配分――どのような意思決定が，どの階層のどの人々によって，いかなる監督や精査の下で行われるか――は，重要な要素になっている．また，プロセスには，仕事の実行にかんするルーティン，および仕事を変えていくメカニズムといったものが含まれる．これらの特性は，明示的契約の要素だけでなく，仕事の仕方にかんするインフォーマルな共有理解である「暗黙的契約」を含んでいよう．

　文化は，相対的に「ソフト」な要素だが，きわめて重要である．このカテゴリーには，企業の存在理由，そして集団的ないし個人的に行われる物事やその目的にかんして，企業の人々が抱いている共有予想だけでなく，ファンダメンタルな共有価値観が含まれる．また，企業内で用いられる特殊な言語が含まれるが，それによって，思考や行動が形づくられる．文化は，企業の構成メンバーのマインドセットやメンタル・モデルによって成り立ち，彼ら自身や企業の捉え方に加えて，さまざまな事象の解釈の仕方を決定づけている．文化には，企業の他のメンバーやアウトサイダーとの相互作用において，一般化している行動規範が含まれるという点は，とりわけ重要である．文化は，人間関係の発展と機能を促すような文脈を規定するだけでなく，暗黙的契約の基盤として機能し，意思決定の指針と形成を支える役目をはたす．さらに，社会的な動機づけとコントロールのシステムとして機能する．

　戦略や組織とともに，業績を決定づけている第3の要素というのは，企業の事業環境である．それは，自社の競争相手，その戦略と組織デザイン，関連する他の市場や企業の状況（投入物，補完物，そして代替物のサプライヤー），そして顧客に加えて，一般的な技術，法や規制にかかわる文脈，政治，社会，そして人口学的な特性などを含んでいる．

組織デザイン問題：戦略と組織の設定

　組織デザインの視点を適用すれば，ゼネラル・マネジャーの仕事は，業績を最大化するために，環境を勘案しながら，戦略――目標，範囲，競争優位，

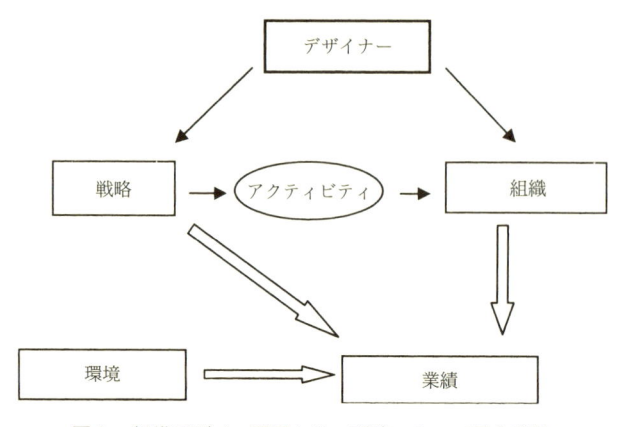

```
                    ┌─────────┐
                    │ デザイナー │
                    └─────────┘
                   ↙     ↓     ↘
         ┌────┐   ⌢⌢⌢⌢⌢    ┌────┐
         │ 戦略 │ → アクティビティ → │ 組織 │
         └────┘   ⌣⌣⌣⌣⌣    └────┘
                     ↘         ↓
         ┌────┐              ┌────┐
         │ 環境 │    ⇒         │ 業績 │
         └────┘              └────┘
```

図1　組織デザイン問題とは，環境において最大業績を達成するために，戦略と組織を選択することである

そしてロジック——を策定するとともに，組織——人々，アーキテクチャ，ルーティン，そして文化（PARC）——を創造することである．長期的にみれば，デザイナーは，環境を形づくろうとしているのかもしれないが，われわれの議論では，この可能性を無視することにしよう．モデルは，図1に示されている．

　業績は，戦略，組織，そして環境に依存している．こうした定式化は，戦略と組織のコンティンジェンシー理論につながるであろう．唯一無二のベストな戦略も，あるいは唯一無二のベストな組織も存在しえない．戦略は，その実行のための組織とともに機能している環境において，どの程度うまく働いているのか．ある戦略の特長というのは，このような観点からしか定義できないものなのである．同様に，組織デザインのもつ価値は，それが特定の環境や戦略とのあいだで，どの程度うまく適合できているかによって左右される．機能しているものは，適切なものとみなすことができよう．また，さまざまな文脈でどのようなものが機能するかについては，特定の文脈に依存することになろう．戦略，組織，そして環境のあいだで，適合の発見と安定化を図るだけでなく，変化に直面しても，時間をつうじて適合を維持していくことが重要なのである．

　だが，「業績」とは，はたして何を意味するのだろうか．

企業とは，人間のニーズに貢献するために創造された制度にほかならない．究極的に言えば，業績とは，企業がどれくらい適切に人間のニーズに貢献できたかを示したものである．だが次に，誰のニーズに貢献すべきかという問題が生じるであろう．企業は，株主にたいして収益を創出するメカニズムにすぎないのだろうか．その構成メンバーにたいして，有意義な経験，雇用保障，そして価値ある機会を提供しているのか．顧客にたいして，価値ある財やサービスを供給しているのか．コミュニティにたいして，税収と雇用機会をもたらしているのか．あるいは，環境にたいして，正の効果をもたらしているのだろうか．

　われわれは，「価値創造」こそが企業の目的だという見解を支持する．この立場については，規範的にも記述的にも議論の余地はないだろう．実際，それが何を意味しているかについては，かなり明確である．経済活動によって創造される価値は，人々が積極的に支払おうとする最大値から，そうした経済活動の機会費用をさしひいた差分である．かなり特殊な条件の下でも，価値や価値最大化は，きわめて明確な目的なのであって，この点については，もはや議論の余地はないだろう．その条件というのは，以下の3つである．すなわち，(1) すべての主体が評価する交換手段が存在する，(2)「貨幣」が人々のあいだで任意の金額について自由に移転できる，(3) ある個人による状況の変化を補償するための金額は，すでにその個人が保有している貨幣の数量によって左右されることはない，といった条件である．これらの条件のもと，生産や取引といった行動によって創造される価値は，超過数量の貨幣にほかならず，すべての関連主体の行動にかんする満場一致的な合意を形成するために，すべての主体が集計的に支払う（あるいは，支払をうけねばならない）ものなのである．その数量は，明確に定められるものであって，この意味で創造される価値を最大化することは，最大の経済効率を達成することと同義である．価値最大化という行動方針が採用されたならば，すべての主体が満場一致で選好するような代替的なオプションを，その行動方針以外に発見することはできないだろう．また，より高い水準の価値創造につながる別の行動方針が存在していれば，この代替案を採用するとともに，利得を適切に分配することによって，すべての主体をベターオフすることができ

よう[3]。

　これらの条件の下で，おそらく価値最大化は，社会的な観点からみて適切な目標になるはずである．さらに，実際に企業の運営に利害をもつさまざまな主体は，価値創造の成果を請求できるような状況にある限り，価値最大化のための企業経営を望むであろう．もちろん，前述の条件は，限定的なものにすぎないのであって，現実の世界で十分に満たされるものでない．このことは，明白である．たとえ，われわれが，金融的な富を普遍的に望ましい財として扱う（こうした扱いは，当然の仕方だと思われる）としても，何らかの戦略によって勝利した主体が，敗北を喫した主体の補償を行うのに十分な貨幣をもっていない場合，前述の第2条件は満たされない．さらに，この場合，価値最大化条件は，満場一致の支持をえることができない．関連する利害のすべてが認識され，勘案される必要もあろう．さらに，第3条件は，需要にかんする「所得効果」が存在しないことを含意する．だが，これが不適切なのは明らかである．

　にもかかわらず，完備でうまく機能する市場や契約のシステムを所与とすれば，企業の所有者が，その長期的な富の最大化にかなう企業経営を望むという仮定は，記述的な観点からすれば，（少なくとも第1次近似として）適切だとみなされるだろう．さらに，市場価格に反映されない問題を処理する適切なメカニズムが存在するのであれば，価値最大化は，社会的な観点からみて不適切な目的だとは言えない．たとえば，有効な市場の存在は，従業員が良好な外部オプションをもっているために，所有者にとって労働者の搾取を試みる価値がないことを意味している．そして，労働者は，有効な契約が結ばれるために，自己防衛を図る能力ばかりか，創造した価値の分け前を請求する能力をも保障される．また，所有者は，有効な法や規制が存在するために，企業にたいしてさまざまな要求をつきつける．環境破壊の抑制を強く求めるとともに，競争相手との結託によって顧客の利害を損なわないように，と要求するだろう．

---

3) 価値概念とその応用可能性について，より詳しくは，Milgrom and Roberts (1992, pp. 35-39)，および Roberts (1998) を参照．

依然として，長期的な価値や富の創造の測定にかかわる問題が存在する．企業とその将来性にかんするすべての情報が，株価にたいして瞬時に反映されるのであれば，株式市場による評価は，正確な仕方とみなされるだろう．このとき，企業の市場価値最大化は，マネジャーにとって適切な目標になる．もちろん，市場は，このように有効に機能するとは限らない．とくに，このことは，短期についてあてはまる．さらに，情報の恣意的な供給抑制や操作が行われるのであれば，市場はうまく機能しえない．しかし，長期にわたって企業価値最大化を追求する誠実なマネジャーは，株主にとって最大可能な価値を創造するように行動する傾向がある．このとき，特定の環境において（長期的な）価値最大化戦略を選択し，それをベストな形で実現する組織を創造するという問題が，重要な意味をもつことになる．このような組織デザイン問題こそが，本書の主題にほかならない．

戦略と組織の変化

環境，戦略，そして組織のあいだの適合を創造するプロセスにかんして，これまで試みてきた定式化が，初期段階で何をいかに行うかにかんする意思決定に直面しているスタートアップ企業にとっても，有用なのは明らかなことである．また，組織デザイン・アプローチは，複雑性が創発している既存企業にも適用できる．

ある時点で，ある既存企業には，現在の戦略と組織が，その企業自体がおかれている環境で達成可能な最大業績を生み出しているかどうか，といった問題が存在するだろう．環境は，つねに変化しているので，かつては望ましい適合だったものが，不適切なものへと陳腐化してしまう可能性がある．このことは，戦略と組織の変化が必要とされることを意味している．

戦略は，相対的にすばやく変化する．原則として，新しい戦略の発展と告知は，短い時間で行うことができる．だが，組織は，2つの意味で強い慣性を示す．第1に，成功した組織は，持続していく可能性が高い．それは，企業の戦略的なケイパビリティが埋め込まれる永続的な資産になりうる．したがって，既存の組織は，将来的な戦略選択の機会や環境変化にたいして対応

するための機会を形づくる．第2に，組織変化は，戦略変化ほど確実かつ敏速には生じない．フォーマルなアーキテクチャを容易に変えることができたとしても，企業を構成する人々の集合や彼らのネットワークの変化，彼らの基本的な共有予想の再定義，そして新たな行動規範の誘発のためには，確実に多くの時間がかかってしまう．だが，これらは，戦略を実現するうえで最も重要な要素なのである．このような状況において，戦略を有効に実行するのは容易ではない．このことによって，特定の文脈における最適な戦略選択のあり方は左右されるだろう．

　戦略，組織，そして環境のそれぞれの変化のスピードが相互に作用しあうことによって，複雑性が生じることとなる．経営学者の伝統的な見解によると，環境というものは相対的に安定しており，その変化は頻繁に生じないばかりか，そのスピードも遅い．この描写は，一昔前の時代の様子を反映していた．——ハドソン・ベイのケースにかんして，その創業後1世紀のあいだの社史をみれば，その描写が正しいのは確かであった．さらに，今日の産業のなかにも，そうした描写がいまだにあてはまるものがある．それが，おおよそ適切な仮定だとすれば，すでに概説したアプローチを適用することができよう．いったん，環境変化が生じてしまうと，新しい環境は，所与のものとして扱われて，そのまま持続していく傾向がある．戦略は，環境が提供する新しい機会にあわせて発展するのにたいして，組織は，新しい環境において戦略を実行するために組み立てられる．このことは，伝統的な処方箋が示唆しているとおりである．環境が再び変化するようなことがあれば，戦略を変えて，新しい環境に適合する形で，組織を全面的に再構築しなければならない．組織の特性のなかには，環境変化にたいして瞬時に適応しえないものがあるので，不整合な配置が存続する期間がしばらくみられるだろう．また，適切な組織デザインのあり方を直ちに認識することができなければ，そうした不整合性をともなう期間が生じてしまう．しかし，探索や実験のプロセスをつうじて，適切な組織デザインを発見していかなければならない．だが，いずれにせよ，不整合性が生じている期間は，創造された戦略と組織がうまく機能している期間と比べれば，相対的に短いものとなるだろう．

　BPX（BPエクスプロレーション：BP Exploration）は，かつてブリテ

ィッシュ・ペトロリアム（British Petroleum）と呼ばれていた企業 BP plc（以下，BP）の「川上」部門であり，原油や天然ガスの発見と生産を担っていた†．BPX は，1980 年代末と 1990 年代の前半において，本質的にそうした事業を展開していた（Berzins, Podolny, and Roberts 1998*a*, *b*）．ジョン・ブラウン（John Browne）は，1989 年に BPX の CEO 兼マネージング・ディレクターに就任した．その当時，「ペトロプレナー（petropreneur）」——相対的に狭い範囲のアクティビティを担う小規模エネルギー企業——は，しばしば石油メジャーの統合企業をしのぐことすらあった．ブラウンは，石油産業では「巨象」と呼ばれ，規模の経済をもたらしていた生産資源——大規模な炭化水素鉱床——にしぼりこんだ．そして，費用優位を追求するために，BPX の戦略を策定しなおすとともに，BP の技術力や資金力を大いに活用した．これによって，探査のアクティビティを重視するように方向転換を図ったのみならず，十分な規模をもたないさまざまな生産資源を売却した．以来，この戦略は，採用され続けることとなった．

　BP は，全社レベルでみると，複雑なマトリクス組織の構造を採用していた．そのオペレーションは，さまざまな地域やストリーム（探査，生産，精製，マーケティング，そして化学）に及んでおり，大規模な本社スタッフと集権化によって特徴づけられていた．企業の組織デザインにかんする変革は，1990 年に着手されたのだが，それによって，重要な意思決定のパワーが，本社からストリームへと委譲された．1992 年のはじめに，ブリティッシュ・ペトロリアムを破綻寸前に追い込んだ財務危機の状況において，ブラウンは，自分が統率するビジネス・ユニットの抜本的な再編を試みた．コーポレート・センターは，事業部門にたいする指示を与えつつ監督を行っていたが，その人員を大幅に削減するだけでなく，川上の地域構造もなくしてしまった．意思決定権は，ブラウン自身と他の 2 人のシニア・リーダーによって構成され

---

† 訳注：ブリティッシュ・ペトロリアムは，社名を2001年に BP plc へと変更した．この企業において，部門や事業は「ストリーム」と呼ばれていた．石油産業において，探査や生産といったアクティビティは「川上（アップストリーム）」，そして精製やマーケティングといったアクティビティは「川下（ダウンストリーム）」と呼ばれている．一般的に言って，ストリームというのは，事業の流れを表していると解釈できるだろう．以下において，とくに断りのない場合，社名変更を所与としたうえで，BP plc の略称である BP を用いる．

たスリムな経営委員会と個々の生産単位ないし「アセット」(典型的なアセットは油田である)のマネジャーとのあいだで，再配分されることとなった．アセット・マネジャーは，契約をめぐる交渉ではなくエンパワーメント(権限委譲)によって，業績の実現方法を自ら決定できるようになった．はじめに，費用，資本支出，そして数量の目標が定められ，報酬は，個々のアセットの業績と強く結びつけられた．集権化していた職能スタッフは，さまざまなアセットの下へと分散させられた．適切な情報に最も近い状況で行動する人々にたいして，エンパワーメントを実行するとともに，行動のモチベーションを与えていくことによって，業績を向上させることが目標として掲げられた．そして，個々のアセットの規模によっては，アセット・レベルの業績向上を目標として努力すれば，大きな利得がもたらされることになった．

　このような組織デザインを採用することによって，その初期段階から大幅な業績向上を実現できた．その後，5年間にわたって，戦略は変わることなく維持された．だが，この企業が組織デザインの改善に向けて実験を行った際に，組織にかんする調整が持続的に行われていた．そうした組織変化のなかには，オリジナルの組織モデルにみられた欠点の克服を意図したものもあった．そのなかでも，主要な変化としてみなされるのは，「ピア・グループ」の導入にほかならない．それによって，類似した技術や営業の問題を抱えている複数のアセットを結びつけて，相互支援や学習を浸透させようとした．この構造は，不可欠であった．というのも，ミドル・マネジメントが不在であるうえに，主要アクティビティを統括するストリームの本部では，職能的な専門知識が制約されていたために，アセット・マネジャーは，ストリームの本部に，問題解決のための支援を求めることができなかったからである．進化した文化を活用するために，組織のアーキテクチャやルーティンにかかわる別の変化が生じた．ブラウンのリーダーシップの下で，信頼の規範がBPX全体に埋め込まれるようになった．そうした規範は，他の事業にたいする支援，および契約した業績の実現を促すものであった．そして，人々の行動を形づくるのに寄与した．結果的に，個々のアセットの業績以外の目的を促進する形で，報酬の決定基盤が変わることになった．そして，資本を配分する責任だけでなく，メンバーのアセットにかんする全体的な業績契約を

満たす責任を，ピア・グループに委譲することが可能になった．さらに，そうした変化によって，より一層の業績向上がもたらされた．

乱気流環境の戦略と組織

　しかしながら，環境変化がきわめて急速で持続的に生じている場合，BPX のケースが例示していた戦略と組織にたいする逐次的なアプローチは，もはや存続しえないであろう．適応プロセスを拡張するだけでは，うまく立ち行かなくなってしまうということである．――新しい戦略が創造されて，組織の再構築が行われるまでのあいだに，環境変化が次々と生じてしまうのだから．

　乱気流環境において，トップ・マネジメントが事前に戦略策定を行ったとしても，そうした試みは，ほとんど無意味になってしまう．実際，多くの経営学者や実務家は，近年になってこうした主張を展開するようになった．市場や技術にかんして必要とされる情報は，トップ・マネジメントが直接入手できる類のものではない．そうした情報は，彼らがトップ・ダウン型の戦略策定の場面で利用できるように，敏速かつ明確に伝達されるものでもなければ，容易に理解できるものでもない．

　この立場は，詳細な内容をもつ短期的な戦術や定式化された戦略計画（意匠をこらしたカバー装丁が施されるが，書棚におかれたままで，けっして誰も読みはしない）と，戦略のステートメントに具現された戦略的思考とを混同しているきらいがある．この種の議論が有効である限り，組織デザイン問題の性質は，興味深い形でさらに変わってしまうこともあろう．

　乱気流環境において，企業の戦略がもつ特性の多くは，組織内のさまざまなレベルで行われる数多くの意思決定から生み出されている．トップが行えるのは，広範な戦略の方向性を示すとともに，戦略的意図（strategic intent）を設定することなのである．かくして，組織デザインは，いかなる意思決定が行われるかを大きく左右する．したがって，チャンドラー命題を逆転させて，「戦略は組織にしたがう」ということも成り立つ．

　そこで，考えられる解決策は，変化のスピードが緩慢な組織の諸要素を適

切に同定したうえで,それらを与件とみなすというものである.この文脈において適切な解を導くために,環境変化と基本的な戦略の方向性にかんする双方の予測が必要となる.かくして,技術や市場の変化と歩調をあわせて,戦略を変革するのみならず,組織を構成しているフォーマルだが可塑的ないくつかの要素を変革せねばならない,という示唆を与えることができる.

だが,乱気流環境の文脈においてすらも,組織デザインの視点は有用だとみなされる.しかし,この場合,デザイナーの役割というのは,文化に代表されるように,組織を構成している相対的に変化しづらい要素を形づくるとともに,適切な意思決定を企業の人々に行わせるようなプロセスの集合をデザインすることなのである.強い慣性をもつそうした要素は,彼らが行う戦略や組織の選択にたいして持続的な影響を及ぼしうる.さらに,デザイナーは,分権的に行われる戦略的意思決定にたいする情報の提供と生成を実現するために,広範な戦略的意図を提示せねばならない.最後に,デザイナーが時間をつうじて行うべきことは,戦略的意図の適応を図るだけでなく,組織のコントロール可能な要素の適応を図ることなのである.

1990年代のあいだ,フィンランドの携帯電話やネットワーク機器のメーカーであるノキア(Nokia Corporation)は,そうしたモデルにしたがっていた(Doornik and Roberts 2001).その10年間は,携帯電話事業をとりまく環境が激変した時期であった.すなわち,規制緩和や民営化,新しいサービスを提供するプロバイダの参入,予測不能な需要の増加,デジタル技術の出現,そして1990年代末に生じたように,インターネットと携帯電話の融合といった変化が確認された.ノキアは,これらの点で大きな成功を手中におさめた.——この企業は,1992年に破綻寸前に追い込まれたが,2000年にはヨーロッパ最大の価値をもつ企業に生まれ変わった.

ノキアのトップ・マネジメントは,企業の戦略につながる数百にも及ぶ分権的な意思決定にたいして,共通の文脈を与えられるほど幅の広い戦略的意図を設定した.その戦略的意図は,1992年に「声はワイヤレスで伝わる(Voice will go wireless)」というビジョンの下,4つの基準——「集中」「グローバル」「テレコミュニケーション志向」そして「高付加価値」——の形で示されることになった.これを契機として,ノキアは,これまで売上高

の 90％を占めていたさまざまな事業分野からの撤退を，わずか数年のうちに実現し，携帯電話とネットワーク機器という事業分野に集中した．また，この企業のリーダーは，1990 年代末までにマーケット・シェアを 2 倍にする，という戦略的ストレッチの目標を掲げた．それ以外に，2000 年までの達成を目指した多くの目標についても，1997 年の時点ですでに達成してしまった．その際，ノキアは，以前からの戦略的意図を，最も魅力的な携帯電話セグメントにおけるリーダーを目指す，というステートメントに変更した．(その当時，業界のリーダーとして際立っていたのは，モトローラ〔Motorola〕であった)．1999 年までに，ノキアは，携帯電話の分野でリーダーとなった．他方で，携帯電話でアクセスできるインターネットの可能性が明らかになりつつあった．そこで，1997 年の目標には，以下のような戦略的意図が反映された．すなわち，「すべての人のポケットにインターネットを」という姿を実現する企業になることによって，「モバイル情報社会」の発展を先導するというものである．とくに記しておかねばならないのは，これらは，戦略でないということである．それらは，事業範囲の問題について広く言及してはいるが，精密さを欠いたものにすぎず，なぜ企業が価値の創造と蓄積を行えるのかを説明するためのロジックを与えていない．しかし，それらがあるおかげで，戦略が生成する文脈を設定できるのである．

　ノキアのリーダーは，人々が自分のなすべきことを行うべく，彼らにモチベーションを与える際に，文化が重要だということをはっきりと意識していた．そのために，彼らは，文化の主要特性をたえず更新し，その有効性を保つために懸命な努力を続けた．たとえ，この企業が，年に 30％の成長率で発展を続け，世界中で活動を展開するようになったとしても．組織を構成するフォーマルな要素については，高いフレキシビリティを維持していたのである．「われわれは，組織図というものを嫌悪している．もしそれを創造しなければならないとしたら，鉛筆で描くだけだろう．」フォーマルな構造は，ニーズの創発に応じてほぼ定期的に変更されており，知識の共有と仕事の達成に向けて，ネットワークが大いに活用されてきた．同時に，企業全体で異なっていた初期的な複数のインフォーマルなルーティンの代わりに，コントロール可能なプロセスに大きく依存することによって，企業の規模と複雑性

の増大に対応するようになった．

　BP やノキアは，いずれも 1990 年代に成功をおさめたが，今日でもそれを維持している．両社ともに，それぞれがおかれている環境や追求する戦略に，うまく適合した特異な組織モデルを採用してきた．環境，戦略，そして組織のあいだで生じた適合こそが，両社に成功をもたらしたカギなのである．ハドソン・ベイやノースウェストといった数世紀前の企業，そして20世紀の黎明期に M 型組織を開発した企業について言えば，組織デザイン問題を解決してきたからこそ，成功を手中におさめることができたのである．

第2章　組織デザインの主要概念

　一般的に言って，戦略や組織デザインにまつわる問題は複雑である．戦略選択が複雑だということについては，あらためて指摘するまでもなかろう．だが，組織デザインに関連するすべての要素を考慮に入れようとすれば，問題はきわめて複雑なものになってしまう．実際，戦略経営論の領域における「急勾配のランドスケープ (rugged landscapes)」にかんする文献 (Levinthal 1997) によれば，組織デザイン問題は，複雑化してしまうものなのであって，本質的にロジックや規則性をもたない．

　この考え方には，適切な組織デザインを発見するだけでなく，うまく模倣することすらも困難だという事実が反映されている．だが，仮定としては幾分強すぎる．「適合」という考え方には，基本ロジックが存在する．戦略と組織デザインが相互に適合するとともに，環境とも適合することによって，高業績につながる場合もあれば，そうでない場合もある．さらに，環境特性と，戦略や組織にかんする選択変数とのあいだには，何らかの関係が存在する．この関係については，認識や理解だけでなく，予測もしばしば行えるであろう．さまざまな選択パターンのなかで，どれが成功をもたらし，どれが失敗してしまうのか．このことを決定づけるのは，戦略や組織にかんする選択変数にほかならない．この関係は，技術と行動の双方に関連した理由のために生じる．そうした関係を認識するとともに，その含意を理解することによって，組織デザイン問題を解決するための手がかりがえられるだろう．

　さらに，そうした関係が存在する場合，選択変数のあいだには，限られた

数のコヒーレントなパターンが,しばしば見出されることになろう.かくして,組織デザイン問題というのは,多次元でうまく適合した特異な選択パターンを同定し,そのなかから選択を行うことなのである.したがって,この問題は,適合をもたらす諸要素を理解できれば,かなり扱いやすいものになると考えられる.

すでに,われわれは,以上の見解に関連するケースを扱った.すなわち,ハドソン・ベイの組織政策は,相互に適合したものになっており,戦略や環境とのあいだにも適合を生み出していた.(ただし,それは,ノースウェストの参入によって,環境変化が生じる以前の話である).ノースウェストによる選択についても,適合が確認された.両社は,重要なすべての次元に適用すべき内部ロジックをもっていた.「混合と調和(ミックス・アンド・マッチ)」では,うまくいかなかっただろう.たとえば,可能な行動がかなり制約されていたことを所与とすれば,ハドソン・ベイの旧体制下において,業績給が有効に機能することはなかっただろう.かくして,注意を向けるべき選択肢の集合については,事実上限定されていたのである.

しかし,コヒーレントなパターンの数は,なぜ限定されてしまうのだろうか.そうしたパターンは,何によって規定されるのであろうか.そして,混合(ミックス)と調和(アンド・マッチ)は,なぜうまく機能しないのだろうか.

戦略と組織は,相互に適合せねばならないだけでなく,事業環境とのあいだにも適合を生み出す必要がある.また,そうした変数は,コヒーレントではあるが,かならずしも一様に望ましいものであるとは限らない.それらのあいだには,いくつかの特異なパターンが存在する.このような見解は,古くから主張されてきた.しかし,それが形式化されることは,これまでほとんどなかったが,経済学の近年的発展によって,直観に訴えるような簡潔で頑健な仕方で,それを形式化できるようになった.重要な概念として,以下の3つが挙げられる.選択変数間の補完性(complementarity),実行可能な選択集合の非凸性(non-convexity),そして選択と業績との関係の非凹性(non-concavity)が,すなわちそれである.補完性は,組織デザインの面ではっきりしたコヒーレントなパターンを生み出す.非凸性と非凹性が意味しているのは,複数のコヒーレントなパターンが存在し,それらが特異性

をもつということにほかならない．これらの概念を統合することによって，組織のデザインや変化にかかわる深い洞察がえられよう．このような文脈において，とくに組織変化の障害について考察するつもりである．この考察の後に，また別の特性を吟味することになろう．つまり，組織デザインにおけるタイト・カップリングの程度のことである．すなわち，組織が業績を最大化するために，ある特定の戦略や環境にたいして微調整を行う程度，あるいは変化に直面した場合に，うまく対応できるような組織デザインが行われている程度のことである．

補完性

　補完性は，業績を左右するような諸変数の変化のあいだに，相互作用が生じていることを意味する．組織のデザイナーが企業の目的を実現する際に決定している変数，あるいは影響を及ぼしている変数からなる任意の対を考えよう．このような選択変数の例として挙げられるのは，価格，サービス水準，製品変更の頻度，負債・資本比率，業績給の強度，部下にたいする意思決定権の配分，そして文化の諸側面といったものである．したがって，任意の対をなす2つの選択変数について，その一方を（より多く）実行することによって，他方を（より多く）実行することから生ずる収獲が増加する場合，これらの変数は，補完的であると言う．より数学的に表現すれば，ある選択変数にかんする限界収獲は，任意の補完的な選択変数の水準とともに増加する[1]．したがって，対をなす一方の補完物が制度化される，あるいは増やされるのであれば，それ以前と比較して，他方の補完物の導入や増加がより有利になるだろう．

　たとえば，高品質であるという事実によって，需要が価格の上昇にたいし

1）この定義に暗示されているのは，あるアクティビティをより多く実行することによって，他のアクティビティをより多く実行するのが，自動的に不可能にはならないということである．補完性は，正のスピルオーバーとは概念的に異なっている．この点については，注意を要する．あるアクティビティから生ずる全体的な便益（そのアクティビティの増加にかんする収獲ではない）が，他のアクティビティの水準とともに増加する場合において，正のスピルオーバーは生じるのである．

て敏感に反応しなくなる（つまり，弾力的でなくなる）場合，製品の価格と品質は，補完的だと言えよう．かくして，品質の改善によって，高価格であることの魅力はより一層高まる．というのも，価格の上昇によって，現状と比べてわずかに販売量が減少するという影響がもたらされるにすぎないからである．

対照的に，アクティビティにかんして，一方を（より多く）実行することによって，他方を（より多く）実行することが有利でなくなってしまう場合，これらのアクティビティは，代替的であると言う．たとえば，従業員の行動にたいする直接的なモニタリングと，業績ベースのインセンティブ報酬とのあいだには，代替性が存在していよう．適切な行動結果に報酬を与えるべきだとの理由で，業績給の導入によって，そうした行動にたいしてより強いインセンティブが与えられるのであれば，望ましい行動を実効化するためにモニタリングを行う価値は，おそらく限界においてより低下してしまうだろう．したがって，企業は，モニタリング水準を減らしていくべきなのである．

代替性にかんする例をもう1つ挙げるとすれば，在庫生産（make-to-stock）と受注生産（make-to-order）との関係がある．特定の顧客のオーダーに応じて生産を行うことは，在庫生産とのあいだに代替的な関係をもっている．在庫生産の場合，受注に先立って生産物の産出を行う．そして，そうした生産物は，需要が具体的に示されるまでのあいだ，在庫品として保有される（Milgrom and Roberts 1988a）．ここで主張しているのは，これら2つのアプローチのあいだに，二者択一的な関係が存在するという単純なことではない．むしろ，それぞれのレジームの下で生産される生産物の割合をみた場合，受注生産の割合を大きくすればするほど，さらにその割合を大きくする（したがって，在庫生産の割合を減らす）のが有利になるということである．その理由としては，以下のものが考えられる．すなわち，在庫生産は，需要が生じた際，それを適宜に充足できるという信頼性を維持するのに必要な在庫水準にかんする規模の経済に制約されているからである．かくして，在庫生産をわずかに行うことが有利であるならば，続けてそれを増やす（したがって，受注生産の割合を減らしていく）ことがさらに有利になっていく．

補完性や代替性にかんするこうした考え方は，環境の諸側面とデザイナー

のさまざまな選択変数とのあいだの関係にまで拡張できる．たとえば，ある選択変数が，環境のある要素とのあいだに補完性をもつのは，環境変数の水準の増加によって，選択変数の導入や増加にかんする収穫が増える場合にほかならない．たとえば，所得税率が低下すれば，明示的な業績給を採用するメリットはより大きくなるだろう．というのも，企業にとって，ある強度のインセンティブを提供する費用は低下するからである．業績給と減税とのあいだには，補完性が存在することになる．さらに，補完性や代替性にかんする考え方は，選択変数の集合にも拡張できる．いくつかの選択変数のあいだには，以下のような場合に補完性が存在する．すなわち，それぞれの選択変数が，他のそれぞれの選択変数とのあいだに補完性をもつ場合である．

補完性や代替性といった選択変数間の関係は，組織デザイン問題にたいして構造を与える．とくに，補完性によって明確なパターンが生じる．この状況の下で，すべての補完的な選択変数は，一様に作用するようになり，全体的なまとまりをもつ．

この点は，直観的には明白なことかもしれない．だが，そのロジックをよりはっきりと理解するために，補完性にかんしてまた別の事例を提示してみよう．すなわち，企業の生産システムのフレキシビリティ，および製品ラインの多様性についての事例である．企業が生産する製品を変更する際の段取り替えのスピード，あるいは段取り替え費用によって，フレキシビリティ（ただし，段取り替え費用と反比例する）を測定できる．他方，多様性については，ある時点での製品ラインの幅，あるいは製品変更の頻度のいずれかによって，表現することができる．いずれにせよ，一般的な状況を想定すれば，フレキシビリティと幅のあいだには，補完性が存在する．おそらく，製品ラインの拡張によって，企業の総需要は増大するかもしれないが，個々の製品の潜在的な売上高については減少してしまうだろう．というのも，顧客は，以前よりも広範な選択肢の集合のなかから，選別できるようになるからである．製品ラインの拡張は，平均在庫水準が劇的に増加することがなければ，単に生産期間の短縮と頻繁な段取り替えを意味するにすぎない．また，それによって，段取り替えをより迅速かつ安価に行う能力，すなわちフレキシビリティを増加させる価値は高まるだろう．（一般的に，あるアクティビ

ティをより多く実行することと，そのアクティビティの限界費用を低下させることとのあいだには，つねに補完性が生ずる）．さらに，多様性を高めることによって，フレキシビリティの増加にかんする収穫が増える．そのために，多様性とフレキシビリティのあいだには，補完性が存在する．また，幅広い製品ラインによって需要の優位性を実現するための費用は，生産システムのフレキシビリティを高めることによって低下していく．そうした補完的な関係は，フレキシビリティから多様性という向きでも成り立つと言える．こうした対称性は，単なる偶然の産物ではない．──第1変数の増加にかんする収穫が，第2変数の水準について非減少的であるならば，第2変数の増加にかんする収穫も，第1変数の水準について非減少的である．このことは，つねに成り立つ．

　補完性は，システム効果（systems effect）を生み出す．そして，（厳密な意味で）全体は，部分の総和以上のものとなる．ここで，選択変数の集合を構成する各要素の増加を考えよう．他の選択変数を増やすことなく，それぞれの選択変数を個別に増加させる際の業績にたいする効果を考察し，それらの推定値の総和を求めるものとしよう．このとき，アクティビティ間の補完性は，次のことを意味する．すなわち，すべての選択変数を同時にまとめて増やす際の業績にたいする全体的効果は，それぞれの選択変数がもたらす個別的効果の総和を上回るということである．その理由は，補完性の厳密な意味に求められる．すなわち，いったんアクティビティの1つ（第1変数）の水準を引き上げてしまうと，他の任意のアクティビティの増加によって，第1変数がより低位の水準にあった場合と比べて，より大きな影響がもたらされる．

　実際，諸変数のあいだに補完性が存在する場合，任意の変数を1つだけ変化させることによって，業績が悪化してしまう．これにたいして，すべての変数を同時に変化させることによって，業績が実質的に高まるということが考えられる．この点で，エリック・ブリンヨルフソン（Eric Brynjolfsson）とその共同研究者[2]は，この数十年のあいだに実行されてきたIT分野にお

2）サーベイと関連文献の一覧については，Brynjolfsson and Hitt（2000）を参照．

ける大規模な投資が，生産性に与えた影響について研究を続けてきた．彼らは，巨額の投資だけでは，生産性にたいしてほとんど影響がもたらされないことを発見した．このことは，生産性統計を除けば，至るところでコンピュータに出くわす，という警句と一致する．ちなみに，この警句は，ノーベル経済学賞の受賞者であるロバート・ソロー（Robert Solow）によるものである．つまり，大きな生産性効果が生じるのは，投資が組織デザインの補完的変化とうまく適合した場合なのである．投資であれ組織変化であれ，いずれも個別に効力を発揮するものではない．だが，両者が結合されると，業績にたいしてきわめて大きな正の効果がもたらされる．

　補完的な選択変数の集合にみられるコヒーレンスのために，すべての変数は，高位の水準ないし低位の水準のいずれかに設定される傾向がある．フレキシビリティと多様性の例を考えてみよう．各次元にかんして，高位ないし低位といったいずれかの選択が認められているとしよう．この場合，多様性とフレキシビリティの問題において，典型的に2つのコヒーレントな選択パターンが存在することになろう．すなわち，高位の多様性と高位のフレキシビリティ，あるいはどちらも低位といったものである．その理由は，多様性にたいする志向が強い場合に限って，フレキシビリティ費用を負担することが有効となるし，また生産システムのフレキシビリティが高い場合に限って，高位の多様性が有利となるからである．

　自動車産業は，それぞれの選択パターンにかんする事例を提供している（図2）．周知のように，20世紀がはじまってから数十年のあいだに，ヘンリー・フォード（Henry Ford）は，黒色のモデルTを求める場合に限って，いかなる自動車でも販売してくれた．したがって，フォード（Ford Motor Company）の製品ラインは，非常に幅が狭く，頻繁に変更されることはなかった．――フォードは，数十年にわたってモデルTの生産を続けた．フレキシビリティの側面についてみると，フォードの工場は，モデルTに完全に特化したものになっていた．その工場は，あまりに硬直化していたために，最終的にモデルAへの製品変更を行う際，また新たに工場建設を実施する必要があった．そうした組織デザインと戦略選択にかんする諸特性は，相互に適合したものになっている．

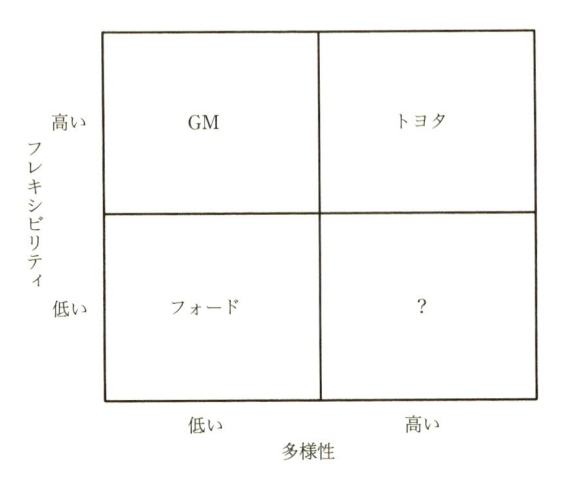

```
                高い │   GM    │  トヨタ  │
フレキシビリティ        ├─────────┼─────────┤
                低い │ フォード │   ?     │
                     └─────────┴─────────┘
                        低い      高い
                            多様性
```

図2　補完性は，コヒーレントなパターンをもたらす

　他方，トヨタ自動車（以下，トヨタ）は，20世紀が終わろうとしていた数十年間，きわめて高いフレキシビリティをもつ工場を建設し，幅広い製品ラインを有していた．たとえば，1990年代初期に，トヨタの上郷工場では，エンジン，トランスミッション，そして燃料供給システムのコンビネーション（OHCエンジンとDOHCエンジンの双方も含む）について，1本のライン上で1日に350種類以上が1個流しの方式で生産されていた．——直前に流れてきたものとは異なるアイテム（品目）が，次々とラインのうえを流れてきた．製品ラインは幅広く，工場はきわめて高いフレキシビリティをもっていたのである．

　これら2つの選択パターンは，それぞれ特有の内部ロジックを有しているばかりか，それぞれの環境において，おそらく最適なものになっていたのだろう．フォードの戦略は，産業の創造と支配を可能にした．すなわち，ある時点では，存在する自動車の半分以上がフォードのモデルTだったということである．1990年代について言えば，20世紀の黎明期と比べて，フレキシブル・オートメーションが広範に普及したし，また顧客の嗜好もかなり多様化した．そうした時代に，トヨタは，世界自動車産業のリーディング・カンパニーの地位に君臨するようになったが，おそらく世界のベスト・メーカ

ーとしての名声を確立したと言っても過言ではあるまい．

　組織の補完的な特性にかんして，複数のコヒーレントなパターンが存在するかもしれない．だが，典型的に言って，異なったパターンを構成する要素を選び出して，「混合と調和（ミックス・アンド・マッチ）」を試みたところでうまくいくことはなかろう．高位の多様性と低位のフレキシビリティの組合せについては，製造の文脈で深く検討する価値がない．生産期間の短縮を維持していくためには，頻繁な段取り替え（チェンジオーバー）による莫大な費用負担が必要となる．あるいは，生産期間の延長は，そうした段取り替えを回避するために採用される選択肢かもしれないが，企業にとって大量の在庫金融が必要になる．そうした組み合せを起点とした対角線上のもう1つのセルは，問題が少ないように思えるものなのだが，きわめて高位の費用を要する．基本的に言って，1980年代のGMは，このセルに分類することができる．この企業は，当時の10年間，トヨタと日産自動車の市場価値の合計よりも多くの金額を，フレキシブル・オートメーションとそれに関連した別の資本支出に振り向けることによって，潜在的にフレキシビリティを高めようとしてきた．しかし，製品開発プロセスのスピード化，プロダクト・ミックスと生産スケジュールの調整，HRM慣行の改革，そして生産のフレキシビリティの増加と補完的な他のさまざまな行動選択といったことを実行しなかった．GMの設備を用いれば，1本のラインであっても複数車種の生産は可能であった．にもかかわらず，実際，そのアセンブリー・ラインでは，ほとんど単一車種の生産しか行われていなかった．GMは，1980年代末のある年に，株式会社による1年間の損失額にかんして新記録を樹立し，その翌年には，その記録を更新することとなった．GMのそうした失敗には，他の要因も絡んでいたであろう．だが，この企業が1980年代をつうじて，長く険しい衰退の道を歩むことになった原因の多くは，組織デザインの選択におけるミスマッチに求められるのである．

　実際に，このようなあやまちをおかしたのは，GMだけではない．たとえば，Jaikumar (1986) は，CNC (computer numerically controlled) というコンピュータ内蔵のNC工作機械にかんするイノベーションが，いかにしてアメリカと日本で採用されたかを研究している．この研究において，組織デザインの適応の失敗に関連した事例も示されている．彼の発見による

と，日本企業は，CNC によるフレキシビリティ，生産期間の短縮，そして多様性の増大のあいだに，補完性をすばやく実現していた．さらに，少量生産によって製品の多様性を高めていた．他方，アメリカの多くの企業も，高いフレキシビリティをもつ生産設備を利用しはじめた．だが当初，そうした生産設備というのは，従来のフレキシビリティの低い旧型の機械と同様に，単一アイテムの大量生産を目的として利用されていた．

さらに，組織デザインの選択にかんする補完性の事例として，リンカーン・エレクトリック（Lincoln Electric Company：以下，リンカーン）で採用されていた一連の独特な慣行が挙げられる（Berg and Fast 1975；Milgrom and Roberts 1995）．リンカーンの主力製品は，アーク溶接機，そして溶接の際に用いるフラックスに代表される消耗品の類である．リンカーンは，アメリカにおいて長いあいだ溶接機材関連の産業を支配し，GE（ゼネラル・エレクトリック：General Electronic）やウェスチングハウス（Westinghouse Electric Corporation）といった主力企業を事業撤退においこみ，競争相手のリストから抹消していった．そして，前人未踏の業績記録を実現した．――ほぼ 1 世紀にわたって，四半期的にも年次的にも利益を計上し続け，アメリカでの事業展開について言えば，損失の計上やレイオフを経験することはなかった．その成功理由は，生産性増大とコスト削減をたえず追求し，その結果として生じた便益を価格の引下げという形で，顧客に還元する戦略を実行したことに求められる．この企業は，生産性と費用の双方を一貫して改善することができた．というのも，それらを改善するという目的を支える組織政策の集合が存在していたからである．さらに，この企業の戦略と組織とのあいだ，そして組織デザインにかんする諸要素のあいだには，高位の補完性が存在していた．

リンカーンの組織デザインの中核をなしていたのは，きわめて広範にわたって出来高給が利用されていたことである．労働者にたいする出来高給制，すなわちタスクの作業量 1 単位あたりの金額を固定して，個々の労働者が作業量に応じて報酬支払をうけるシステムが採用されている．実際に，タイピストにたいして，打ちこんだ字数に応じて報酬が支払われる．（昼休み中，彼女が食事で不在にしているあいだも，誰かが彼女のデスクで同じキーを繰

り返し打ち続けているような事態が生じるまでは，出来高給が採用されることになろう）．また，クレーン操縦者にたいして，移動した重量物の数に応じて報酬が支払われる．（重量物をプラント周辺に移動させる際のスピードと高さにかんする安全性の問題が生じるまでは，出来高給が採用されることになろう）．

　出来高給は，仕事に懸命に取り組むインセンティブだけでなく，生産量の増加につながる方法を追求するインセンティブをも，強力かつ適切な仕方で提供する．そうした報酬支払の方法を理解し，管理することは容易である．このシステムが，労働者にたいする報酬支払の標準的な手法になっていた時代もあった．しかし，今ではほとんど採用されていない．その理由については，いくつかを指摘することができる．第1に，さまざまな個人の作業速度に差異が生じないのであれば，彼らが出来高給のインセンティブにたいして，適切に反応するとは考えにくい．そのために，出来高給のインセンティブ・システムは，ほとんど有効性をもたないだろう．かくして，アセンブリー・ラインを用いた作業や組織化されたチームワークの文脈において，個人に出来高給を適用したところでほとんど意味がない．第2に，出来高給は，数量にたいする強いインセンティブを生み出すことによって，他の有用なアクティビティにたいする時間と努力の配分を抑制してしまう．労働者は，品質を犠牲にすることによって仕事の出来高を増やせるのであれば，出来高給によって，品質を悪化させてしまうインセンティブが生じてしまう．このことは，きわめて明白である．さらに，他の望ましいアクティビティ——たとえば，他の労働者にたいして手を貸す，あるいは緊急事態に対処するために一時的なタスクの割当てをうけいれる——は，出来高給制の下では適切に評価されない．そのために，これらは実現しないであろう．そして，第3に，労働者が経営者にたいして不信感を示し，以下のように危惧するかもしれない．すなわち，彼らが出来高給のインセンティブに反応する形で，生産性を発揮するようになったとしても，経営者がやがて出来高給を尊重しなくなってしまうかもしれない，と．したがって，出来高給は，当初期待されたほど有効な動機づけの手段にはならない．（このことは，労働組合が出来高給の導入に抵抗する理由を部分的に説明している．つまり，労働組合は，まず何人かの

労働者が高位の標準に反応した後で,すべての労働者がそれにしたがってしまうことをおそれている).結局,すべての生産物をいかにして販売するかという問題に加えて,売上高が落ち込んだ場合に,このシステムをいかにして維持するかという問題が生じることになる.

これら一連の問題は,出来高給の有効性を高めるための政策やプロセスに関連している.リンカーンについて言えば,それぞれの問題にたいして適切に対応している.生産システムは,個々の作業速度にあわせて設計されている.そのために,労働者は,インセンティブに応じて個々の生産量を増やせる自由を享受している.リンカーンは,このことを促進するために,仕掛品在庫を大量に抱えこんでいる.この企業は,品質や協力にかんするマルチタスク問題(multi-tasking problem)を解決するために,個人ボーナス・スキームを採用している.個人ボーナスの支給額は,従業員の監督者(スーパーバイザー)によって,当該従業員の生産量や協調性などの要素をベースに決定される.通常,ボーナスの支給額は,従業員が出来高給からえる基本給の2倍の大きさになっている.さらに,それぞれの従業員の名前が生産物である溶接機に刻まれるので,品質にたいする責任が個人に適宜割り当てられることになる.もし検査によって,製品に欠陥が発見されれば,その生産を担当した労働者は,自分の時間を犠牲にして修理にあたらなければならない.労働者が品質にたいする配慮を怠った結果として,現場で溶接機の欠陥が生じるようなことがあれば,その労働者のボーナスは10%減給される.

さらに,リンカーンは,信頼にまつわる問題を解決するだけでなく,出来高給の有効性を高めるさまざまな組織特性を全体的に採用していた.第1に,この企業は,製品や作業方法を変更しない限り,賃金率の調整を行うことはない,という内容の約束をしている.そして,従業員が新しい賃金率に挑戦することを認め,その評価を行っている[3].だが,そうした約束の信憑性は,何によって保障されるのだろうか.まず,この企業が,従業員によって所有されていることを指摘できる.長いあいだ,従業員,経営者,そして創業者

---

[3] 標準賃金率で生産を行う労働者が,当該地域で標準的になっている産業別賃金と同等の額を獲得できるように,賃金率の設定を行うことが意図されている.

であるリンカーン家が，この企業の大部分の株式を保有してきた．リンカーンは，1990年代中頃に市場で新株発行を行った際，無議決権株式を発行した．コミットメントの価値を理解していなかったり，あるいはきわめて近視眼的であるような投資家が，賃金率の切り下げを要求してこないのは，そうした所有権の配置のためだと考えられる．第2に，この企業が積み重ねてきた歴史の萌芽期において，労働者と経営者とのあいだの双方向的なコミュニケーションを促すような一連の手段が講じられた．そうしたスキームは，今日ではそうめずらしいものではない．しかし，リンカーンが導入を図った当時，類まれな革新性をもっていた．第3に，リンカーンは，1965年まで創業者とその弟によって運営されていたが，その後30年間にわたって，従業員のキャリア組によって運営されてきた．彼らは，リンカーンのシステムにたいして個人的にコミットし，そのロジックとともに，労働者の信頼を尊重する必要性を十分に理解していた．第4に，この企業で採用されてきた多くの政策は，経営者と労働者というポジションが相対的なものだということを象徴していた．そうした政策のなかには，役員専用の駐車スペースの排除，低い経営者報酬，役員専用の社内食堂の排除，そして質素な役員室といったものが含まれている．これらの要素は，経営者にたいする従業員の信頼を高め，「われわれ vs. 彼ら」というメンタリティが醸成される危険を抑制していた．

　最後に，リンカーンは，生産量と需要量のマッチングという問題に対処するうえで，労働者がその持ち場にいるべき時間を設定する一方で，必要に応じて残業義務を課している．

　こうしたリンカーンによる組織デザインの特性が，それぞれ単体で有効に働くかどうかについては明言できない．だが，それらが複合体をなす場合，有効な働きを示すことになろう．というのも，この場合には，相互にそれぞれの働きを補完しあうからである．仕掛品在庫は，現代的な「リーン生産方式」にとってアナテマ（呪われたもの）とみなされることがある．しかし，リンカーンでは，それを容認したことによって，個人の作業速度を柔軟に変更できるようになった．そうしたフレキシビリティは，労働者が出来高給に適切に反応するうえで必要とされる．品質や協調性を高めるインセンティブにたいする補完物が存在しなければ，出来高給はみじめな帰結をもたらしか

ねない．かくして，リンカーンの出来高給は，補完的なボーナス・スキームをあわせて採用することによって，より有効に機能するようになった．さらに，出来高給の有効性については，信頼の醸成に寄与したさまざまな要素によって高めることができる．すなわち，オープン・コミュニケーション政策，所有構造，時間をかけて企業の内部昇進型リーダーの選抜や補充を行うこと，そしてシンボリックな行動や政策といった一連の要素にほかならない．こうした組織特性のなかには，稀少性をもつものが存在している．つまり，それらは，標準的な組織モデルにとって有用な要素ではないということである．しかし，そうした組織特性は，リンカーンの成功基盤をなすモデルの重要な要素にほかならない．最後に，この企業は，リンカーン・モデルを選好する従業員を誘引するとともに，その雇用を維持している．このことによって，モデルの有効性が高まるのである．従業員にたいするインタビュー調査から判断すると，彼らは，物質的な成功を志向しており，その実現のために懸命に働く意志をもっている．そして，リンカーンが提示する個人的な責任や自律性によって誘引されており，労働組合の存在を望んでいるわけではない．

　リンカーンの組織は，きわめて高い生産性を実現しており，低コスト戦略を実現するためのカギとなっている．しかしながら，この企業が実際に目的としているのは，単なるコスト削減だけでなく，コスト削減をたえまなく続けていくことなのである．その実現を潜在的に阻む障壁というのは，生産性増大によって雇用が脅かされるのではないか，という労働者自身が抱く懸念である．というのも，これまでよりも少ない人数で，同一水準の生産量を実現できるようになるからである．このことは，リンカーンが採用した別の特徴的な政策，すなわちレイオフの回避という政策を説明するうえで有用だと考えられる．この企業は，深刻な不況の時代においてすらも，そうした政策を忠実に守り，労働者をレイオフする代わりに，彼らに工場の塗装をさせていた．さらに，この政策は，出来高給の信憑性にたいする信頼を深めていただろう．したがって，単体ではその有効性が危ぶまれてしまうような政策であっても，リンカーンが追求する目的やその方法にかかわる文脈においては，きわめて高い価値をもつのである．

　かくして，リンカーンという企業において，さまざまな組織特性がまとめ

て採用されることによって，ある特性を個別に採用した場合に推定されるインパクトよりも，かなり大きなインパクトが生じることになろう．というのも，それらの組織特性は，相互に補完的になっているからである．

このケースが示唆しているように，補完性にかかわる変数はきわめて広範に及ぶこととなる．それにともなって，対応するパターンもきわめて多様化することになろう．他の事例については，文献で確認することができるが，とくに HRM の文脈において顕著になっている．Pfeffer (1996) や Baron and Kreps (1999) は，多様な HRM 慣行のあいだに補完性が存在するという議論を展開してきた．Baron, Burton, and Hannan (1996) は，シリコンバレーのスタートアップ企業で採用されている一連の慣行のあいだに，補完性が存在することを見出し，認識可能な数千に及ぶパターンのなかから，実際に採用されているいくつかのパターンを同定した．Ichniowski, Shaw, and Prennushi (1997) は，特殊鋼の完成ラインで採用されている HRM システムのパターンを提示している．それらは，製造や HRM の多様な慣行のあいだに存在する補完性という観点から，適切に説明することができる．また，Bresnahan, Brynjolfsson, and Hitt (2002) は，アメリカ企業の大規模なサンプルを収集し，IT 投資，現場組織，プロダクト・イノベーション，そして数多くの HRM 慣行のあいだに，補完性が存在することを発見した．

おそらく，これまでの補完性研究は，伝統的な大量生産と現代的なリーン生産との対比において行われてきたと言えよう（Milgrom and Roberts 1990b, 1995）[4]．大量生産とリーン生産は，広範な政策変数の集合にかんする2つのコヒーレントな選択パターンを表している．そこでは，ある任意の変数（ないし要素）を大量生産方式の慣行からリーン生産方式の慣行へと変更することは，これとあわせて残りの各変数を変更することとのあいだに，補完性をもつと言える（**表1**と**表2**を参照）．

相互作用というものは，そうした多様な諸変数の集合のあいだで生じる．だが，すべての相互作用を検討してしまうと，本論から逸脱しかねない．し

---

[4] さらに，これらの論文は，より形式的な補完性理論を発展させている．1990年の論文は，形式的な数学を用いた証明や定理の導入を試みているのにたいして，1995年の論文では，理解しやすいように通常の言語表現が用いられている．

表1 大量生産方式の特性

ロジック：アセンブリー・ライン，部品の互換性，および規模の経済

特化型の機械
生産期間が長い
稀な製品変更
狭い製品ライン
マス・マーケティング
労働者に要求されるスキルの低さ
特化した職務
中央の専門知識とコーディネーション
ヒエラルキー型の計画とコントロール
逐次的な製品開発
静学的最適化
数量の重視
高在庫
サプライ・マネジメント
在庫生産，および顧客との限定的なコミュニケーション
従業員やサプライヤーとの市場取引
垂直統合

たがって，ここではいくつかの相互作用を概観するのにとどめよう．資本設備のフレキシビリティ，生産期間の長さ，在庫水準，製品ラインの幅，そして製品変更の頻度といった要素のあいだの関係性については，すでに議論を展開しておいた．

　マーケティングやカスタマー・コミュニケーションにかんするアプローチは，顧客を製品戦略に適合させねばならないことに由来する．製品変更の頻度は，迅速な製品開発プロセスの価値を高める．時間のかかる逐次的な製品開発アプローチは，大量生産方式において機能するだろう．だが，現代的なリーン生産方式の下で実行できるものではない．後者のモデルの場合，新製品のデザインと製造をすばやく実現するために，クロス・ファンクショナル・チームを利用しなければならない．製品変更とプロセス・イノベーションを頻繁に実行するためには，高度なスキルをもつ労働者を確保せねばならない．彼らは，複雑性への対応だけでなく，（マネジャーやエンジニアによる問題解決を待たずに）問題解決を自ら率先して行うこともできる．そのために，

表2　現代的なリーン生産方式の特性

ロジック：フレキシビリティ，スピード，範囲の経済，そしてコア・コンピタンス

フレキシブルな機械，および低いセットアップ費用
生産期間が短い
頻繁な製品改良
広い製品ライン
ターゲットをしぼった市場
高いスキルの多能工としての労働者
労働者のイニシアチブ
ローカルな情報と自己管理
水平的コミュニケーション
開発のためのクロス・ファンクショナル・チーム
改善の持続
コストと品質の重視
低在庫
ディマンド・マネジメント
受注生産，および顧客との広範なコミュニケーション
信頼ベース型の長期関係
外部サプライヤーへの依存

能力やトレーニングは，イノベーションとのあいだに補完性をもつと考えられる．労働者の能力を十分に活用するうえで，彼らを工程の改善に参加させることはきわめて有用なのである．労働者にたいするエンパワーメントや持続的な改善の追求は，高度なスキルの形成とのあいだに補完性をもつ．とくに，企業のアクティビティやニーズにかんする知識をもつ熟練労働者とのあいだに，長期的な雇用関係を確立し，そうした価値のある人的資本を維持していくのが望ましい．一方，生産設備のフレキシビリティによって，特定のサプライヤーや顧客にロックインされる危険性は小さくなり，内部供給と比べて外部調達が有利になる．さらに，このことは，サプライヤーとの長期関係の構築によって促される．

　現代的なリーン生産は，多くの産業で大量生産に取って代わりつつあり，業績にたいして強力な正の効果をもたらしている．これは，戦略選択と組織選択にかんする1つのコヒーレントなパターンの一例であるが，とくに以前はベストだと思われていたパターンと比べて，より高い有効性をもつように

なったパターンの一例なのである．こうした変化は，環境変化に応じて生ずるであろう．さらに，補完性概念は，さまざまなパターンがどのような場合に有効になりうるかを理解するのに役立つ．

　ある選択変数の水準を高めるメリットを増加させるような環境変化を考えよう．そうした環境変化は，複数の選択変数のあいだに補完性が存在する場合，すべての選択変数の増加という帰結をもたらすこととなろう．そのために，環境変化に応じた選択の変化がいかにして生じるかにかんして，システム的なパターンが生成すると予測できる．このことを理解するために，たとえば補完的な生産投入物の集合のなかから行われた初期的な選択の集合（選択点）が存在し，それが実際に業績を最大化していると仮定しよう．とくに，この仮定は，そうした選択点を変えることなく，任意の投入物の利用水準を増減しない方が有用だということを意味する．さらに，複数の投入物のうちの１つの費用が低下したので，この変数を増加させることが有用になったと仮定しよう．しかし，そうした変数の増加は，補完的な選択変数がそれぞれ増加する場合のメリットを大きくするだろう．かくして，最初の投入物の増加に応じて，他のすべての投入物の利用水準が高まると予想できる．また，このことによって，最初の投入物の利用水準をさらに増加させる際の収穫は高まる．さらに，その利用水準を高めれば，他の投入物の増加にかんする収穫は高まっていく．したがって，当初はある特定の選択変数の増加を有利にするような環境変化が生じたとしても，最終的な帰結として，そうした変化に応じて，すべての選択変数が増加していくことになる．

　このロジックを応用すると，ここ数十年のあいだに生じた大量生産からリーン生産へのシフトは，さまざまな環境変化にたいする反応とみなすことができる．フレキシビリティの高い生産設備——CAD，CAM，NC 工作機械，そして産業ロボット——の費用は，確実に低下してきた．実際，これらの生産設備は，近年になるまで存在していなかった．そうした費用の低下によって，フレキシブルな生産システムの利用がより一層促されるという第１の効果がもたらされた．そして，フレキシブルな生産システムの採用によって，全体的なシフトをもたらす他の諸要素の採用がより一層有利になった．さらに，ICT（情報・通信技術）の発展と歩調をあわせる形で，顧客やサプライ

ヤーとコミュニケーションを行う際の費用は低下し，受注生産アプローチが有利になるばかりでなく，それと補完的なあらゆる特性が間接的に有利になった．さらに，所得の増加とあわせて，消費者の嗜好が多様化していった．このことによっても，新しい生産方式へのシフトが有利になった．また，ここ数十年のあいだに，労働者全体の教育水準が上がったことによって，彼らの頭脳（単なる肉体ではない）を活用することがより有利になった．このことも，リーン生産方式を構成する他の諸要素と補完的な関係をもつ．最終的に，ある企業にとって，そのサプライヤーや競合他社が新しいモデルへとシフトしていくにつれて，それらと同じシフトを志向するインセンティブは強まっていく．

このような形で，戦略や組織デザインのパターンの変化にかんする問題が生じることとなる．補完物からなるあるシステムにかんして，ある特定の変数の増加を有利にするような環境変化が生じれば，それによって他のすべての変数の増加も生じる．補完性の数学は，このことを示唆している．したがって，選択変数のあいだに補完性が存在している場合，望ましい変化の方向性は明らかなのである．だが実際に，組織変化を生み出すのはきわめて難しい．この点については，多くの理由が考えられる．だが，そうした組織変化の問題にたいする本質的な答えを導き出すには，環境，戦略，そして組織デザインといったものを業績に結びつけている関係性を深く理解せねばならない．そのためにも，凸性と凹性の失敗という考え方にふれることにしよう．

非凸性と非凹性

通常，経済学をはじめとして，社会科学や経営科学の分野で採用されてきた伝統的なモデルは，物理学から借用してきた特定の数学的仮定――形式的に言えば，選択集合の凸性と目的関数の凹性――を設けてきた．これらの仮定が利用されてきたのは，微分法によるモデル分析が容易に行えるようになるという便宜的な理由のためである．そのモデルは，理論家や実務にたずさわるマネジャーの双方が世界を理解するための直観的基礎を提供する．しかし，そうした数学的仮定は，戦略や組織の選択という問題を扱う場面では，

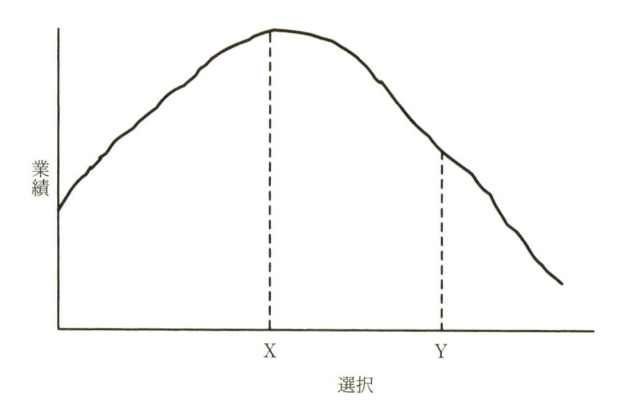

図3 選択と業績の古典的モデル

きわめて不適切になってしまう場合もあるために，それらによって導かれた直観が間違っていることもありうる．したがって，そうした仮定を置き換えることによって，重要な知見が新たに開かれる可能性がある．

　第1の仮定は，選択集合の凸性である．つまり，2つのオプションが存在している場合に，あらゆる中間的な選択が可能になる，という仮定にほかならない．とくに，この仮定は，選択が無限に分割可能であることを含意している．そして，第2の仮定は，目的関数の凹性であり，ある所与の環境における選択と業績の関係を扱ったものである．1つの選択変数によって表現できるケースにおいて，その選択水準を少しずつ増やしていくと，業績水準にたいするインパクトが減少していき，最終的には負の値をとる．このことを意味するのが凹性である．より一般的に言うと，2つの選択水準によってそれぞれ同一の業績水準がもたらされる場合に，これらの中間的な選択水準で選択を行った場合の業績水準がつねに高位になるということである．こうした特性（そして，典型的に仮定されているいくつかの境界条件）は，任意の環境にかんして，業績を最大化するような一意の選択水準が存在することを含意している．

　このような状況は，図3に示されている．そこには，ある所与の環境における選択（図で表現できるように，1次元での選択を仮定しよう）と業績との関係が示されている．業績水準については，選択水準が増加するにしたが

って増加していくのだが，X と記された選択水準によって最大値に到達し，この点を通過すると減少していく．

　この種のモデリングにかんする第 1 の含意については，すでに記しておいた．すなわち，物事を行ううえで，（図 3 では X と記されている）ワン・ベスト・ウェイ（一意的な最善の仕方）が存在するということである．さらに，現在の選択が最適点で行われていないとしても，その点に向けて選択水準を少しでも変化させれば，業績水準を改善することができよう．たとえば，図 3 の Y を起点として，X に向けて選択をシフトしていけば，業績向上を実現できる．より一般的に言えば，より良い業績をもたらすような別の点が存在するのであれば，そうした新しい点に向けて選択を微調整することによって，業績が増大することになろう．したがって，ベストな選択を発見するというタスクは，比較的簡単に実行できる．というのも，業績向上のためのローカル（局所的）な実験を重ねていくことによって，最終的には最適点にたどりつけるからである．このことは，選択が多次元で行われる場合であってもあてはまる．この場合に，凹性が意味しているのは，コーディネートされていないローカルで分権的な実験や探索をつうじて，最適点を発見できるということである．業績を高めていく方向へと，組織デザインにかんする任意の要素を少しずつ変化させていくとともに，そうした調整をできる限り続けていかねばならない．そして，この調整プロセスが終結したときに，業績を最大化する組織デザインが発見されたことになる．したがって，業績向上を目指した分権的な探索の場面で，コーディネーション問題が生じることはない．

　第 2 の含意は，きわめてとらえにくいものであり，環境変化が生じた場合の最適な選択の維持というタスクに関連している．環境変化によって，選択と業績の関係がつくりかえられてしまう．そのために，最適な選択が変化することになるが，そうした関係を表す凹型の形状については，変わることなく維持されるものとしよう．この場合，最適な選択が変化する軌跡を追い続けながら，このムービング・ターゲット（動きを止めることがない標的）に近い位置での選択を維持することは，相対的に単純な問題にみえるかもしれない．いわゆる「カイゼン」に代表されるような小規模でローカルな実験に

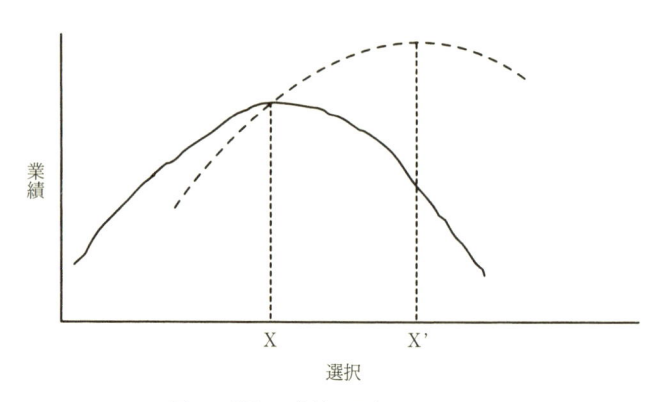

図4　選択と業績の関係は，シフトする

　よって，業績向上を実現できるかどうかだけでなく，どの方向に変化していくべきかについても，明らかにすることができよう．このようにして選択を変えていき，さらなる改善がもはや実行可能でなくなったとき，新しい最適点が発見されたことになる．

　たとえば，選択と業績とのあいだの初期的な関係は，図4における実線で描かれた曲線によって示される．すなわち，ある企業が，最適な戦略と組織の選択を X で実行する形で経営を行っていると仮定しよう．そして，現在では環境変化が生じたために，図4の点線が，選択と業績の新しい関係を示すようになったとしよう．この例において，選択 X における業績水準に変化は生じていないが，一般的には変化が生じていたかもしれない．新しい最適点は，選択 X' で実現することになる．このことは，選択水準の増加を含意する．X から選択を少しずつ変えることによって実験を進めていくと，新しい最適点が高位の水準に存在することが理解できる．というのも，選択水準の増加によって業績水準が増加する一方で，選択水準の減少によって業績水準が低下していくからである．

　このモデル，およびそこからえられる直観は，それらの基礎をなす仮定が，戦略や組織の選択を考察するうえで不適切だという問題をともなう．実際には，不可分性（indivisibility）を至るところで確認できる．（つまり，企業は，何分の1という断片的な単位で工場を所有することはできない．また，

市場に参入するかしないか,といった二者択一的な意思決定しか行うことができない).このことは,凸性とのあいだに不整合性をきたす.さらに,重要な点は,規模にたいする収穫逓増,学習効果,そして不可分性といったものは,すべて目的関数の凹性とのあいだに不整合をきたすということである.たとえば,収穫逓増の状況を考えれば,ゼロ利潤という帰結は,オペレーションを一切行わない場合だけでなく,損益分岐点である正の産出水準でオペレーションを行う場合にも生じる.だが,それらの中間的な水準でオペレーションを展開すると,損失を生み出しかねない.というのも,単位費用が高くなってしまうからである.このことは,凹性の定義に反する.そのために,業績は,選択の凹関数にならない.実際,複数の選択変数が存在し,これらのあいだに強力で一貫した補完性が確認される場合,これらのモデルの基盤となりうる諸条件を数理的に解明することは,不可能になってしまうだろう.

そうした単純な事実を認識するとともに,凸性と凹性が成立しないという可能性をうけいれることによって,企業経営にかんして多くの洞察をえることができる.

明確な目的をもたないまま,定期的に組織変化を実行し,意思決定の仕方を集権化から分権化へと変えた後で,また元の状態へと戻してしまう企業が存在するのは,はたしてなぜだろうか.第1に,考えておかねばならないのは,この問題を説明するための根拠についてである.この問題は,組織論の研究者を悩ませてきた.さらに,組織デザインは,実際に合理的な仕方で行われている,という考え方にたいする異議にもなっていた.事実上,そうした組織変化は,不可分性にたいするきわめて有効な解となりうる.

この点を理解するための重要なカギは,ある意思決定にかんする権限をもつ主体が,その性質からして不可分だという事実を認識することである.すなわち,権限は,本部にとどめられるか,あるいは事業部門に委譲されるか.結局,これらのうち一方の道しかたどれないのである.ここで,人的ネットワークの働きや企業文化に代表されるように,組織デザインのインフォーマルな要素については,デザイナーにとって直接コントロールできるものではないと仮定しよう.むしろ,これらの要素は,組織のフォーマルな側面(意思決定権の配分など)において決定された仕方で,進化を遂げていくとしよ

う．とくに，意思決定が集権化されている場合には，いくつかの規範の役割が弱められてしまう．これにたいして，意思決定の分権化が進められている場合には，それとは逆の事態が生じる．このように仮定しよう．そうした規範は，リスク負担やマルチタスクの努力配分といった行動を統治することになろう．さらに，それは，業績との関連で重要な役割をはたすものであって，最大業績は，以下のような場合に実現すると仮定しよう．すなわち，規範が中間的な強度で作用する場合，つまり十分な集権化と十分な分権化の体制の下で課されるそれぞれの制約の中間で作用する場合である．このとき，組織変化のために多くの費用が必要になるとすれば，断続的に集権的意思決定と分権的意思決定とを交替していくことが最適解になりうる．規範は，現在の意思決定権の配分が導く方向から大きくずれてしまうこともあろう．この場合，業績は低下してしまう．このときの解は，意思決定権にかんして別の配分状態にスイッチすることである．それによって，規範の強度のずれと業績の低下という問題は，双方ともに好転することになろう．この点について，燃やすか消すか，といった選択肢をもつ暖炉の類推(アナロジー)を示すことができる．室内温度は，暖炉の状態によって決定される方向へと変化する．サーモスタットは，家のなかが暖まりすぎると暖炉の火を消すのだが，室内温度が十分に低下してしまうと再び暖炉に着火する[5]．

そして，第2に，考えておかねばならない一般的な洞察は，コヒーレントな選択（あるいは，数多くの選択変数が存在する場合の選択パターン）が複数存在しうるということにほかならない．しかし，そうした複数のコヒーレントな選択パターンのなかには，他と比較してかなりすぐれた業績をもたらすものがいくつか存在している．

ここで，「コヒーレンス」には，2つの意味があることに注意しよう．第1に，いかなる選択集合の微調整を行ったとしても，業績向上を実現できない．——選択は「局所」最適（locally best）であるにすぎないということである．かくして，ある選択がコヒーレントである場合に，少しだけすぐれた物事の仕方を探索するようなカイゼンは，意思決定主体間のコーディネー

---

[5] こうしたアイデアの形式的なモデルについては，Nickerson and Zenger（2003）を参照．

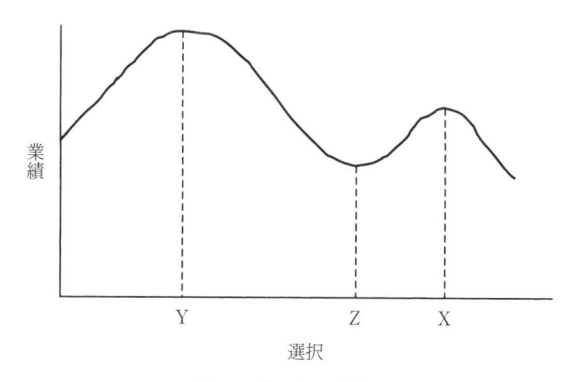

図5 非凹型の業績関係

ションが実現したとしても，(環境が変化しない限り) いかなる改善も生み出しはしないだろう．第2に，選択が多次元で行われる場合，選択変数の部分集合にかんしていかなる変化が生じようとも，業績向上にはつながらない．このことは，たとえ大きな変化であってもあてはまる．したがって，組織があるコヒーレント・ポイントのうえに存在している場合，それによって低業績しか実現していないとしても，戦略と組織デザインにかんするすべての要素をコーディネートしながら変えていかなければ，経営者にとってより望ましい解を発見することはできない．

　第1のタイプのコヒーレンス——局所最適性 (local optimality) ——は，図5に示されている．図の横軸は，選択 (図示できるように，ここでも1次元での選択を仮定する) を表す．これにたいして，縦軸は，選択の結果として生じる業績を表している．点 Z は，コヒーレントではない．——Z を起点としたいかなる小規模な変化であっても，業績向上を実現できる．2つの点 X と Y を起点にした小規模な変化によって，業績向上を実現できないので，コヒーレンスにかんする局所最適性条件が満たされる．だが，点 Y については，相対的にすぐれた業績をもたらしている．このことは，選択と業績の関係が凹である場合には生じない．というのも，この場合，一意の局所最適点しか存在しえないからである．

　第2のタイプのコヒーレンスを説明するために，組織の業績が，企業を構成する複数のユニットの業績水準の最小値になっているという状況を考えよ

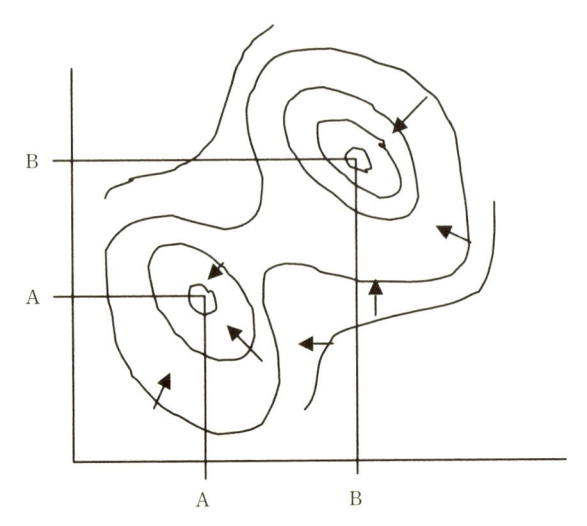

図6 非凹性によって,複数のコヒーレント・ポイントが可能になる

う.この状況は,たとえばアセンブリー・ラインに確認されるように,さまざまな人々やユニットが,ライン上で連続的に作業を行う形で生産物を産出しているようなケースである.(この状況において,さまざまな行動のあいだには,補完性が成り立っていることに注意しよう.すなわち,ある個人にとって懸命に働くという行動がもたらす価値は,他者が同じ行動を選択する場合により大きくなる).したがって,すべてのユニットが同一水準でオペレーションを行っている場合のパターンは,どれも第2のタイプのコヒーレンスをともなっている.すなわち,アクティビティ水準の任意の部分集合にかんして,いかに大きな変化が生じたとしても,業績水準が増加することはない.その理由は,以下のようなものである.すなわち,アクティビティのなかには変化しないものもあるために,その他のアクティビティをすべて増加させたとしても,最小値は以前と同じままで,しかも全体的な業績も変化しないからである.たとえば,3つの組織ユニットが存在しており,どれも一様に水準2でオペレーションを展開しているとしよう.このとき,組織の業績は,min $\{2, 2, 2\}$ = 2 となる.最初の2つのアクティビティを水準3に増やしても,組織の業績は2のままである(min $\{3, 3, 2\}$ = 2).実際に業

績を高めるには，すべてのアクティビティの水準を増やす必要がある．（だが，この枠組において，コーディネートされた小規模な変化は，業績向上につながるものなので，かならずしも第 1 のタイプのコヒーレンスが重要な関係をもつとは限らない．このことに注意しよう）．

より劇的で，かつ企業経営の観点からみて重要なのは，コヒーレンスにかんする 2 つの条件を満たすような複数のパターンが存在するという状況である．その説明のためには，いくつか——少なくとも 2 つ——の選択変数を勘案する必要がある．3 次元の図法で，選択と業績という 2 次元の関係を描き出す代わりに，図 6 に示されるような等高線図を考えてみよう．この等高線図は，2 つの「ピーク（頂上）」をもつ山を示したものである．そこで，一方のピークは，他方のピークの北東に位置している．そして，「山道」は，2 つのピークを結んだものであって，両者の尾根上に存在している．曲線は，同一の業績水準をもたらす複数の選択を結んだものである．そして，矢印については，「上り坂」を表している．

そこには，局所最適値となっている 2 つの点が存在している．それらは，最も小さな楕円で記された等高線の内部に位置している．一方の点（A として記されている）は，相対的に低位の選択水準を表しているのにたいして，他方の点（B として記されている）については，より高位の選択水準を示している．それらは，ピークをなす．A と B は，それぞれ第 1 のタイプのコヒーレンスによって特徴づけられている．つまり，2 つの選択変数にかんして何らかの小規模な変化を生み出したところで，業績が低下してしまう．さらに，A と B は，それぞれ第 2 のタイプのコヒーレンスによっても特徴づけられている．つまり，一方の軸と平行に選択変数を動かした（すなわち，複数の選択変数のうちの 1 つをいかに大きく変化させた）としても，業績向上にはつながらない．だが，一方のピークは，他方と比較してより高位の業績をもたらすであろう．企業は，それ自体が低位の不適切なピークに位置していることを発見した場合，業績を向上させるには，選択にかんするすべての次元（すなわち，この場合について言えば，2 次元）で，大規模な変化をコーディネートして生み出すことが必要になろう．

企業経営にまつわる重要な含意というのは，補完性や非凹性が頻繁に確認

される場合，分権化したローカルな実験だけでは十分でないということである．つまり，探索と変化をコーディネートせねばならないのである．だからと言って，組織の上層部にとって，コマンド・アンド・コントロールの仕方でそうしたコーディネーションを実行せねばならないということにはならない．しかし，個々のマネジャーが改善を発見できるように，組織の特定要素にかんする責任を彼らにもたせておくことは，限定的な範囲で実験が行われる場合と同様に，みじめな失敗をもたらしかねない．いずれの場合にせよ，企業は，より望ましい解の発見に失敗し，劣位なコヒーレント・ポイントにおちついたままになってしまう．このことは，以下のいずれかのことを意味する．ベスト・デザインを実現するには，集権的なコーディネーションが必要になる——デザイナーの存在が必要になる——こと，あるいは選択を行っているさまざまな主体が，相互に集中的なコミュニケーションを試みる必要があること，がすなわちそれである．

　最終的に企業が，低位の不適切なピークにおちついてしまうのはなぜだろうか．そのプロセスは，いかなるものなのだろうか．1つの答えとして考えられるのは，単に不適切な選択をしてしまったから，というものである．より慎重な答えとしては，環境変化によって劣位なポジションに陥ってしまったから，というものが挙げられる．たとえば，ハドソン・ベイのモデルは，1世紀以上にわたってうまく機能してきた．しかし，ノースウェストの参入によって生じた環境変化によって，突如として不適切なモデルへと変わってしまった．しかし，環境変化は，ラディカルないし不連続なものだとは限らない．非凹型の業績関数が存在する場合，連続的な環境変化は，戦略と組織の最適配置にかんする不連続な変化をもたらす．

　図7に吟味を加えてみよう．その横軸と縦軸については，図3から図5までと同様に，選択と業績を示している．（できれば，図6のように選択が多次元で行われる場合を想起してみるとよい）．第3の軸は，時間を示している．技術，競合他社，サプライヤー，顧客の行動，あるいは他の要素が，時間をつうじて次第に変化していくにつれて，選択と業績とを関連づけている曲線も変化する．図は，3時点における関係を示したものである．まず，時間 T_1 において，選択 Y_1 がベストになっている．X_1 は，コヒーレントな選

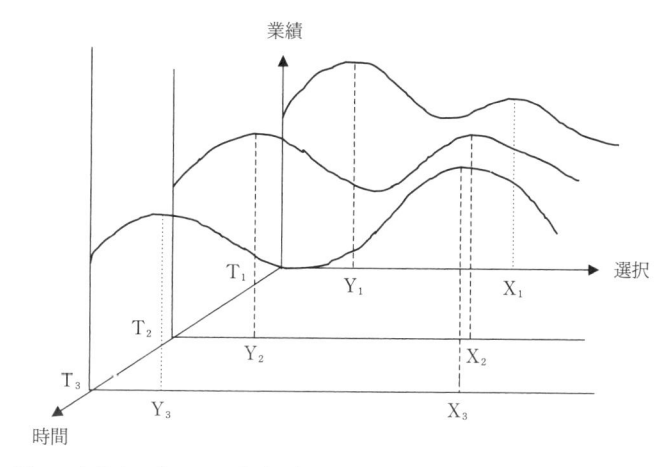

図7　変化する非凹型の業績関係は，最適値の不連続な変化をもたらす

択なのだが，Y_1 と比べれば劣っている．時間の経過とともに，変化が漸進的に生じていくと，2つのコヒーレント・ポイントについては，Y_1 から Y_2 そして Y_3 へ，また X_1 から X_2 そして X_3 へ，といった動きが生じる．おそらく，Y_1 を起点とする企業は，局所最適な配置を変更しながら継続的に戦略と組織を調整していくことによって，難なく Y_2 を経て Y_3 へと移動できるだろう．だが，配置 Y がもつ魅力は，X と比べて時間をつうじてなだらかに減少していくことに注意せねばならない．Y_3 の業績は，Y_1 がもたらすものと比べて低位になるとは限らない．だが，当然そうしたケースも考えられる．しかし，配置 X は，技術，競争，規制，あるいは社会の変化が生じて十分に有利なものになれば，配置 Y を業績面で上回ることになる．

　図7をみてみると，時間 T_2 において，配置 X_2 は配置 Y_2 と同じ程度に望ましいものになっている．また，時間 T_3 になるまでのあいだ，X_3 が Y_3 よりも相対的に望ましくなっているのは明らかである．基本戦略 Y にしたがうとともに，限界において適宜に戦略を調整していく企業は，不適切な環境適応の状況にあることに突然気がつくであろう．すなわち，物事を行ううえでかなり異なった別の仕方が存在しており，今となっては，それが相対的に適切な仕方だということを認識するのである．かくして，究極的には存続しえない古い仕方に固執しているという事実，あるいはラディカルな戦略変化

や組織変化を実行せねばならないという事実に，企業は直面するのである．

　そうした変化は，容易に実行できるものではない．このことは，逆機能的な組織慣性の理由，すなわち有効な変化を導入できない理由の1つとみなされる．変化を生み出すには，リーダーシップに関連するいくつかの要素が必要になる．

　すなわち，第1の要素として戦略的認識（strategic recognition）が挙げられる．最も根本的な問題は，変化の必要性や機会を認識することである．ハドソン・ベイのリーダーは，ノースウェストの参入に対処する（参入阻止はもちろんのことである）ために，変化を生み出さなければならないということを認識できなかった．同様に，自動車メーカーであるGMのCEOだったジャック・スミス（Jack Smith）がかつて述べたように，1980年代をつうじて，この企業は，その競争相手である日本企業が事業の仕方を根本的に変えてしまったという事実，ひいては自社の戦略と組織を根本的に変えなければならないという事実にたいして，「否定的な態度」をとるだけでなく，おそらくこの事実から意図的に目を背けていた．まさしく，過去の成功というわなにはまっていたのである．

　リーダーシップの第2の要素は，ビジョンである．それは，おおまかな輪郭だけでもよいから，よりすぐれた別のパターンを発見するのに必要とされる要素である．そのためには，どのようなタイプの変化が必要なのか．このことをまず理解せねばならない．アメリカの自動車会社のマネジャーやエンジニアは，1970年代末ないし1980年代初期に日本を訪れた．その際，日本の自動車工場で確認される慣行と自分達のそれが多くの点で異なっていることを認識した．たとえば，日本の工場慣行としては，以下のものが挙げられる．――目立った仕掛品在庫が存在していないこと．労働者は，問題が生じたときはいつでも，コードを引っ張るだけで生産ラインを止めることができる（そして，実際に止めてきた）こと．組立ミスを修正するための作業エリアが存在していない（典型的に，そうした作業エリアは，アメリカの伝統的な工場の4分の1ものスペースを占めている）こと．体操と社歌とともに，1日がはじまること．労働者は，ユニフォームを着用していること．さまざまな目的でチームが編成されること．その他さまざまな慣行がある．だが，

これらのなかでも，はたしてどれが重要なのだろうか．それは，なぜなのだろうか．どの慣行が重要なのか，そしていかにして個々の慣行というピース（欠片）をうまく組立てられるかを理解するうえで，これまで適切な理論が存在していなかったのである．そのために，アメリカの専門家は，とくにQC サークルに代表されるように，新奇的な特性をもつ少数の慣行を母国へもち帰った．だが，そうした試みは，完全に失敗してしまった．というのも，品質にたいするコミットメント，作業方法の実験や変革にかんする労働者にたいするエンパワーメント，そして雇用保障（これによって，労働者は，生産性の改善によって雇用が損なわれることを心配せずにすんだ）といった補完的な要素を導入することなく，そうした試みを展開しようとしたからである．これらの要素は，どれも労働者を物事の改善に参加させることとのあいだに，補完性をもつものなのである．

　以上のことが示唆しているのは，適切な理論が必要だということである．もちろん，単なる模倣にとどまらない組織イノベーションを実行せねばならない場合には，より一層複雑な問題を扱わねばならないだろう．このとき，組織は新しい仕方を探索せねばならない．根本的に異なったモデルを開発するには，グローバル（大局的）な探索が必要とされる．グローバルな探索と，所与のパラダイムの枠内での改善を求めるローカルな探索とのあいだには，ほとんど共通点がない．企業は，ローカルな探索にきわめてすぐれていたとしても，グローバルな探索に苦闘せねばならないかもしれない．理論は，探索の所在を明らかにすることによって，有効な役割をはたすであろう．

　このことにかんして，強調しておくべき重要な点は，新しい仕方をはじめから複雑なものとして理解しなくてもよいということである．企業は，新たな機会の存在を認識した際，政策の調整を図るとともに，これまで行ってきたものとのあいだに補完性をもつようなアクティビティを追加していくだろう．われわれは，このことを期待できる．かくして，企業というものは，さまざまな補完的アクティビティのあいだに高位の適合を生み出す形で，新しい戦略と組織のパターンに向けて進化を遂げていく．このことは，組織デザインにかんして，最終的に創発するあらゆる複雑性を，はじめから完全に理解している主体が存在していないとしてもあてはまる．事実上，リンカーン

のシステムは，長い年月をかけて発展してきたものであって，逐次的に新しい要素を追加しながら，これまで機能してきた秩序を補完してきたのである．出来高給が制度化されたのは，リンカーンが19世紀末に創業したときのことであり，ボーナス制度は，1934年に施行された．そして，1958年になってようやく，雇用維持政策（no-layoff policy）が形式化された．一貫していたのは，この企業で長いあいだ社長をつとめてきたジェームズ・リンカーン（James Lincoln）のビジョンである．この人物は，生産性を高めるために，個人的なインセンティブの提供が必要だ，という強い信念を抱いていた．

同様に，現代的なリーン生産方式の基礎をなしているトヨタ生産方式は，漸進的な発展を遂げてきた（Ohno 1988）．戦後日本が，敗戦と大量破壊からの復興を遂げつつあった頃，トヨタは，自動車生産を再開した．その当時，トヨタ生産方式の生みの親である豊田喜一郎と大野耐一[†]は，大量生産をベースとした競争に打ち勝つことができないことを認識していた．というのも，日本市場の規模があまりにも小さいというだけでなく，（トラック，大型セダン，そしてタクシーなどといった形で）需要のセグメント化がかなり進展していたからである．したがって，彼らは，大規模なオペレーションがもたらす効率性に依存しなくても，成功をおさめられるような新しいアプローチを創造しようとした．その基本テーマは，徹底的にムダをなくしてコスト削減を実現することであった．さらに，在庫をムダとみなすというのが，重要な洞察であった．在庫削減努力は，部品供給にたいするジャスト・イン・タイム方式へとつながっていった．この方式は，フレキシビリティを重視するとともに，問題発見と問題解決をすばやく実行する場合に品質を改善できることを明らかにした．しかし，それを採用するには，ローカルな情報にもとづいて行動できるように，労働者にたいするエンパワーメントを進めていく必要があった．結果的に，全体として現代的なリーン生産方式が発展を遂げることとなった．

リーダーシップの第3の要素は，変化を生み出すうえで必要とされるコミ

[†] 訳注：経営者としてトヨタの全体的な方向性を示し続けてきた豊田英二は，「『トヨタ生産方式』の初めは喜一郎で，とにかく彼が一生懸命やった．……いろいろ試行錯誤を繰り返しながら練り上げたのは大野耐一君とそのグループだった」（下川・藤本編，2001, p. 191）と述べている．

ュニケーションを図る能力にほかならない．すなわち，新しい仕方やその一般特性だけでなく，それを実現するためのプロセスにかんする説明を行う能力である．実際に，リーダー1人の力では，新しい全体的なシステムを詳細にデザインすることもできなければ，そのシステムを実行することもできない．つまり，組織を構成するあらゆる人々の参加が不可欠なのである．さらに，人々は，何を成し遂げるべきかを理解せねばならない．彼らにたいして，変化が必要だということだけでなく，それによって利得が生じることを納得させるには，コミュニケーションに加えて説得を行うことも必要になろう．

　最後に，勇気を挙げることができる．困難な目標の実現に向けて努力することに加えて，変化そのものが容易ではなく，業績が悪化してもあきらめないという強さに関連している．メージャー・チェンジ（大規模な変化）が進行しているあいだは，業績悪化を避けることはできない．まず，企業がピークからピークへとすばやくかつ正確にジャンプしていくことができなければ，一方の点から他方の点へとつながる道は，実現可能な最大業績の観点からみると，下方へとつながってしまう．ここで，図5 に立ち返ることにしよう．組織は，X から Y への変化をすぐには実現できないが，これら2つの点のあいだを動いていかねばならない場合，業績の低下は避けられない．こうした動きをとるのは，人々，プロセス，そして文化を，すばやく同時に変えることができないためである．企業は，大きいジャンプ（つまり，価値観，規範，そして評判といったすべてのものを急速に変えること）を実行できたとしても，そのジャンプをかなり正確に行わなければ，他のピークから離れた地点に着地してしまう．この場合，当初期待していたほどの業績を実現することはできない．

　さらに，メージャー・チェンジの只中にある企業は，不完全な組織配置によって可能になるはずの最大業績すらも実現できないだろう．この予想の背後には，それなりの理由がある．そうした企業の業績は，曲線上ではなく，曲線を下回ったところで実現する．その第1の理由は，組織の資源や注意が，仕事の実行に向けられる代わりに，何をいかにすべきかを思い悩むことに向けられてしまうから，というものである．第2の理由は，いったん「何をすべきか」が決定されたとしても，その実行によって十分な効率性を実現でき

そうにないから，というものである．確立した既存の行動パターンを変えることは，いかにしてオペレーションを新しい仕方で実行するかを学習することに加えて，いかにしてさまざまな物事にかんするコミュニケーションを新しい人々とのあいだで行うかを学習することにほかならない．このような学習は，多くの時間とともに費用を要するプロセスになるだろう．そして，第3の理由として，組織の人々のポジション，パワー，臨時収入，そして報酬を脅かす変化にたいする激しい抵抗が生じることによって，業績がさらに悪化してしまうから，というものが指摘できる．要するに，組織のなかには，変化を脅威としてうけとめる人々がつねに存在するということである．過去の行動を導いてきた暗黙的契約の不履行，契約報酬の廃止，パワー配分のあり方の見直し，既存のスキルやポジションに付随した価値の破壊，そして職務とキャリアの危機といったものが，変化によって生じることとなる．こうした状況の下，人々は変化にたいして積極的に抵抗するだろう．彼らは，多くの時間を消耗せねばならず，変化の顛末について懸念することになろう．このことによって，変化を実行する費用は大きくなってしまう．

さらに，変化が生じる見込みによって，資源，パワー，そして報酬の配分の仕方に影響を及ぼしうる機会が新たに生み出される．そして，企業のメンバーは，自分と仲間が確実にうまくやっていけるように働きかけを行うインセンティブをもっている．彼らは，時間と資源を費やして，自分達に有利な変化を形づくっていくためのキャンペーンを展開する．さらに，意図的に誤った情報を発信することによって，自分達の都合にあわせて意思決定を歪めてしまうこともある．したがって，変化をアジェンダに織り込むという単純な手続きに終始する場合，そうでない場合には発生しないはずのインフルエンス費用（influence cost）†が生じてしまう．この事実が意味するのは，組織政治を別とすれば，価値を生み出すはずの変化であっても，その実現が遅延されたり回避されかねないということである．

このロジックは，危機的な状況の下では，変化を容易に生み出せるように

---

† 訳注：他人の意思決定に非生産的な影響を及ぼそうとする活動をインフルエンス活動と言う．また，それによって生じる費用をインフルエンス費用と言う．

なる1つの理由を示唆している．変化に抵抗することによって，あるいは変化の形勢や方向性にインフルエンスを行使することによって，えられる利得というのは，企業そのものの存続によって左右される．かくして，企業の存続の見込みがなくなったり，あるいは経営破綻のおそれがある場合には，戦略変化や組織変化がもたらすインフルエンス費用は低下する．実際，良好な状況で実行に値しない変化であっても，企業の存続が脅かされた状況においては，実行されてしまうものなのである（Schaefer 1988）．

タイト・カップリングとルース・カップリング

　組織変化には困難がつきものである．このことが含意するのは，さまざまな環境の下で，かなり良好な業績を生み出す組織デザインは，たとえそれが現在の文脈に完全に適応しているものではないとしても，価値をもっているということである．そのために，組織デザイン問題にはトレードオフが生じる．環境を所与とした静学的な文脈において，組織デザイン問題を解決するには，さまざまな特性のあいだの補完性を認識し，それを活用できるように組織デザインの諸相を調整する必要がある．組織のデザイナーは，環境に固有の不確実性を認識したならば，いかにして組織デザインの諸相を緊密に結びつけていくかについて，意思決定を下す必要もある．「タイト・カップリング（密結合）」型システムについて言えば，組織デザインないし環境にかんするある特性が変化した場合，他の多くの特性についても調整を行わない限り，業績は大幅に低下してしまうだろう．そのために，すべてを計画に沿って進めていくのであれば，きわめてうまく機能するシステムだと言える．戦略や構造にかんするさまざまな選択のあいだに，およびそれらと環境とのあいだに，緊密な適合が実現することによって，高業績が生み出されることとなる．意図せざる変化や予測不能な変化のために，いくつかの選択変数が変化を余儀なくされることもあれば，あるいは従来の選択と環境との適合が損なわれてしまうこともある．それによって，すべての要素が整合的に配置されている状態は崩れてしまう．かくして，業績は劇的に低下してしまうだろう．新しいパターンを発見するには困難がともなう．さらに，そうしたパタ

ーンを実行しようとしても，より一層の困難がつきまとう．

したがって，十分に最適化されていない「ルース・カップリング（疎結合）」型の組織デザインは，フレキシビリティをもっているだけでなく，環境変化や自律的な組織変化が生じる場合に望ましいものとなる．システム全体の大規模なリストラクチャリングにともなう費用を負担することなく，必要なときに調整を行うことによって，業績を維持できる．

たとえば，標準的なアセンブリー・ラインは，タイト・カップリング型システムの例を提供している．すなわち，ライン上の労働者は，誰でも自分の作業速度を下げる際，作業をしている自分以外の人達にも影響を及ぼしてしまう．リンカーンの組織デザインは，生産プロセスのさまざまな段階で維持された仕掛品在庫のために，ルース・カップリング型の特徴をもつと言える．そうした在庫保有は，きわめて高い費用の負担を要するものなのである．すべての労働者がつねに一定の速度で作業する場合には，在庫水準を大きく減らすことができる．だが，それは，作業時間のバラつきの調整を時間をつうじて可能にするという意味で，有効性をもっている．典型的な大学の学部・学科（アカデミック・デパートメント）の研究プログラムの場合，相互の関係がほぼ完全に断絶した状態（ディカップリング）になっている．——ある教授が行えること，あるいは行えないことのために，他のファカルティ・メンバーの活動が変化してしまうほどの影響は，まったくと言ってよいほど生じることがない．もちろん，ファカルティ・メンバーを，同じ学部・学科内の1つのグループにまとめることによって，研究上の便益が直接生じるということもない．

このような見解は，1990年代初期以降，日本が経験してきた諸問題にかんする1つの説明を提供している．1980年代をつうじて，日本の経済や主要企業を特徴づけていたシステムは，緊密かつ豊かな補完性のネットワークを織り成しており，人口学的変数や文化的変数にはじまって，国の政策，そして企業のデザインや経営に至るまで，タイト・カップリングが経済規模で浸透していた事例となっている[6]．このシステムの主要な要素となっていたのは，企業経営にかんする成長志向性である．それは，日本経済の成長率と貯蓄率の高さに寄与するものであった．このように，企業の長期的な存続や

成長にたいする志向性は，終身雇用制，積極的な人的資本投資，そしてサプライヤーとの長期関係への依存といった特徴と適合していた．収益性よりも成長を重視するというスタンスは，ガバナンス・システムによって支えられていた．日本企業のガバナンス・システムの下で，株主は，ほとんどパワーをもっていなかった．また，取締役会は，経営職能を担う社内取締役によって完全に支配されていた．さらに，メインバンクによる融資は，企業の長期志向を支えていたと考えられるし，個人貯蓄による海外投資には制約が課されていた．そうしたシステムは，社会的態度によって正統化され，ハードな労働，雇用者にたいする忠誠心，そして戦禍からの国家復興が強調されるとともに，消費よりも貯蓄が重視された．このモデルを構成するすべての要素は，相互の微調整をつうじてうまく連結されることによって，環境とのあいだに絶妙な適合を生み出した．そして，数十年にわたって際立った経済パフォーマンスを実現してきた．

　そして，度重なるショックが襲った．日本は，技術的フロンティアに到達し，成長の源泉として，もはや正味の技術輸入に依存することができなくなった．人口増加のスピードは鈍化し，人口の年齢構造をみると高齢化が急速に進みはじめた．成功をおさめた企業は，資金調達を行うために，ユーロ債市場にアクセスすることができた．そのために，メインバンクは，主要な位置を占めていた伝統的な事業を失うことになり，結果的に不動産融資へと傾倒していった．こうした一連の事実は，1980年代末に資産価格をめぐるバブルの生成に寄与することとなった．このシステムは，バブル崩壊を契機として機能不全をおこした．社会的態度の変化が生じたことによって，会社や国家の利益のために働くことをいとわない，という従来の姿勢は弱まっていった．また，貿易にかんする政治的な外圧が強まった．この事実は，輸出の増加をつうじて成長を容易に実現できないことを意味していた．日本型システムは，すべての次元で全体的に物事が実行される仕方を想定していた．しかし，それは変化した．他の諸要素――成長志向型戦略，終身雇用，主に従

6）この点にかんする詳細な議論については，Milgrom and Roberts（1994）を参照．この議論を扱った文献のなかでも比較的理解しやすいものとして，Milgrom and Roberts（1992, pp. 349-352）を挙げることができる．

業員の利害を反映した企業経営，そして経営規律づけを行う株式市場や社外取締役に代わるメインバンクによるモニタリングなど——のあいだには，もはや適合が成り立ってはいない．そのために，経済システム全体のパフォーマンスは，10年近くにわたって損なわれてきた．しかし，民主主義の枠組で機能する新しいパターンの発見というタスクは，既存のパターンを構成するすべての要素を変えることによっても，容易に実現できるものではない．民主主義の下では，デザイナーの役割をはたすべく権限を託されている主体は一切存在していない．単なるマクロ経済の問題ではなく，むしろ構造的な問題に直面しているのだという事実を，日本のリーダーが認識しはじめるまでに多くの時間が費やされた．このことは，まぎれもない事実である．いまだに日本では，新しい道を模索する苦悩が続けられている．

　実際，組織デザインに関連する諸要素のカップリングの緊密さについては，企業によって多様になっている．組織デザインの要素のなかには，財務管理やITプラットフォームのように一切の変種が認められることなく，あらゆる組織で完全に標準化できるものも存在する．他方，マーケティングやHRMの慣行は，地理学的条件によって異なっている．つまり，嗜好，市場条件，そして規制に確認されるように，ローカルな多様性に反応したものになっている．実際，カップリングの多様性が存在するのは，おそらく望ましいことだと言えよう．はたして，組織デザインにおいて，どの部分をタイト・カップリングの対象にし，またどの部分を完全なディカップリングの対象にするのか．また，変化にたいする適応を可能にするルース・カップリングは，どの程度ルースであればよいのか．これらが問題になる．

　組織デザインにおけるカップリングの緊密さは，動態的な文脈のなかで副次的効果をもたらす．すなわち，環境変化が生じた際の業績の変化だけでなく，組織の学習能力や改善能力をも左右する．組織学習は，明確な3つのプロセスに関連している．第1に，変異（variation），すなわち新しい選択肢の同定が挙げられる．組織自体で実験を行ったり，あるいは他の組織が実行している物事を観察することによって，このプロセスを実現することができる．組織内の実験は，新製品や製品改良にかかわるものであれば，研究所や製品開発の場面で行われる．しかし，そうした実験は，生起した問題の解決

や新しい洞察にもとづいた行動を試みている人々やビジネス・ユニットの行動から生じるものなのである．第２に，選択（selection）のプロセスを指摘することができる．つまり，現行の仕方と比べて，新しい選択肢がすぐれているかどうかを決定づけるプロセスである．最後に，より適切な何かが同定された場合，新しい仕方を組織に移転（transfer）し，これを維持（retention）せねばならない．

明らかに，組織デザインのカップリングがルースなものになればなるほど，組織特性の変化に向けて実験を行うことは，ますます容易になっていくだろう．企業を構成する多様なビジネス・ユニットは，さまざまな機会と脅威に直面し，さまざまな環境でオペレーションを展開している．アーキテクチャやルーティンの司令による中枢的コントロールから十分に自律している場合に，ビジネス・ユニットの変異が自動的に生じることになろう．かくして，ルース・カップリングによって変異が促進される．

しかし，ルース・カップリングによって，選択と移転の実行が困難になってしまう．何らかの新奇的なものについては，組織のある部分で機能しうるとしても，他の部分が別のルーティンや異なる文化をもっている場合にうまく機能するかどうかを，正確に理解するのは困難かもしれない．さらに，組織のさまざまな部分が，それぞれベストだと判断したことを行える場合を考えよう．この場合には，現在のベスト・プラクティスにしたがわせようとする命令が，組織の中枢部から下される場合と比べると，新しい慣行や製品の採用は相対的に困難になってしまう．

したがって，タイト・カップリングとルース・カップリングの理想的な程度を決定するうえで，２つのトレードオフが見出されることになる．まず，特定の文脈で最適な業績を実現することと，戦略や環境の変化に直面した際に，従来よりもすぐれた仕方で，物事を行うこととのあいだに存在するトレードオフである．さらに，学習の促進にかんするトレードオフも存在するということである．現在のベスト・プラクティスに依拠した厳密なオペレーションを命令しているだけでなく，それをマニュアル化している企業は，そうしたベスト・プラクティスを改善するうえで苦悩しなければならないだろう．変異をいとわない企業というのは，ある所与の時点の全体的なオペレーション

にかんして，ベスト・プラクティスを利用することはほとんどない．にもかかわらず，概して物事をよりうまく行うことができよう．

　ようやく，われわれは，現代企業の戦略と組織にかんする考察方法にたどりついた．企業が成功をおさめるには，コヒーレントな戦略と組織が必要なのである．それらは，相互に適合するだけでなく，環境とも適合していなければならない．環境変化は，戦略と組織の変化が必要だということを含意する．──組織デザイン問題に普遍的な1つの解が存在することはありえない．われわれは，変化を実現することが困難だという事実を理解するだけでなく，その理由について説明してきた．コヒーレントなシステムにかんする全体的な選択が行われているのであって，政策や特性にかんする個別的な選択が行われているのではない．この事実は，以下のことを説明していよう．すなわち，企業がここ数十年のあいだに経験してきた変化──それは，確率的なものではなく，むしろ組織デザインの新しいコヒーレントなパターンに向けたさまざまな動きによって構成されている──には，明確なパターンが確認できるということにほかならない．

第3章　企業の性質と目的

　企業は，なぜ存在するのか．企業の性質と目的とは，いかなるものだろうか．これらの問題は，一見して学術的だと敬遠されがちである．だが実は，実務的に重要な意味をもっている．われわれが目標とするのは，企業の組織デザイン問題を理解することに加えて，企業の組織や経営手法の変化を考察することである．制度としての企業の性質と目的を，明確に理解することによって，われわれが掲げた目標を達成するための土台を構築できよう．

　人々の経済活動にたいするコーディネーションと動機づけを実現するために，企業は存在している．これは，前述の問題にたいする主要な答えとなりうる．アダム・スミス（Adam Smith）がピン工場の有名な議論（1776/1937）のなかで記していたように，規模の経済と学習効果が含意するのは，以下のことである．すなわち，さまざまな個人が，それぞれ自分の生産活動に特化する（つまり，分業を行う）ようになれば，効率性を大幅に改善できるということである．しかし，いったん人々が特化を行うようになると，繁栄はおろか生き残りのために必要なすべてのものを，独力で生産できる者がいなくなってしまう．そのために，彼らのあいだには相互依存性が生じることとなる．現代経済のほとんどの文脈において，職務についている個人は，自分が個人的に消費したいと思っているものを実際には何1つ生産していない．これが現実である．自分が手に入れたいと思っているさまざまな種類の財・サービスは，他者によってつくられている．それを実際にえるには，限られた種類の自分の生産物を差し出して，それらと交換する必要がある．このよう

な相互依存性は，さまざまな個人のアクティビティのコーディネーションに加えて，彼らにたいするモチベーションの提供が必要だということを意味する．

少なくとも，コーディネーションは，意味のない重複が生じないように必要なタスクを実現することにほかならない．より正確な表現を用いれば，コーディネーションとは，適切な人々によって，適切な仕方で，適切なときに，そして適切な場所で，さまざまなタスクが効率的に行われることを保障する試みなのである．究極的に言って，コーディネーションが十分に行われるには，実行されるタスクが適切なものでなければならない．この事実は，企業の文脈において以下のことを意味する．戦略に関連してさまざまなアクティビティを最小の費用で実行することに加えて，戦略の実行によって可能な限り多くの価値を創造することが，すなわちそれである．単純な文脈においてすらも，コーディネーション問題にたいする解の発見が主要なタスクになる．このことは明白である．経済全体にかんするコーディネーション問題ともなると，きわめて複雑なものになってしまう．

さらに，モチベーションも問題になる．というのも，コーディネーション問題にたいする効率的な解の発見を促すように行動したとしても，そうした行動が，個人やグループの利益にかなうものだとは限らないからである．一般的に言って，人々には利己的なところがある．このような見方は，利他的な要素を完全に否定していないにせよ，純粋な利他主義を非現実的なものとみなしている．いつの時代においても，たいていの人々は，自分が価値を認めたものについては，他者がその便益を享受できないとしても，それらをより多く獲得したいと思っている．さらに，経済活動にともなう費用負担をできる限り回避したいと考えている．その結果，他者が高い費用を負担せねばならなくなるとしても，自分の望みを変えることはなかろう．相互依存性が存在する状況において，個人がより多くの便益を獲得し，費用負担の回避を試みる場合を想定しよう．このとき，彼らが別の仕方で行動した場合と比べて，彼ら自身を含むすべての人々をワースオフ（現状の悪化）してしまう．そこで問題になるのは，コーディネートされた解をもたらすような行動を，人々に動機づけることなのである．

もちろん，スミスも記していたように，特化にともなう相互依存性や分業とともに生ずるコーディネーション問題やモチベーション問題を解決するうえで，市場は1つの際立ったメカニズムとして機能しうる．市場制度は，個人に（偏った）利己的な行動を追求する余地を与える．その際，彼らの選択は，支払や受取を行う価格によって導かれる．

　適切に機能する市場は，人々のあいだで生ずる相互依存性を完全に「内部化」するようになる．相互依存性とは，1人の人間による選択や行動が他の人達に影響を及ぼすことを意味する．利己的な行動によって，非効率性が生じることもある．というのも，意思決定主体は，自分の行動にともなう費用と便益の一部分，すなわち自分の個人的な経験にしか注意を払わないからである．しかしながら，適切に機能する市場が存在すれば，個人は，自分が行動した結果として，どの主体に総費用と総便益が生じようとも，それらに十分な注意を払うようになる．というのも，個人が負担する価格に，そうした総費用と総便益が反映されるようになるからである．同時に，適切に機能する市場における価格は，買手にたいする追加1単位分の便益に加えて，売手にたいする追加1単位分の費用を反映するようになる．かくして，価格に導かれた選択によって，限界費用と限界便益は等しくなる．（効率性が実現する）．市場価格は，何を，いつ，どこで，いかにして，そして誰のためになすべきかにかんする本質的なシグナルの役割をはたす．その際，いかなる意識的な中央集権型の計画やコントロールが行われなくとも，きわめて高い水準のコーディネーションが実現することとなる．

　実際に，経済理論による重要な研究成果として挙げられるのは，以下のことを証明した点である．すなわち，あらゆる局面にかんして適切な市場が存在し，それらが競争的であるとすれば，完全なマーケット・クリアリング（市場均衡）によってもたらされる資源配分は，効率的なものとなる．——満場一致で選好されるように経済活動を再配置することはできない．このような状況で，市場がもたらした帰結を何らかの形で変えようとすると，少なくとも1人の個人にたいして損失をもたらさざるをえなくなってしまうのである．

　市場は，イノベーション，投資，そして努力に向けた強いインセンティブ

を個人に提供する．機会，ニーズ，そして資源にかんするフォーマルなコミュニケーションについては，市場によって必要最小限に抑えることができる．そして，自由と裁量が，個人に与えられることとなる．このように，コーディネーションと動機づけの実現のために市場を利用するという論拠は，頑健なのである．

　さらに，ノーベル経済学賞の受賞者であるロナルド・コース（Ronald Coase）が論じていた（Coase 1960）ように，たとえ組織化されたフォーマルな競争市場が存在しないとしても，それと同じ効率的な結果が，相互依存的な主体間の直接交渉によってもたらされる．このことは，意識的な中央集権型の計画やコントロールが行われなくとも成り立つし，また主体が私利だけを追い求めたとしても成り立つ．このロジックは，いたって単純である．すべての関連主体には，直接会って交渉を行う自由が与えられており，そこで（たとえば，費用なしに実効化できる財産権をつうじて）合意の失敗という帰結が生じたと仮定しよう．このとき，さまざまな主体は，前述した意味で効率的な合意——ある主体をベターオフするには，他の主体にたいして損失をもたらさざるをえないような合意——に到達せねばならない．もしそうでなければ，交渉をやり直すことでえられる収穫が存在する．

　だが，さまざまな主体のあいだで，自発的な交渉がうまく行われるのであれば，なぜわれわれは，経済活動のコーディネーションと動機づけを実現するために，企業を利用せねばならないのだろうか．結局，ノーベル経済学賞の受賞者であるハーバート・サイモン（Herbert Simon）が記していた（Simon 1991）ように，市場志向型の経済においてすらも，経済活動の大部分は，市場交換をつうじてではなく，むしろフォーマルな経営組織の内部で行われているのである．実際，ジョン・マクミラン（John McMillan）の推定によると，アメリカ経済におけるすべての取引にかんして言えば，市場で行われているのは，3分の1以下の割合にすぎず，残りの70%以上の取引については，企業の内部で行われている（McMillan 2002, pp. 168-169）．コーディネーションと動機づけは，価格システムないし利己的な個人間の交渉というよりは，むしろ企業をつうじて実行されているということである．では，その理由はなぜだろうか．

その答えを考えるための基礎は，ノーベル経済学賞の受賞者であるケネス・アロー（Kenneth Arrow）の研究（1974）によって与えられている．すなわち，市場が機能しない場合がある．これがアローの答えにほかならない．つまり，「市場の失敗」が生じるということである．市場がうまく生成しなかったり，競争的なものにならなかったり，あるいは適切なクリアリングを実現しないなどの事態がおこりうる．このような状況において，人々のあいだの相互依存性を完全に内部化することはできない．──人々の利己的な行動は，他者が負担する費用や獲得する便益を十分に反映したものにはならない．したがって，資源配分の仕方を変更する余地がある．だが，それによって，すべての主体が便益をえるとしても，そうした変更が実行されることはなかろう．市場がコーディネーション問題やモチベーション問題にたいして効率的な解をもたらさない場合，コーディネーションや動機づけを実現するうえで他のメカニズムが相対的に望ましいものとみなされる．このとき，市場が取って代えられることになるが，企業は，その主な代替物とみなされる[1]．

このロジックによると，コーディネーションや動機づけの手段として，企業が市場よりも望ましい場合に，経済活動を企業内で行うべきだということになる．では，このことが生じるのはいかなる場合なのだろうか．この点を理解するには，企業がうまく機能しうる状況を理解するだけでなく，市場の失敗の性質についても理解しておく必要がある．

市場の失敗の源泉と性質[2]

ミクロ経済学は，市場の失敗が生じるために，市場以外の配置が選好されるような数多くの状況を明らかにしている．最もポピュラーな状況として，

---

[1] このことは，歴史的パターンにかんする主張──市場を試してみたものの，失敗してしまったときに，企業が創造されるという主張──ではない．むしろ，企業と市場とのあいだで行われるアクティビティの分業は，時間をつうじて複雑な仕方で変化したという主張を表す．
[2] 本章で言及する多くのトピックにかんする詳細な議論については，Milgrom and Roberts (1992, chapters 5, 6, and 9) を参照．

独占や不完全競争を挙げることができる．こうした状況が生じるのは，共謀のためか，あるいは参入障壁や規制によって競争企業の数が限定されているためか，といったいずれかの理由による．このとき，供給は利潤増大のために制限されて，効率性は損なわれてしまうだろう．というのも，通常，顧客が高価格のために被る損失や放棄余剰は，独占企業が獲得する超過利潤を上回るからである．独占品の内部供給によって費用効率を大幅に改善できるならば，顧客にとっては，内部調達が相対的に望ましい．

さらに，市場が適切に機能しない事例としては，公共財を挙げることができる．公共財というのは，ある主体がその財を消費しても，他者による消費量が減少しないような財である．さらに言えば，ある個人に公共財の利用を認めれば，他のすべての個人にもその利用を認めなければならない．公共財にかんする第1の特性は，消費の非競合性と呼ばれる．第2の特性は，排除不可能性と呼ばれる．排除不可能な公共財の一例として，国防が挙げられる．――ある地域のある個人がその便益を享受する場合，他のすべての個人もその便益を享受する．テレビ放送は，排除可能な公共財の一例である．ある個人が信号を受信していたとしても，他者が受信する信号は減るわけではない．このような状況において，消費は非競合的だとみなされる．だが，信号をスクランブル処理することによって，デコーダーを保有していない人達の受信は不可能になる．公共財について言えば，単純な市場配置ではうまく機能しない．というのも，（排除不可能性のケースにおいて）ある個人が購買したものは，自動的に他のすべての個人によって利用されることになり，他者の貢献にたいするフリー・ライディング（ただ乗り）の誘惑が生じてしまうからである．公共財の購買や供給をめぐる主体の意思決定は，私的便益によって導かれる．だが，私的便益は，総便益のほんのわずかな断片でしかないために，公共財の供給不足という事態がもたらされる．排除可能な公共財にかんする非効率性は，以下のことに関連している．すなわち，人々が公共財にたいする支払を行うようになるには，資源を費やすことによって非支払者から便益を剥奪せねばならないということである．いったん，公共財が創造されてしまうと，その追加的便益は，すべての主体にとって享受できるようになる．その際，どの主体も費用を負担する必要がない．直接費用の負担なし

で，公共財からえられる総便益が増加することになろう．

　情報は，しばしば排除可能な公共財としての特徴をもつことがある．そのために，情報市場では，何らかの問題が生じてしまうと予想できる．実際，情報の販売にかんする問題は，とりわけ深刻である．買手は，いかにして供給される情報の価値を評価するのだろうか．買手は，私的財を用いて情報の吟味と試用を実行できる．だが，情報の売手がそうしたオプションを提示する場合，買手は，無料でその価値をえることになる．というのも，買手が支払を拒否したとしても，情報を取り戻すことはできないからである．排除を容易にするような仕方で，情報のコード化とパッケージ化が行われることもありうる．たとえば，潜在的な顧客にたいして，データベースやコンピュータ・プログラムの試用を認めたとしても，彼らが支払に合意しなければ，サンプルを回収することができる．また，特許の申請と施行を行うこともある．しかし，一般的に言って，問題は何ら解決されぬまま，非効率性だけが残されてしまう．

　公共財は，外部性の極端な形態である．外部性が存在するのは，以下のような場合である．すなわち，ある個人が，行動をつうじて他者の厚生に影響を及ぼすが，意思決定を行ううえでその影響を認識するインセンティブをもたないために，すべての費用と便益を反映した行動を選択しない場合である．このようにして，外部性によって非効率性がもたらされてしまう．

　外部性の古典的な事例として，大気を汚染する乗り物で渋滞道路を運転するというケースが扱われている．しかしながら，外部性は企業の文脈でも生じる．たとえば，さまざまなビジネス・ユニットは，ブランドに代表されるように，すべてのユニットにとって利用可能な共通の企業資産を，不適切な仕方で利用しかねない．ブランドの保護にかんする便益は，その利用主体すべてにいきわたるが，ブランドの保護と構築という行動選択の費用は，当該ユニットによって個別に負担されるにすぎない．したがって，ブランドの構築と維持にたいする投資にかんして，不適切なインセンティブが存在することになろう．

　直接的な交渉は，非人格的な市場取引を代替することによって効率性を実現する．これがコースの議論にほかならない．この議論は，外部性を明示的

に扱うことによって定式化された．——屋外で衣服を乾かしているクリーニング業者の費用を高めるような機関車の煤煙，あるいは火災を引き起こすような機関車の火の粉などの例に言及している（Coase 1960）．財産権の明確な設定と実効化がなされるのであれば，交渉によって効率的な結果が導かれる，とコースは論じた．たとえば，機関車の所有者は，汚染にかんする財産権をもつ．だが，クリーニング業者が汚れた衣服の洗濯をやりなおすよりも，機関車の所有者が汚染物質の排出を減らす方が低費用ですむかもしれない．この場合，前者は後者にたいして，汚染を減らすための支払を行うことになろう．これと同様のことは，独占の例にもあてはまる．すなわち，独占企業は，価値破壊的な行動を選択するとは限らない．潜在的な顧客と交渉する余地もあるだろう．コースの議論を適用すれば，それによって，両主体は効率的な結果に到達できる．

ここでの問題は，そうした交渉がうまく機能しないという点にある．その理由は，以下の一連の費用に関連している．すなわち，関連主体を同定する費用，彼らを交渉の場につかせる費用，交渉条件を設定する費用，そして協定の内容を実効化する費用である．こうした費用の多くは，情報問題と密接なかかわりをもつ．実際，近年の研究では，市場の失敗，あるいは交渉の失敗をもたらす源泉として，情報問題に多くの注意が向けられてきた．この研究分野の開拓者であるジェームズ・マーリーズ（James Mirrlees），ジョージ・アカロフ（George Akerlof），マイケル・スペンス（Michael Spence），そしてジョゼフ・スティグリッツ（Joseph Stiglitz）は，その知的貢献にたいしてノーベル経済学賞を授与された．

さまざまな主体のあいだに情報の非対称性が存在する場合に，とりわけ重要なタイプの市場の失敗が生じてしまう．たとえば，潜在的な売手は，供給しているアイテムの品質にかんして，買手よりも多くの情報をもっているとしよう．そこで，中古車の例を考えてみよう．すなわち，自動車の元所有者は，これまでその自動車を運転してきた経験をもっている．そのために，その自動車の品質にかんして，潜在的な買手と比べてより多くの情報をもっている．かくして，買手としては，高価格を支払うにもかかわらず，劣悪な品質の自動車——「レモン」——をつかまされることのないように細心の注意

を払う必要がある．というのも，低品質のアイテムの売手は，自分が扱っている製品の品質を，偽って伝えようとするインセンティブをもつからである．したがって，買手の方は，販売されている財の品質をみきわめるために資源を費やさなければならない．他方，高品質の財を扱う売手は，プレミアム価格を要求することによって，良質の製品を扱っているという事実を顕示しようとする (Spence 1973)．これら一連の活動には，費用がかかる．だが，直接的に何の価値も生み出されないので，非効率な資源配分が行われてしまう．

単に，品質のスクリーニングやシグナリングを目的とした資源の浪費だけではすまない，重大な非効率性がもたらされることもある．つまり，交換が完全に成り立たなくなってしまうという問題が生じる (Akerlof 1970)．情報の非対称性を解消することが不可能だとすれば，買手は，財の期待価値よりも高い支払を拒絶するだろう．ちなみに，財の期待価値というのは，その財に期待されるさまざまな品質水準の平均値のことである．このとき，最高品質をもつ財は，供給されないだろう．というのも，この種の財は，その真の価値を反映していない中位の価格でしか売れないからである．その結果，実際に供給される品質の分布は，潜在的に実現可能なものと比べると不適切な形状になってしまう．販売対象となる製品の選択は，基本的な品質の分布を反映して行われるのではなく，逆選択（adverse selection）[3]になってしまう．そのために，買手は，積極的に多くの支払を行う意志を合理的に失っていく．このとき，相対的に高品質のアイテムを扱う潜在的な売手の多くは，もはや低価格での販売を行わなくなってしまう．全体的な結果として生じるのは，きわめて悪い品質のアイテムだけしか手に入れられなくなる——レモンしか販売されない——だけでなく，高品質製品の市場が存立できなくなるという事態である．この事態は，高品質製品を手に入れたいと考え，支払にみあった製品を確実に獲得できるならば，十分な支払を行ってもよいという買手が存在したとしても生じてしまう．

市場の失敗をもたらす情報の非対称性の第2のタイプというのは，他者の

---

[3] この用語は，そもそも保険産業で利用されてきた．つまり，自ら高いリスクをおかしていることを認識している人々は，平均的な人々と比較して，保険を購入する傾向が高いという事実を表す．

行動を観察する能力の限界，したがって他者が合意どおりに行動しているかどうかを正確に把握する能力の限界にかかわるものである．このことによって，モ・ラ・ル・・ハ・ザ・ー・ド (moral hazard)[4]の問題が引き起こされる．現場のセールスマンは，顧客訪問の仕事をまじめに行っているのか．あるいは，仕事もせずに，ゴルフにあけくれていないだろうか．知識労働者(ナレッジ・ワーカー)は，仕事のことを思索しているのか．あるいは，他のことに気をとられていないだろうか．自分の弁護士は，最善の努力をもって真摯に対応しているのか．あるいは，不熱心な態度でいい加減にすませていないだろうか．これらとよく似た問題は，個人によって収集された行動基盤としての情報が，他者にとって観察不可能である場合に生じる．ここで言う他者とは，その行動によって利益を左右する主体のことである．ブローカーによる取引の推奨は，本当に適切なものなのだろうか．あるいは，単に手数料を目的としたものなのだろうか．行われるべき治療を病院が拒否しているのは，自分にとって治療そのものが意味をもたないからなのか．さもなければ，保険会社が治療費の支払を拒んでいるからなのだろうか．

　このような状況において，主体は，自分に直接かかわる事柄にかんする契約を作成することはできない．そのために，適切な財・サービスの市場は存在しえないこととなる．その代わりに，間接的かつ大雑把な仕方で行われる業績評価を甘受せねばならない．さらに，価値創造的な選択や行動にもとづいた契約ではなく，むしろその代用物やシグナルにもとづいた契約の締結にあまんじなければならない．このことによって，さまざまな非効率性が生じてしまう．すなわち，誤った努力，不適切なリスク配分，非効率な低位の努力水準，モニタリング費用，そして業績指標の恣意的操作などの非効率性である．(第4章において，モラル・ハザード問題を詳細に論じるつもりである)．

　逆選択やモラル・ハザードに服した取引を市場の外部へと取り出して，他の組織形態の下で実行したところで，自動的に問題が解決されるわけではな

---

[4] この用語も，保険産業に由来している．人々は，自分の選択がもたらす影響にたいして十分な責任を負う場合と比べて，保険をかけた場合により大きなリスクを負担する傾向をもつ．このような含意が導かれてきた．

い．だが，市場取引が適切に機能しないという事実は，市場以外の配置の方が市場よりも適切に機能するので，それらを詳細に検討する意義があるということを意味する．

　近年行われている研究の多くは，合意の実効化というまた別の問題にフォーカスをあてている．直接的な影響をうける主体のあいだに情報の非対称性が存在するために，適切な諸変数にかんする契約を実現できないかもしれない．情報の非対称性が存在しない場合ですらも，彼らは，契約の実効化を第三者に依存するには，合意が不履行になったかどうかを明確に理解せねばならない．実際，立証可能性が満たされない状況を想像するのはたやすい．すなわち，合意に至った双方の主体は，それぞれが実際に行ったことを十分に理解しているとしても，その内容の詳細を他者に伝えるうえで，あいまいさを完全になくすことはできない．この場合，2つの可能性を指摘することができる．すなわち，第1に，立証不可能な事態にかんして，有効な合意にたどりつくことができない．第2に，合意が「自己拘束的」なものになる．——外部的な実効化をつうじてインセンティブが与えられないとしても，合意にしたがうことが自己利益にかなう，と主体が認識するようになる．素朴な市場志向型の配置では，そうした自己拘束性のオプションが実現することはほぼありえない．

　ここでは，コミットメント問題†が関係している．その単純な事例は，契約の実効化に費用がかかる場合である．そうした費用は，弁護士報酬，裁判費用，そして経営者の時間といったものを含むが，勝訴でえられる利得を上回ってしまう場合すらもありうる．合意した双方の主体が，その実効化を強く主張するインセンティブをもたなければ，契約の有効性はさらに損なわれてしまう．契約の実効化に多くの費用がかかる場合，双方の主体には，契約違反にたいする制裁によって損失が生ずるであろう．不服当事者にとって，

---

† 訳注：ゲーム理論において，コミットメントとは，プレイヤーが自分の選択可能な戦略のオプションを意図的に減らすことによって，ある行動しか選択できないようにすることを表す．換言すれば，将来的に選択する行動を表明し，この行動を確実に実行するという約束にほかならない．だが，いかにして，コミットメントの信憑性を確保できるのだろうか．これがコミットメント問題にほかならない．

契約違反者の制裁にコミットするための手段がない場合には，合意事項に違背した行動が罰せられることはない．かくして，契約違反が生じるのは避けられないだろう．このことは，契約によって実現するはずの結果に影響をもたらす[5]．

　合意の下で選択された行動によって，残りの契約条件に忠実にしたがうインセンティブが変化してしまう場合に，重要なコミットメント問題が生じることとなる．この場合，双方の主体がすすんで再交渉にのぞむような状況がもたらされる．だが，再交渉が行われる可能性を認識することによって，当初の合意にしたがうインセンティブに影響が生じてしまう．たとえば，ある従業員を動機づける際に，その報酬が業績に強く依存した形で支払われると仮定しよう．さらに，業績については，従業員が完全にコントロールできるものではなく，確率的でコントロール不能な変動に服しているとしよう．職務を遂行したが，その結果が実現する前の時点で，賃金支払を業績に連動させる際のあらゆるリスクを従業員に負担させたところで，新たに何の価値も生じない．この点で，さらなる動機づけを可能にする誘引物は，何もないということである．従業員がリスク回避的であるのにたいして，企業がそうではない場合を考えよう．（このケースは，穏当だと考えられる）．このとき，従業員が賃金支払にかんするリスクを抱え続けるとすれば，多くの費用を負担せねばならない．従業員と企業の双方は，元来の賃金支払スキームを見直し，当初の報酬の期待値よりも幾分小さい固定給の支払への変更を試みることによって，利得をえることができよう．このとき，企業は費用節約の期待を抱く．他方，従業員はリスク回避が可能になると考える．しかしながら，従業員はこの種の再交渉が行われると予想すれば，最初の段階から懸命に努力するモチベーションをもたないだろう．

　この例では，両者にとって，再交渉が望ましいものとなっている．だが，強制によって再交渉が行われる場合も考えられる．たとえば，2社の企業が供給関係を生成していく過程で，買手企業は，そのニーズを満たせる競合的なサプライヤーがまったく存在しないために，特定の売手企業との取引にロ

5）実効化に費用がかかる場合の契約にかんする研究としては，Doornik（2002, 2003）を参照．

ックインされていると仮定しよう．このとき，売手企業は，買手企業にたいしてホールドアップ――資産の所有者が投資を行う際に期待していた収益の幾分かを，その取引相手が専有しようと試みること――を企てるべく自社のパワーを利用できるが，当初の契約条件にかんする再交渉を強制することによって，買手企業から供給関係の生成時に見込んでいた便益の多くを奪い取ろうとする．こうした交渉は，費用のかかるものであって，供給関係の崩壊をもたらしかねない．さらに，機会主義的な再交渉の可能性が予見されるようになると，供給関係の形成そのものが不可能になってしまう（Williamson 1975；Klein, Crawford, and Alchian 1978）．

　ここで，困難な問題が生じている原因は，再交渉を行わないというコミットメントを実現できないことに求められる．では，なぜそうしたコミットメント問題が生じるのであろうか．最初の事例について言えば，一般的に（少なくともアメリカの）法廷は，契約のなかに「再交渉禁止」条項を設けることを強制していない．――企業には，再交渉に合意するのであれば，それ以前にいかなる合意がなされていようとも，自由に再交渉を行うことが認められている．この方針が望ましいかどうかについては，疑問の余地が残されている．だが，そうした方針が採用されていない場合ですら，再交渉の実現を阻むことは，難しいのである．多くの場合，以前の合意内容を実効化することに，利害を見出すような第三者は存在しない．また，どちらの企業も，再交渉が相互便益的なものであれば，以前の合意内容をわざわざ実効化しようとは思わないであろう．

　さらに，現実的な契約は，つねに不完備なものにならざるをえない．そのために，元来の契約条件に反映されない予測不能な事態が生じることは，大いにありうる．そうした事態は，ある種の事後的な交渉を必要とするかもしれない．契約の不完備性は，さまざまな理由のために生じる．第三者的実効化主体（third-party enforcer）が行動や結果を立証できなければ，それらにかんして明示的契約を行う意味は何もない．限定合理性のために，主体がすべてのコンティンジェンシーを予測することはできない．生じる頻度が小さいコンティンジェンシーにかんして，わざわざ合意条件の交渉を進めていくとすれば，大きな費用がかかってしまう．そのために，そうした合意条件

は，合理的に契約のなかに織り込めるものではない．自然言語に固有の限界があるために，あいまいさを一切残さずに，契約条件を明確に記すことはできない．このことが生じた場合にはいつでも，特定の状況の下で事後的な再交渉を行う必要がある．つまり，無条件で再交渉を禁止する際には，費用が生じるということである．他方，再交渉を許可する場合と禁止する場合とを区別することによって，深刻な問題が生じかねない[6]．

一般的に，契約が有効でない場合，あるいは市場が単に存在していない場合には，それらに依存して効率的な資源配分を導くことはできない．コース的な交渉は，組織化された市場が存在しない状況における1つの解となりうる．しかし，市場の働きを弱めてしまう情報の非対称性は，交渉の障害となるばかりか，市場をつうじて効率的な合意へと到達するのを妨げてしまう[7]．他方，不完全競争や公共財に関連した多くのケースについて言えば，すべての主体を交渉に向けて組織化するための費用，および合意を実効化するための費用は，きわめて大きくなってしまう．

市場がうまく機能しない場合には，より適切な機能をはたすべく他の制度が創造されることになろう．企業は，まさにそうしたメカニズムとして考えられる．

企業 vs. 市場

企業が市場よりも適切に機能するのは，いかなる場合であろうか．近年，多くの経済学者がこの問題にたいする答えを模索する過程でたどりついた見

---

[6] 不完備契約や再交渉にかんする経済学の文献は，数多く存在している．これらの特徴がもたらす制度的効果を探究した初期的な研究成果としては，Williamson (1975, 1985), Grossman and Hart (1986), Hart (1995), Hart and Holmström (1987), そして Hart and Moore (1990) を参照．その後の研究では，高度な数学的素養が求められるようになった．Milgrom and Roberts (1992, pp. 127-133) は，本書で提示されているものよりも複雑だが，テクニカルではない議論を展開している．

[7] Myerson and Satterthwaite (1983) が示しているように，買手と売手のあいだに，以下のような共有知識が成り立っていなければ，非効率性がもたらされることとなる．すなわち，売手にとっての販売物の価値が，それにたいして買手が支払いたいと思う額を下回っている，という共有知識である．そうした非効率性は，実際に行われるべきだが行われない取引，交渉の先延ばし，あるいは費用を要する合意の実現の遅れといった形で，顕在化することになろう．

解は，ロナルド・コースのもう1つの仕事を基盤としたものである．経済活動のなかには，市場取引をつうじて行われるものが存在する一方で，企業内の階層的な権限関係の下で組織化されるものも存在するが，はたしてその理由はなぜか．ほぼ70年前に，Coase (1937) は，この問題を明確に提起した．彼は，経済活動を組織化する費用，すなわちコーディネーション費用やモチベーション費用が存在しており，こうした取引費用（transaction cost）の節約という原理によって組織パターンの選択を説明できる，という答えを提示した．とくに，距離をおいた市場契約に依存した取引をやめて，それを企業内で組織化する方が低い費用ですむかもしれない．この場合，企業の内部組織に依存して取引を行う．かくして，企業境界を，より一般的には組織デザインのパターンを，効率的な結果——最大可能な価値を生み出す結果——として理解することができる．

　コースが示した答えは，少なくとも2つの点で精緻化を必要としている．すなわち，第1に，なぜ——独占力や利潤の追求というよりは，むしろ——効率性が決定的な意味をもつのか．第2に，取引費用の源泉と性質[8]はいかなるものか．

　効率性の議論の基盤になるのは，配置が効率的でなければ，（定義的に）すべての人々をベターオフ（現状の改善）する——パイのサイズを全体的に大きくするだけでなく，実際に個人の取り分も大きくする——余地があるという事実にほかならない．改善の可能性が同定されて，その利得を分配することができれば，そうした変化が生じることになろう．したがって，配置が存続しているとしても，少なくとも自分の利害を表明できるポジションにおかれた主体にとっては，その効率性を疑う理由が存在するということであ

8）詳細については，Milgrom and Roberts (1992, chapters 2 and 5) を参照．
9）この種の議論のなかでも，極端なものとして挙げられるのは，単に効率性だけによって生ずる物事が決定されてしまうという主張である．だが，このことは，パイのサイズがその分配とは独立である場合に限って成り立つ．すなわち，形式的には，いかなる所得効果も生じることがなく，富が自由に移転できるような場合である．これらは，とくに企業間関係を考察する場合，多くの状況において適切な仮定だとみなせよう．また，これらをベースに構築された理論は，観察される慣行を説明するのに成功してきた．しかし，それらの仮定が適用できない場合，組織パターンや実現可能な資源配分が，単に効率性だけで完全に決定されることはない．したがって，理論の予測力は，失われてしまうだろう．

る[9]．

　この議論は，パングロス的†な見解——われわれが観察するすべての物事は，最適になっているはずだという見解——だと思われるかもしれない．しかし，そうした議論が抱える問題を回避するための重要な条件や慎重な方法が考えられる．

　まず，記しておかねばならないのは，主体が潜在的な改善を同定できるという条件によって，実現可能な物事が制約されてしまうことである．したがって，現実的な配置の効率性は，情報や観察の制約によって限定されてしまう．

　すでに考察しておいたように，その一例として逆選択にかんする「レモン市場」の問題が挙げられる．情報の非対称性がもたらすのは，双方の取引主体をベターオフするような交換が可能だとしても，最も劣悪な自動車の供給や販売しか行われなくなってしまうという結果である．交換利益を実現できない理由は，情報の非対称性ゆえに，利益の大きさを同定し，それを満足のいくように分配することができないからである．実際，この状況は，実現可能なもののなかで最もましなものなのかもしれない．（ただし，以下のことを保障する場合に限った話である．すなわち，私有財産が尊重されるだけでなく，それぞれの取引主体が交換への参加を自分の意志で決定することもできるということである）．したがって，われわれの言う限定的な意味において，効率的だとみなされる．だが，このことが主に示しているのは，実際の効率性概念がどれくらい弱いものなのか，あるいは情報の限界がどれくらい制約されたものなのか，という点にほかならない．

　同様に，企業におけるストライキだけでなく，合意形成に費用を要する遅延状況といったものを，非効率的な浪費だとか，あるいは効率性仮説の反証事例だとみなす必要はない．むしろ，それらは特定の状況の下で，それぞれの主体が合意の価値を確実に伝達しあううえで利用できるベストなオプションとして解釈できるかもしれない（Kennan and Wilson 1993）．たとえば，企業

---

†　訳注：パングロス（Pangloss）とは，1759年に発表されたヴォルテール（Voltaire）の風刺小説『カンディード（Candide）』に登場する博士の名前であって，存在するものはすべて最適である，という過剰な適応主義を唱えていた．

がストライキを甘受しようとするのは，想定していたほどの価値をもつ合意を形成できなかったというシグナルを表している．したがって，労働組合は，思い描いていたような望ましい和解を実際には望むことができない，という厳しい現実を学習することになる．というのも，合意そのものが，企業にとって本当に重要で価値のあるものだとすれば，企業は，本気で和解を求めるからである．

ここで，第2の論点である取引費用の性質に目を向けてみたい．市場の枠組において，取引費用とは，取引相手の発見と限定，仕様（スペック）や価格の設定，契約の交渉と作成，そして合意のモニタリングと実効化に関連する費用のことである．また，個々の主体のあいだで，完備かつ実効化可能な合意を生成するのは困難であるために，便益の損失にかんする機会費用が生じてしまう．取引費用は，そうした機会費用でもある．

すでに論じたように，情報問題やコミットメント問題は，市場利用にかんする取引費用が生じる根本的な原因なのである．しかし，ある特別な事例がこの研究分野の中核をなしてきた．つまり，ホールドアップや関係特殊投資に関連した事例にほかならない（Williamson 1975, 1985；Klein, Crawford, and Alchian 1978）．

Williamson（1975）が論じているように，事業取引の多くはロックインされているのである．――たとえ，初期段階で潜在的には数多くの取引相手が存在していたとしても，いったん取引相手の選択が行われて，相互の関係が生成されてしまうと，別の取引相手へのスイッチングが困難になるという取引関係の「基本的変換（fundamental transformation）」が生じる．このような状況において，契約が不完備であれば，取引主体は，ロックインが生じた後に交渉を行わねばならない．そうした交渉は，最もましな状況でも多くの費用を要する厳しいものになろう．さらに，一方の主体にとって，元来の合意の下で獲得できるよりも大きな協力利得をえようと試みることで，機会主義的な行動を選択できる余地があることを示唆する．交渉費用と潜在的便益の双方は，交渉決裂によって協力が実現できないのであれば，失われてしまうものなのであって，別の主体と交換を行う際の取引費用とみなされる．

実際，資産が専門化している場合に，ロックインが生ずることは避けられ

ない．資産のセカンド・ベストな利用によって生み出される価値が，現状の場合の価値よりも実質的に小さくなってしまう場合に，資産は特定の用途に専門化しているとみなされる．たとえば，製造工程で金属の鋳造のために利用される鋳型は，用途が特定されてしまうという点で，その特殊性はきわめて高い．鋳型は，この用途のために用いられないのであれば，単なるくず鉄にすぎない．また別の例を挙げるとすれば，企業特殊的な人的資本——特定の企業における雇用関係の文脈でしか（際立った）価値をもたない知識——が考えられる．資産は，専門化している場合に，ホールドアップのリスクにさらされる．このことによって，さまざまな非効率性が生じてしまう．

2社の企業が取引機会にめぐまれているが，買手企業のニーズにできるだけ最良の仕方でこたえるには，売手企業が関係特殊投資を行わなければならないといった状況を仮定しよう．ひとたび関係特殊投資が行われてしまうと，その費用は埋没してしまう．これは，以下のことを意味する．すなわち，売手企業のうけとる価格が，最終的に可変費用の水準にまで切り下げられるために，投資費用を補塡するような貢献分がほぼ実現できない場合に，その買手企業との取引からの撤退は，不利になってしまうということである．その理由は，埋没費用を負担せねばならないうえに，その資産が他に適切な用途をもたないからである．かくして，資産にたいする幾分かの収益は，準レントとみなされる．すなわち，資産を創造した場合に，それを現行の用途に固定するのに必要な大きさを超過した収益のことである[10]．このとき，売手企業は，ホールドアップの危険にさらされてしまう．

事前に契約が結ばれたのだが，それが不完備であるために，条件をめぐる交渉を投資の実行後に進めていかねばならない場合，そうした交渉は，売手企業の投資を保護するものにはなりえないだろう．というのも，関係を解消する場合と比較して，協力の場合にどの程度の価値が生み出されるのかとい

---

10) 対照的に，「レント」というのは，最初の段階である資源を特定の用途に振り向けるのに最小限必要な費用を超過した収益を意味している．ひとたび投資が埋没してしまった場合には，事前に獲得できるレント（超過収益）が存在しないとしても，収益の幾分かを準レントとみなせるかもしれない．このような状況は，特殊性が存在しているが，ロックインが生じる以前には競争が展開されない場合に生起する．

う問題は，企業による交渉の争点となるが，そうした価値の決定は，埋没費用とは無関係だからにほかならない．あらかじめ条件が名目的に設定されているとしても，買手企業は，取引条件の再交渉を強要することによって，売手企業が獲得を見込んでいた幾分かの準レントを専有しよう，というインセンティブをもつだろう．このような事態は，売手企業がほとんど資源をもたないために生じる．つまり，再交渉の拒絶や関係の解消によって，売手企業の手中には，ほとんど価値をもたない資産しか残らない．他方，再交渉を強要するのは，きわめて簡単なことである．たとえば，買手企業は，より低い価格を正当化するように取引条件を変更すること，サービスや品質が受容可能な水準に達していないというクレーム，あるいは他に多くのことを実行できる．

　したがって，売手企業は，関係特殊投資による十分な収益の獲得を期待できない．このことを予測した売手企業は，資源を関係特殊資産に振り向けることにたいして消極的になってしまう．たとえば，売手企業が買手企業の特定のニーズを学習することによって，特殊性が生じてしまうのであれば，そうした知識にたいする売手企業の過少投資がもたらされる．そのために，ホールドアップのケースにおいては，損失が生じてしまい，創造される価値が小さくなってしまう．さもなければ，売手企業は，予期したホールドアップにたいする防御策のために，資源を費やすことになろう．資産の用途にかんするフレキシビリティを高めることによって，少ない費用で資産を再配置できるようになるので，それは，ホールドアップにたいする防御策となりうる．だが，この試みは浪費にすぎない．というのも，本来振り向けられるべきではない用途に振り向けられた資産の価値を改善するために，資源を費やしているからである[11]．

　この問題にたいする1つの解は，買手企業が，あらかじめ投資費用の一部を支払う——本質的に，後で（不適切に）専有されてしまう分を，買手企業が事前に支払う——というものである．だが，この解がうまく機能するのは，投資の実行にかんする合意が，実効化可能な場合に限った話である．たとえ

---

11) ホールドアップ問題について，詳しくは Milgrom and Roberts（1992, pp.136-139）を参照．

ば，もしそうでなければ，売手企業は，買手企業の獲得分を着服し，条件の再交渉が後で行われることを所与とした場合に，個別的な観点からみて最適な投資しか実行しないだろう．もう１つの解として考えられるのは，１社の企業の内部で取引を統合するというものである．経験的に言っても，この解は，垂直統合と関連した重要な要素なのである[12]．しかし，いずれ確認するように，多くの点で費用のかかる解である．実効化可能性（enforceability）の問題は，市場において取引費用を生み出す．

企業内で経済活動を組織化する際の取引費用とは，いかなるものであろうか．これは，いまだに多くの論争をまきおこしている問題である．まず，そうした取引費用としては，ヒエラルキーをつうじて，情報を上下に伝達する費用，本部やトップにおける情報過負荷の費用，そして時宜を逸した限定的な情報をベースに行われる遅鈍な意思決定にともなう費用が考えられよう．しかし，M型組織の開発者が発見したように，組織の分権化は，これらの費用に関連した現象にたいする有効な解になりうる（Chandler 1977）．（一般的に，非効率性に依拠した説明を志向しないという考え方は，適切だと思われる．――実際に，マネジャーは，事業効率を高めるために，従来よりも適切な新しい方法を創造することにたけている）．

この点で，オリヴァ・ウィリアムソンは，企業の集権的なヒエラルキー組織に固有の限界にたいする解として，選択的介入（selective intervention）という政策を示唆した（Williamson 1985）．その考え方というのは，効率性が生じる場合は，つねに企業内で市場の働きを複製するというものであって，市場取引よりも望ましい結果がもたらされる場合に限って，トップ・マネジメントは，さまざまなサブユニットやそれらの相互関係のあり方にたいして選択的に介入していく．

選択的介入がうまく機能すれば，１社の巨大企業の内部ですべての物事を行うのが効率的だろう．だが，旧ソ連経済のイデオローグですらも，極端な集権化によって特徴づけられたシステムの実現を夢みていたわけではない．

---

[12] 資産特殊性（asset specificity）によって垂直統合や長期契約のパターンを説明している研究については，たとえば Monteverde and Teece (1982), Masten (1984), Joskow (1985, 1987, 1988)，および Masten, Meehan, and Snyder (1989) を参照．

選択的介入という考え方の適用を妨げてしまう何らかの障害が，存在しているのである．

　そうした障害として考えられるのは，ユニットが個別に所有されている場合と同一水準のインセンティブ強度を，1社の統合企業の内部で生み出すことはできないということである．この点にかんして，ウィリアムソン自身，以下のような示唆を与えていた．すなわち，外部請負業者と同一水準の強いインセンティブの提供を，従業員に約束することはたやすいとしても，それをクレディブル（確実）に実行することは難しい．問題は，所有者が業績指標をコントロールしている[13]ので，つねに捏造の誘惑にさらされているということなのである．そうした不適切な捏造が行われるのは，以下の2つのケースである．従業員が良好な業績を実現したので，彼らにたいして多額の支払を行う必要がある場合，そして一見すると適切な努力にもかかわらず，実際には劣悪な結果がもたらされてしまった場合，がすなわちそれである．後者は，所有者が寛容すぎるケースである．いずれのケースにしても，実際のインセンティブの働きを弱めてしまい，市場によって実現できる効率性水準を，企業が実現できないことを含意する．

　明らかに，この議論は，有効な契約を実現するうえで生じる困難な問題に関連している．ただし，評判に配慮することによって，そうした問題を軽減することができる．さらに，いくつかの状況においては，第三者によるモニタリングや監査を利用できることもあろう．たとえば，BPは，業績給において「自力（self-help）」の数字——本質的に，原油価格の変動や為替レートの変動から切り離して報酬を改善する方法——を利用した．その数字の計算が適切に行われたことを証明するために，社外監査役の採用にふみきった．エクイティ・カーブアウトやトラッキング・ストックは，きわめて興味深い可能性を示唆している．たとえば，サーモエレクトロン（Thermo-Electron Corporation）は，「業績評価のアウトソーシング」を目的として，自社の

---

[13] 完全に客観的な業績指標が存在するのは，きわめて稀なことである．そうした業績指標は，第三者にとって観察可能だという意味で，契約可能でなければならない．この特徴は，法廷にとって，記載された契約を実効化するうえで不可欠なものである．所有者は，業績指標が客観的かつ契約可能でなければ，それをコントロールすることはできない．

ビジネス・ユニットの株式公開にふみきった．投資家は，モニターとして行動するように強く動機づけられている．というのも，彼ら自身の資金がリスクにさらされるからである．さらに，彼らの生み出した株価が，組織内で生成された場合と比べて，高い信憑性と公正性をもつだけでなく，低費用かつ客観的な業績指標になったからである．

サンフォード・グロスマン (Sanford Grossman)，オリヴァ・ハート (Oliver Hart)，そしてジョン・ムーア (John Moore) が開発した企業の「財産権」アプローチ (property rights approach) が示唆するところ (Grossman and Hart 1986 ; Hart and Moore 1990)[14]によると，大規模な統合組織において，強いインセンティブを創造するのが困難になる別の理由が存在している．このロジックは，所有と経営が一致した所有者企業 (owner-managed firm) の考察を行う場合に適用できる．そこで，法人顧客向けの販売を行っている所有者企業を考えよう．取引関係が厳しい条件の下で成り立っているとしても，川上企業の経営者は，企業の資産（機械やブランドなど）を所有しているがゆえに，時宜に応じて資産の再配置を実行できる．対照的に，顧客がそうした資産を所有しているとしよう．このとき，川上企業の経営者は，もはや1つのビジネス・ユニットに成り下がったその企業を運営している1人の従業員にすぎない．関係が崩壊してしまえば，その経営者は，当該企業の資産を管理できなくなってしまう．

グロスマン，ハート，そしてムーア（以下GHM）が論じるように，そうした職位上の差異は，両者の協力によって生じる価値を分配する際，その相対的な交渉ポジションにたいして影響を与える．（価値の分割の仕方は，あらかじめ契約によって特定できるものではなく，価値が実現した後の交渉によって決定されるとしよう）．かくして，主体の利得は，資産の所有権によって決定される．

そうした利得は，主体が投資を実行する際のインセンティブにたいして影響を及ぼす．その投資というのは，企業やビジネス・ユニットの資産と補完

---

14) これらの考え方を説明したものとしては Hart (1995) を，そしてその実証的な含意を評価したものとしては Whinston (2003) を，それぞれ参照．

的である．さらに，資産利用の有効性を高めるための方法の学習に関連しているのみならず，買手企業が資産を用いて生産している財の価値を高めるようなブランドの開発に関連している．収益の取り分が増えれば，収益の増加のために投資を増やそうというモチベーションが与えられる．かくして，誰が資産を所有するかによって，投資とその価値が左右される．企業が2社存在しており，市場をつうじた相互作用を展開している場合，資産を所有する売手企業（サプライヤー）は，強い投資インセンティブをもっているが，買手企業の投資インセンティブは弱くなってしまう．垂直統合をつうじて，買手企業が資産を所有するようになったとしよう．このとき，従業員に成り下がった経営者の投資インセンティブは，弱くなってしまうが，買手企業の投資インセンティブは，強まることになる．不完備契約によって，所有者が獲得するのと同等のインセンティブを，従業員に与えることは不可能なのである[15]．

このような理論構築の仕方にとって，いかに不完備契約が重要かについて記しておきたい．合意を拘束することができれば，生み出された価値の分配を契約で設定することによって，インセンティブを提供できる．あるいは，投資そのものを契約によって統治できる．（この点について言えば，GHM理論は，すでに論じたホールドアップ分析に類似したものになっている）．かくして，企業の外部と同様の強いインセンティブが企業の内部でも提供される．――所有権や企業境界は，重要な意味をもたないことになるのである．

ベント・ホルムストローム（Bengt Holmström）とポール・ミルグロム（Paul Milgrom）は，十分に強いインセンティブの提供だけでなく，適切な・バランスのインセンティブの提供も重要な問題になると論じている（Holmström and Milgrom 1991）．その詳細については，エージェンシー関係のマルチタスク・モデルに示されており，第4章で議論するつもりである．こ

---

15) 実際，統合企業内のインセンティブが弱いという結論を導くには，さらに追加的な仮定が必要になる．すなわち，投資の限界的なインパクトは，関係が崩壊した場合と比べて，関係が維持される場合の方が大きくなるという仮定である．とくに，この仮定が意味するのは，以下のことである．すなわち，投資の限界的な影響にかんして，企業における人の価値に及ぶ影響と比べて，外部オプションがうける影響の方が大きくないということである．

の理論は，2つの観察事実にもとづいたものである．第1に，彼らが記しているように，主体にとってさまざまな時間の費やし方があり，その多くは，雇用者にとって価値があるものとみなされる．だが，複数のアクティビティのあいだに，主体の努力配分をめぐって競合関係が存在している場合[16]，異なったアクティビティに提供するインセンティブは，同一水準のものでなければならない．もしそうでなければ，主体は，たとえそれが不適切な配分の仕方であったとしても，努力の大部分を報酬に結びつきやすい物事に配分し，それ以外の物事を無視してしまうだろう．また，第2の観察事実は，以下のようなことである．すなわち，主体がリスク回避的であれば，強い金銭的インセンティブを提供するのに多くの費用がかかってしまう．というのも，それによって，追加的なリスクが報酬に組み込まれるからである．さらに，業績評価が困難になれば，その費用も大きくなってしまう．この事実は，他の条件を一定とすれば，業績評価が困難なタスクにたいして，適切に観察できるタスクと同じ程度に強いインセンティブを与えるべきではないということを意味する．

　ここで，2つのアクティビティが必要とされている状況を仮定しよう．一方のアクティビティは，測定が容易な生産物を産出するというものであって，（主体が負担するリスクという点で）強いインセンティブを提供する費用は低くなる．このアクティビティについては，他から切り離して個別に強いインセンティブを与えるべきである．また，他方のアクティビティは，何らかの投資を必要としており，努力の測定を正確かつ適時に行うことが困難なタイプである．たとえば，ある事業部が生み出す長期的な価値が変化してしまった場合に，その厳密な理由を，マネジャーの努力と意思決定に求めるのは難しい．この種の投資活動にたいして強いインセンティブを提供するには，大きな費用がかかってしまう．その理由は，強いインセンティブの提供によって，マネジャーの報酬が確率的なものになってしまうからである．報酬は，マネジャーの行動だけで決定されるものではなく，業績指標に影響を及ぼす

---

[16] 形式的に言えば，あるアクティビティを行う限界費用が，他のアクティビティの実行水準とともに増大する場合のことである．

他のコントロール不能な要素によっても決定されうるものなのである．マネジャーは，そうしたリスク負担にたいする報酬をうけとる必要があり，その費用については，最終的に雇用者が負担せねばならない．

　マネジャーの行動として，現在の業績を向上させることに加えて，長期的な価値の増大に寄与する適切な投資を行うことは明らかに望ましい．しかしながら，現行の費用や収入の改善にたいして強いインセンティブを提供する一方で，投資にたいして弱いインセンティブを提供する場合（これは，複数のタスクのあいだに一切の相互作用が生じないというのであれば，最適な仕方かもしれない）には，問題が生ずることとなろう．マネジャーは，将来を担保として適切な投資を無視し，もっぱら現在の業績を高めることに尽力する誘惑にさらされている．たとえ，創造される総価値が犠牲にされてしまうとしても．適切なバランスのインセンティブを提供することは，そうした問題にたいする解となる．その仕方として，以下の2つを挙げることができる．

　すなわち，第1の解は，業績向上によって生ずる短期的な効果についてだけでなく，自分の投資選択がもたらす長期的な帰結にも責任をもつマネジャーにたいして，そのユニット自体を売却するというものである．実際，この解は，1980年代に確認されたMBO（マネジメント・バイアウト）の動向に顕著に表れていた．そして，第2の解は，マネジャーを俸給従業員として扱い，短期業績と長期業績の双方にたいして相対的に弱いインセンティブを与えるというものである．（それは，おそらく昇進機会の提供をつうじた暗黙的かつ主観的なインセンティブかもしれない）．第1の解が意味するところは，マネジャーが現在の収益を達成した場合と同等の強いインセンティブを，将来の収益についても獲得できるということである．そして，第2の解は，短期と長期という双方の努力にかんして，一様に弱いインセンティブを提供することなのである．いずれにせよ，適切なバランスのインセンティブが実現するとともに，双方のアクティビティに努力が配分されることになる．（もちろん，弱いインセンティブの雇用制度について言えば，配分される努力は少なくなってしまう）．

　しかしながら，現在の議論にとって重要な点は，以下のことである．すなわち，雇用側の企業が，投資機会をもち続けているのであれば，従業員には，

他のアクティビティにたいして弱い——個別企業の所有者がえるものよりも弱い——インセンティブを与える必要がある．したがって，市場の解を，企業内で複製することはできない．

さらに，選択的介入が適切に機能しない理由を考えるために，シニア・マネジャーが，効率性を拡張するような物事にたいする介入を抑制するかどうか——あるいは，抑制できるかどうか——を問題にするアプローチもある (Milgrom and Roberts 1988b, 1990a, c, 1992, pp. 192-194 と pp. 269-277, 1998)．企業の明確な特性として挙げられるのは，以下の一連の行動にかんして，経営者が明確な法的権利をもつということにほかならない．（彼らは，実際に選択的介入を行うというのであれば，こうしたパワーをもたなければ話にならない）．すなわち，ロワー・レベルのオペレーションや意思決定に介入する，選択すべき特殊な行動を指示する，そしてそうした指示を実効化するといったものである．対照的に，アウトサイダーは，（法廷や規制当局であっても）そうした細かい介入を容易に実行することができない．かくして，あるアクティビティを市場から企業へとうつすことによって，介入の機会は増えることになるが，効率性の拡張に役立たない介入すらも行われるようになってしまう．

さまざまな理由で，過剰な介入や不適切な介入が行われるようになると考えられる．第1に，シニア・マネジャーは，経営が自分の職務だという理由で，介入すべきでない場合でも安易に介入するインセンティブをもつだろう．また，自制心を欠いているかもしれず，ロワー・レベルの人々がベストな物事を行っていないと判断したときに，性急に介入を行うかもしれない．そうした介入は，——ロワー・レベルでミステイクが生じてしまったという点で——一理あるものだとしても，多くの費用を要することになろう．ロワー・レベルの人々が学習する機会やインセンティブは，介入によって破壊されてしまう．また，そうした人々の自律性だけでなく，それに起因した業績向上のインセンティブも，介入によって損なわれてしまう (Aghion and Tirole 1997)．さらに，シニア・マネジャーは，自分の能力を過大評価しがちなので，他者が適切な行動（すなわち，シニア・マネジャー自身が選択するような行動）を選択すると期待していない．最後に，言わず語らずのうちに行われる

贈賄は，彼らを介入にはしらせてしまうだろう．

しかし，経営者が周到で誠実な人物であるばかりでなく，際立った能力にめぐまれた人物であっても，彼らが過剰な介入を試みる可能性については，いまだに拭い去ることはできない．問題なのは，ロワー・レベルの人々には，企業が行った意思決定に多くの注意を払う必要があるうえに，経営者の介入にインフルエンスを及ぼすことによって，意思決定を自分に有利な方向に歪曲させようとする理由があることである．たとえば，組織のメンバーのなかには，テキサス州のパリへ配置される者もいれば，フランスのパリに配置される者もいる．その候補者のなかには，配属の決定にインフルエンスを及ぼそうとして，多大な努力をつぎこむ者がいる．同様に，昇進の対象になる者がいる一方で，昇進の対象からはずされてしまう者もいる．あるいは，ある部の投資プロジェクトには資金が配分されるとしても，資金が配分されない部もある．当事者である主体にとっては，そうした意思決定にインフルエンスを行使しようという強いインセンティブが働くだろう．だが，このようなインセンティブは，かならずしも全体的な価値創造につながるものではない．さらに，シニア・マネジャーは，介入のタイミングと方法を決めるうえで，潜在的にその影響をうける主体からえた情報に依存せねばならない．

インフルエンスを行使するテクニックとしては，以下のものが挙げられる．すなわち，歪曲した情報を提供するという誤った努力を重ねる（たとえば，責任の遂行に尽力するというよりは，むしろ自分の立場を有利にする）．政治運動に従事する．あるいは，さらに悪い行動にでる．これらのインフルエンス活動は，3つのタイプの費用を集団的に生み出してしまう．第1に，分配の結果を変えること（すなわち，追加的価値が創造されないことを表す）が唯一の目的になっている場合，意思決定にたいしてインフルエンスを行使するために，資源を直接費やしてしまう．さらに，そうしたインフルエンスによって，新たに損失の脅威にさらされた人々の防御にともなう費用が生じてしまう．第2に，インフルエンス活動がうまく行われている限り，不適切な意思決定が行われる．そして，第3に，企業はインフルエンス活動を抑制するために，もしそれがなければ理想的だったはずの組織デザインを変更せねばならない．

インフルエンス活動を制約するために，さまざまな方法を採用することができる．第1に，経営者とロワー・レベルの人々とのコミュニケーションを制約するという方法が挙げられる．この方法をつうじて，政治活動や戦略的な情報提供を行う機会は限られるが，有効な情報移転が妨げられることにともなう費用が生じてしまう．たとえば，スイス企業とスウェーデン企業の合併企業で，電力機器や産業用製品を扱っているアセア・ブラウン・ボベリ (Asea Brown Boveri：以下，ABB) は，「スリー・ストライク・アウト (three strikes and you're out)」という方針を採用していた (Bartlett 1993)．この方針は，第1の方法に関連している．すなわち，ある問題にかんして2人のマネジャーが合意に至らなかった場合，その問題は，解決のためにより高位の階層へと引き上げられるが，それは2回までしか認められない．同じことを3回繰り返してしまうと，そのマネジャーのうち，一方ないし双方が異動の憂き目にあう．

　第2のアプローチは，インフルエンスの影響をうけない形で意思決定プロセスを構造化するというものである．フレキシブルでない官僚的なルールに忠実にしたがっている企業は，その一例とみなされる．年功や職務割当によって俸給が完全に決定されてしまう場合には，昇給のための政治活動に従事したところで，何の意味もないだろう．同様に，航空会社が年功をベースに客室乗務員の割当を行うのであれば，この方針は，インフルエンスが行われる機会を最小限に抑制することになろう．新しい職位につく資格があるかどうかという判断（すなわち，客観性が低く，操作しやすい判断）にもとづいた昇進ではなく，むしろ，過去の業績という客観的指標にもとづいた昇進は，（現在の業績を向上させるようなモチベーションを与えるだけでなく）インフルエンスにたいするインセンティブを希薄化するという点で合理性をもつ．スリムな本社機構は，頻繁な介入をしないことにたいするコミットメントの手段になりうる．——本社には，ロワー・レベルの事業に介入するのに必要な資源が十分にない．さらに，経営者は，介入を妨げるために，非介入の評判を確立しようとするだろう．だが，そのためには，あるケースについては介入が適切だと考えられたとしても，絶対に介入しないことが必要とされる．

　第3のアプローチは，意思決定がもたらす分配上の帰結を限定するという

ものだが，それによって個人の利害関係が弱まることになろう．たとえば，給与削減や待遇の均一化は，その他の要素に格差がつけられたとしても，そうした効果をもつ．この事実は，差別化や特別待遇が適切な場合であっても，標準的な手続きを適用すべきだという圧力が，組織のなかで働くことを説明している．——待遇に格差をつけるようになると，組織の構成メンバーは，誰しも自分が特別待遇をうけるに値すると主張するようになる．

インフルエンスをコントロールするための方法として，最後に挙げられるのは，企業境界によって，組織内のインフルエンス活動が制約されるという事実に目を向けることである．さまざまなアクティビティがさまざまな企業のあいだで行われるようになると，インフルエンス活動は制約されるだろう．たとえば，賃金政策や昇進政策は，企業で行われるアクティビティの多様化との関連で差別化されるものである．だが，個々の企業の内部で特別待遇が採用されるようになると，政治運動やインフルエンス活動が蔓延してしまうだろう．企業境界が重要な関係をもつ理由というのは，自分の上司にたいして，別の企業への配置転換を働きかけることが無意味だとしても，企業内の配置転換の働きかけであれば，合理的だとみなされるからにほかならない．同様に，社内の供給部門ではなく，外部サプライヤーを利用する強みというのは，移転価格の設定と調整を行う場合のように，インフルエンス費用を生み出しかねない社内の低業績の供給部門を規律づけたり，あるいはそれを別の主体と置き換えようとするということなのである．

いったん，内部組織に関連した費用が生じてしまうと，企業境界は，コースの定式によって決定される．すなわち，取引にかんして，企業内で組織化する費用が，市場をつうじた組織化の費用よりも低い場合には，企業内で組織化せよ，というのがそれである．われわれは，わずかではあるが，市場組織にかんする知識をすでにえている．それでは，いかにして内部組織の考察を行えばよいのだろうか．企業を特徴づけているのははたして何か．なぜ，そしてどのような点で，企業は市場と異なっているのだろうか．どのような場合に，企業は望ましい形態になりうるのだろうか．

企業の本質

　市場取引は，取引主体間の対等な関係によって特徴づけられている．ロナルド・コース（Coase 1937）やハーバート・サイモン（Simon 1951）を含む多くの論者は，そうした関係ではなく，むしろ階層的な権限関係に依存しているという点こそが，企業の本質だとみなした．ある企業のメンバーになったのであれば，常識的なアクティビティの範囲内で，経営者やその代理が自分の行動を指揮する権限を受容する必要がある．企業という選択肢は，どのようなタスクが実行されねばならないか──コーディネーションの必要性──にかんする予測や契約が不可能な事態，あるいは必要とされるアクティビティが変わるたびに新しい交渉を重ねていくのが不可能な事態（そうした交渉には，きわめて高い費用がかかる）にたいして，効率的な解になりうる．これは，サイモンの主張である．だが，完全な解にはなりえない．というのも，上司は，直属の部下による時間配分の仕方を選択するうえで，彼らの利害を十分に配慮するインセンティブをもっていないからである．それでもなお，単純な市場契約にみられるように，あらかじめアクティビティを硬直的に特定してしまうよりは望ましい．

　他の論者──代表的なのは，アーメン・アルチアン（Armen Alchian）とハロルド・デムゼッツ（Harold Demsetz），そしてマイケル・ジェンセン（Michael Jensen）とウィリアム・メックリング（William Meckling）──は，そうした見解にたいして果敢にも挑んできた（Alchian and Demsetz 1972; Jensen and Meckling 1976）．企業に権限が存在しているというのは，単なる幻想にすぎない．これが彼らの主張である．彼らにとって，雇用者と従業員の関係は，顧客と肉屋の関係とまったく同じなのである．いずれの場合にせよ，（労働サービス，あるいは肉の）買手は，ある特定の日に何が必要かについて売手に告げることができる．これにたいして，売手は，買手の注文に黙従して支払をうけるか，あるいはそれを拒否して取引を中止されるか，のいずれかを選択できる．これらの理論家にとって，企業とは単に「契約のネクサス（nexus of contracts）」──市場を特徴づけるさまざまな配置が密接に結びついた集合体──にすぎない．

このような議論にたいして，いくつかの異論が唱えられている．ここでは，そのうちの1つを取り上げるにとどめよう．すなわち，ある顧客が，肉屋との取引を「中止する」としても，肉屋には，在庫，道具，店舗，そして以前から取引している別の顧客が残される．これとは対照的に，ある従業員が企業をやめる際，典型的には，企業の資源にたいするアクセスを拒否されてしまう．この従業員は，企業の名前を用いて事業を行うことはできないし，企業の機械や特許を利用することもできない．さらに，商業上の目的や社会的なニーズのためであっても，企業の人々やネットワークにたいするアクセスを制限されてしまうだろう．

企業が資源にたいするアクセスをコントロールできるのは，資産の所有権をもつとともに，その構成メンバーの雇用契約すべてに共通した独特な主体になっているためである．企業は，アクセスをコントロールすることによって，人々にたいして，その一部になって価値を創造する機会や報酬を獲得する機会を提供することも，また拒絶することもできる．このことによって，パワーをえた企業は，それを「ゲームのルール」を設定するために用いる．すなわち，行動の規定や禁止，報酬や制裁の設定，そして企業のメンバー間の関係やアウトサイダーとの関係のコントロールといった一連の目的に向けて，パワーが用いられるのである．その主眼は，企業をコーディネーションと動機づけのための有効なメカニズム——単純な市場関係よりもすぐれたメカニズム——にすることによって，価値創造に貢献させるという点におかれる．

こうした見解（Holmström (1999) に負うが，Rajan and Zingales (1998) も参照）は，アローの考え方に起源をもつ．すなわち，彼は，市場の失敗を処理するためのメカニズムとして，企業を概念化した．この概念化は，取引費用アプローチよりも高い一般性をもっている．というのも，実際に市場は，それを利用する費用が，非市場組織を利用する費用よりも高くなる場合に，失敗してしまうものだからである．さらに，パワーに中心的な役割を求めることによって，財産権アプローチの文献にみられる見解に言及しなければならない．すなわち，所有権こそが，パワーを意味するものであり，重要な意味をもつという見解にほかならない．

この推論からえられる洞察を記すとすれば，相対的に弱いインセンティブしか提供できないからといって，このことは，かならずしも企業の無能を表す証左にはならないということである．むしろ，企業の存在理由の1つは，市場があまりに強いインセンティブを提供しているときでも，弱いインセンティブを提供できるという点に求められる．

　「あまりに強い」インセンティブとは，はたして何を意味するのだろうか．この点については，すでに言及しておいたホルムストローム／ミルグロム流のマルチタスク・モデルの文脈で，適切に理解することができる．すなわち，あるアクティビティにたいするインセンティブがあまりに強くなってしまうのは，それと同様に強いインセンティブが提供されないために，価値ある他のアクティビティにたいして，努力や注意が過少配分されてしまうような場合である．

　外部の流通業者をつうじて販売するのか．あるいは，社内の販売部門を利用するのか．一例として，こうした問題について吟味してみよう．販売に携わっている人々（従業員だとは限らない）は，経常売上高を達成するとともに，製品開発に有用な顧客情報を収集することもできる．外部の流通業者が利用される場合には，たとえば，（自営の小売業者の場合と同様に）卸売価格と小売価格の差額に相当する多額のコミッション（売買手数料）によって，経常売上高を達成するための強いインセンティブを提供する必要があろう．もしそうでなければ，外部の流通業者は，その注意を別のクライアントの製品販売へと振り向けてしまうであろう．すなわち，外部の流通業者にたいして，情報の収集と移転を行うように動機づけるためには，かなり強いインセンティブを提供せねばならないということである．だが，そうしたインセンティブを提供するのは困難である．はたして，このアクティビティの業績をどのようにして測定するというのだろうか．

　したがって，情報収集が重要になる場合，インセンティブのバランスが決定的な意味をもつ．そのために，情報収集に提供される弱いインセンティブと同程度に弱いインセンティブが，売上高への貢献に提供されるのであれば，このことは相対的に適切だとみなせる．しかし，その実現のためには，販売というアクティビティを企業内に取り込む以外に術はない．企業においては，

販売部門の人々にたいして，以下の3つのオプションが可能である（Anderson 1985；Anderson and Schmittlein 1984；Holmström and Milgrom 1991）．――俸給を支払う．製品販売だけでなく情報収集を要請する．そして，他社製品を販売しないように命令する．

協力とイニシアチブ

　ホルムストロームは，マルチタスク問題に加えて，それに関連した組織デザインのトレードオフを指摘した．一般的に言って，2つのタイプの行動が，組織の人々にたいして求められることとなる．それらを，それぞれ「イニシアチブ」と「協力」と呼ぼう．イニシアチブは，知的，正直，勤勉，そして構想力に富んだ仕方で，個人の目標と責任を追求すること――すなわち，自分のユニットの売上高を増やす，コスト削減に貢献する，そしてプロダクト・イノベーションを成功させるといったこと――を意味する．これにたいして，協力は，他者の厚生と共通目的の発展を促すこと――すなわち，自分が所属していない別のユニットの利潤を改善する，そして企業の全体的なブランド，信用力，あるいは顧客の評判を発展させるといったこと――を表している．明らかに，これら2つのタイプの行動は望ましいものである．短期的にも長期的にも，イニシアチブによって，個人とユニットの業績が向上するであろう．イニシアチブが価値をもっているのは明白である．しかし，外部性が存在する限り，協力も必要とされるために，相互作用にたいする配慮と処理が行われる必要もある．たとえば，われわれは，社内販売において観察できない品質をごまかしたり，あるいは共用資産の価値を低下させてしまうなどといった，社内の別の部署によるホールドアップを回避したいと考えている．さらに，知識共有の促進や企業の他のメンバーにたいする助力を促進したいとも思っている．

　われわれがマルチタスクの文脈におかれていることが，そもそも問題なのである．複数の種類の行動を促すためにインセンティブを提供するのであれば，他者の利得は，減ってしまうかもしれない．たとえば，品質をないがしろにすることによって，自分の利得が増えるのだが，他者の利得が減ってし

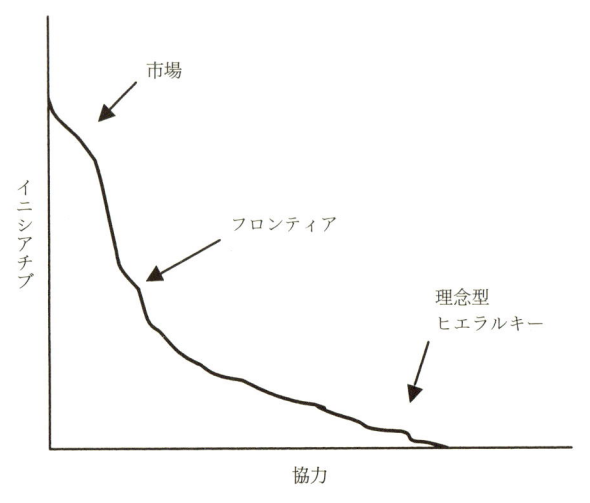

[図: 縦軸「イニシアチブ」、横軸「協力」の右下がりの曲線。曲線上部に「市場」、中央付近に「フロンティア」、右下に「理念型ヒエラルキー」のラベル]

図8　協力とイニシアチブ

まう場合を考えよう．このとき，イニシアチブは，品質の軽視を要請する一方で，協力は，品質を軽視しないことを意味する．すなわち，イニシアチブと協力は両立しえない．

　典型的に言って，コーディネーションと動機づけに費やす資源の支出水準にたいして，望まれる協力水準を実現するような最大イニシアチブ水準が存在することになろう．さらに，ほとんどの状況で，フロンティアの形状が右下がりになると予想できる．すなわち，いったん，所与の協力水準にたいして実現可能な最大イニシアチブ水準を達成してしまうと，より多くのイニシアチブを実現するには，協力を減らすしかない．たとえば，このような事態が生じるのは，自己目的の実現にたいして，相対的に強いインセンティブを提供すると，人々は，自己目的に焦点をしぼりこむようになるだけでなく，他の人々にたいする助力に向けて，時間を配分しなくなっていくからである．この点については，図8に示されている．図中のフロンティアは，イニシアチブと協力の誘導に関連した支出水準を所与とした場合に，特定の協力水準にたいして可能な最大イニシアチブ水準を示したものである．おそらく，より多くの資源を振り向けることによって，フロンティアを外側へと押し広げ

ることになり，イニシアチブと協力という双方の望ましい行動の水準を高めていく．

この枠組において，距離をおいた市場取引(アームズ・レンス)は，自己目的の追求にかかわる最大イニシアチブ水準にたいして最大のインセンティブを与える．だが，協力にたいしては，インセンティブをほとんど提供しない．したがって，市場配置をつうじた組織化は，縦軸上の点（ないし縦軸に近い点）で示される．意思決定の集権化と弱い業績インセンティブによって特徴づけられる理念型の合理的官僚制は，ほとんどイニシアチブを誘導することはない．だが，高位の協力水準を実現する．現実の組織は，理念型ヒエラルキーよりも低い水準だが，市場よりも高い水準の協力を実現する．もちろん，現実の企業は，距離をおいた取引よりも高い水準の協力を必要としている．というのも，相互依存性が多くの場面で確認されるからである．費用として考えられるのは，市場が生み出すようなイニシアチブを，現実の企業において生み出しえないということに関連している．

適切なデザインと適切な経営を実現している組織は，フロンティア上に位置するであろう．——さもなければ，協力とイニシアチブの双方を，費用なしで増やせるだろう．もちろん，現実の組織がフロンティア上に存在するということではない．——まさに，フロンティア上に組織を位置どりすることは，経営者にとって重要なタスクの1つなのである．組織デザインは，協力とイニシアチブの複合体のあり方を決定づける．人々，アーキテクチャ，ルーティン，そして文化といったものはどれも，いかなる行動が実現されるかを左右している．組織がどの位置にポジショニングを行うかは，戦略によって左右される．つまり，実行するアクティビティに加えて，何を達成しようとしているかによって左右される．したがって，戦略の変化によって，組織の変化がもたらされるだろう．戦略は，企業がどの程度の支出を組織のために費やすかを決定づける．したがって，フロンティアがどこに位置するかを決定づけることになる．

たとえば，1980年代末にABBは，グローバルな効率性，数百に及ぶ国内製品の競争市場の特殊条件にたいする適応能力，そして世界規模での学習といったものを，同時に実現するのに必要とされる複雑な戦略を実行した．こ

の企業は，これらすべてを実行する一方で，その前身企業であった2社の統合・合併以外にも数多くの買収を試みた．そうした活動を繰り広げていくうえで，マネジャーによる自己目的の追求において強力なイニシアチブが必要とされると同時に，他のユニットにたいする助力や会社全体にたいする貢献において協力が必要とされた．

ABBは，このような必要に応じて，複雑で費用を要する組織形態を採用することになった．この企業は，1,300社のカンパニーによって構成されていた．そして，それぞれ独自の損益計算書と貸借対照表を有していた．また，カンパニーには，5,000に及ぶプロフィット・センターが存在していた．ビジネス・ユニットの規模が小さい（プロフィット・センターは，それぞれ平均35人程度の従業員しか抱えていない）ということは，責任が明確に割当てられることだけでなく，ユニットの人々の行動が結果に及ぼすインパクトを容易に同定できることを意味した．このことは，ユニットの業績を追求する際にイニシアチブを生み出すのに貢献した．財務報告や営業報告にかんする有効なシステムは，結果が実現するまでのプロセスの捕捉に必要だけでなく，行動の動機づけとコントロールにも必要な情報を，シニア・マネジャーに与えることになった．

カンパニーは，二重の報告関係をともなうマトリクス組織の構造になっていた．他方，ABBのあるカンパニー——たとえば，ドイツにおける蒸気タービン製造を担うカンパニー——のマネジャーは，その国を担当する1人の長に報告を行った．この長がはたすべき役割は，ローカルな特殊条件にたいして確実に対応することに加えて，その国で操業しているABBのさまざまなカンパニー間のコーディネーションを行うことである．このような役割をつうじて，協力を支援していた．顧客の多くは，政府，あるいはそれが所有する電力会社や鉄道会社であったために，ローカルな特殊条件にたいする適応能力が重要な意味をもっていた．さらに，そうした長は，合併後の経営統合においても主要な役割をはたした．同時に，個々のカンパニーのマネジャーは，1人のグローバル製品エリア担当役員にたいしても報告を行った．この役員は，投資のコーディネーションと生産の配分を，国を越えて実行することによって，グローバルな効率性を実現した．そして，エンジニアや職能

別のエキスパート間のクロス・ナショナルな関係を発展させることによって，学習を促進した．2人の上司は，業績評価や報酬にかんする決定権をもっていた．

全体のまとまりを維持することが，グローバル・マネジャーの役割の中核をなしていた．彼らは，さまざまなビジネス・ユニットのあいだをほぼ定期的に移動した．そうしたマネジャーのなかでも，とくに重要だったのは，執行委員会のメンバーであった．それぞれのメンバーは，さまざまな製品エリアや国の動向を監督していた．このような組織デザインのあり方は，経営上の多大な時間とエネルギーを要した．この点で，CEO であったパーシー・バーネヴィク (Percy Barnevik) は，週に2日ほど——土曜日と日曜日に——オフィスに来ていた，という有名な皮肉を述べた．そうした組織デザインは，野心的でない戦略の下では，何の意味ももたなかったであろう．

ABB は，戦略の進化にあわせて，人々の行動のあり方に影響を与えるべく，組織の調整を図った．この企業は，1990年代初期に，戦略の変革をつうじて東欧とアジアへの進出を加速する一方で，西欧において生産水準の縮小を図った．それにともなって，従業員や投資を削減せねばならなかった．企業内で影響力を行使するだけでなく，オペレーションを展開している国の政府にも影響力を行使する必要があった，西欧担当の複数の長のあいだでは，より一層の協力が求められた．それにたいする解として，企業の上層部で地域構造が創造されることになった．それによって，トップ・マネジメントの1人が，ヨーロッパの国中にいる複数の長を監督し，西欧の複数のマネジャーが，東欧における努力を確実に支援できるようにした．これによって，国のマネジャーのあいだで必要とされた協力は，確実に実現できるようになった．

さらに，環境変化によっても，必要とされる協力とイニシアチブの組み合せは変化してしまう．製薬，医療機器，そしてコンシューマー・ヘルスケア製品の巨大企業である J & J (ジョンソン・エンド・ジョンソン：Johnson & Johnson) は，きわめて高い水準のイニシアチブを生み出すような組織を採用した (Pearson and Hurstak 1992)．この企業は，150社の独立した製品ベース型のカンパニーへの分割を内部で実行した．それぞれのカンパニーは，十

分な自己完結性と独立性をもつことになった．1980年代の時点において，病院市場向けに医療機器の供給を行っているのは，J&J系カンパニーのなかに13社ほど存在していた．それぞれのカンパニーは，異なる内科部門や異なる外科部門を顧客として有していた．そして，販売部門，ロジスティクス，流通網，そして社屋といったものを，独自で保有していた．このことは，顧客にとって不都合で非効率ですらあった．だが，コスト削減の圧力のために，調達機能については，個々のカンパニーから本部の購買担当マネジャーへと移管されることになった．J&Jにとって，13社のカンパニーの流通や手形だけでも統合するというのが，明白な解となっていた．だが，J&Jがそうしたシステムの構築を試みようとするまでに，15年もの年月を要した．というのも，システム構築のためには，カンパニー間の協力が今まで以上に必要になり，それらの独立性やイニシアチブを損ねてしまうおそれがあったからである．

　技術や組織のイノベーションによって，協力とイニシアチブのフロンティアはシフトし，協力とイニシアチブの水準を同時に高められる．情報技術は，そうしたシフトをもたらす源泉となりうる．よりすぐれた業績評価やより適切なコミュニケーションが可能になることによって，より高い水準のイニシアチブ（インセンティブを提供する費用を低下させることで実現する）とより高い水準の協力（コーディネーションを容易にするとともに，ユニット間の接触機会を増やすことによって実現する）の達成が促進されるであろう．さらに，シフトをもたらす重要な源泉として，組織と経営の技術を挙げることができる．たとえば，内部組織にかんするM型組織の開発，およびサプライヤーとの長期関係の開発は，双方ともにフロンティアのシフトをもたらす経営イノベーションとみなすことができる．

　企業の組織デザインを検討するという目的で，この枠組を利用する際，協力とイニシアチブの水準を実際に測定する必要はない．むしろ，必要とされているものと相反するような行動を，評価するだけでよい．この点について，2つの事例を挙げよう．

　BPXは，エンパワーメントによって，業績にたいする明確な責任をもつ個別のビジネス・ユニットへと企業体を分解した．そして，ミドル・マネジメ

第 3 章　企業の性質と目的　107

ントと本部の職能スタッフからなる階層を除去することによって，イニシアチブの増大という効果を意図的に生み出した．CEO のジョン・ブラウンは，そうした試みが業績向上にとって決定的な要素になると考えていた．しかし，個々のビジネス・ユニットは，そうした変化によって，ベスト・プラクティスの共有のみならず，技術や流通にかんする問題の解決——以前は本部で扱われていたアクティビティなのだが，もはやそれを実行するのに十分な資源がなくなってしまった——に向けた相互支援の面で，協力するように要請された．その解になったのは，技術や流通にかんして類似の問題を抱えるビジネス・ユニットの集合を，ピア・グループにまとめあげることであった．そして，そのグループには，10人程度のメンバーが配置された．彼らは，情報共有の規範を発展させただけでなく，問題解決のために相互支援の規範を発展させた．その中心になっていたのは，仲間同士の支援（ピア・アシスト）という慣行であった．この慣行の下で，技術や事業にかんする問題を抱えたユニットは，別のユニットに呼びかけて，問題解決の支援のためにエキスパートを派遣してもらうことができた．そうした慣行は，困難に直面した場合に支援を求め，また支援を求められた場合には快くそれに応えるといった強い規範へと，成長していった．この種の協力は，BPX にとって成功のカギとなった．

　また，糖尿病治療薬の分野における2社のグローバル・リーダーのうちの1社であるノボノルディスク（Novo Nordisk）は，企業内のコミュニケーション問題が生じたために，FDA（米国食品医薬品局：Food and Drug Administration）による新しい規制にしたがうことが困難になってしまった．そのために，1992年頃，危機に直面することになった（Kamper, Podolny, and Roberts 2000）．そして，アメリカ市場からの一時的な撤退を余儀なくされ，大量のインスリンを破棄しなければならなかった．この企業は，そうした危機に対応するために，新しい組織デザインに着手した．それによって，個々のユニットが依拠する細かいルーティンや手続きの決定にかんして，裁量を大幅に認める一方で，広範な企業政策にしたがう責任を強めた．その意図は，分権型組織の特徴であるイニシアチブを維持する一方で，全体的な政策や業績を支えていくうえで，より高い水準の協力を実現するという点にあった．その決定的な要素となったのは，「ファシリテーター（facilitator）」

のグループをつくり出したことである．ファシリテーターは，周辺組織においてマネジャーとしての経験を積んだ人々であって，個々のユニットによる企業政策の遵守を保障すべく，内部監査機能を実行する任務が与えられた．もしあるユニットが，企業政策にしたがっていないという事実が判明すれば，ファシリテーターは，その長を必要に応じて交代することに同意した．この過程で，彼らは，企業全体のマネジャーを知るようになり，個々のマネジャーがいかなる経験をもつかにかんする知識をえた．このことによって，ファシリテーターは，問題を抱えたマネジャーと類似の問題を解決した経験をもつ他者とを結びつけたり，あるいはマネジャーが協力行動を支援するネットワークの構築を促進できるようになった．

一般的に，協力を有効に評価しなければならないという問題は，協力行動にたいしてフォーマルなインセンティブの提供が困難だということを意味している．したがって，協力を導くには，BPX やノボノルディスクで行われていたように，社会的なネットワークや規範といった組織のソフトな要素に依存する方が，相対的に適切なのである．さらに，BPX のケースについて言えば，イニシアチブを促進させるために，アーキテクチャやプロセスを適宜に扱うことができた．

実際に，多くの企業は，十分なイニシアチブを実現できていないと考えている．そうしたイニシアチブは，競争を促進することによって，人々にたいして，職務の有効な遂行をつうじた業績向上を求める．かくして，企業は組織にまつわる問題を解決するうえで，市場志向型の解に依存する方向へとシフトしつつある．組織内で採用されている市場志向型の解には，ディレイヤリング（階層の削減：delayering），強力な業績給の適用，マネジャーにたいするエンパワーメント，ビジネス・ユニット間の境界の明確化，そして事業運営や戦略的要素にかんするビジネス・ユニットへの権限委譲といったものが含まれる．これら一連の変化は，図8 について言えば，イニシアチブの増大を示唆する上方シフトをともなう．他方，協力を減らしてしまうような左方シフトの効果ももつ．企業は，この効果を打ち消すために，従業員の雇用や動機づけに関連した新しい手法に加えて，人々を相互に連結するための新しい仕組みを模索している．そうした企業は，アウトソーシング，スピン

オフ，そしてカーブアウトによって，企業境界を越えてアクティビティを展開するようになっている．このことによって，イニシアチブが促進される一方で，協力にたいする積極性が制約されるようになっている．同時に，企業は，距離をおいた市場配置(アームズ・レングス)がもたらす不適切な協力の状況に満足してはいない．その代わりに，関係的契約（relational contract：詳細は第5章を参照），ジョイント・ベンチャー，そして提携(アライアンス)に代表されるように，サプライヤー，顧客，そして他企業との新たな連結手段を用いることによって，協力を促進しようとしている．われわれは，そうした変化について，詳しく検討するつもりである．

第 4 章　現代企業とモチベーション

　企業は，他の経済組織と同様に，人々の集団行動をコーディネートするとともに必要なアクティビティを実行するように，彼らにモチベーションを与えている．組織の人々にまつわるモチベーション問題が生じるのは，諸個人の利己心にまかせているだけでは，組織が望むような方向へと，彼らの行動を機械的に導けないためである．このような利害の乖離が生じるのは，組織を構成する個々のメンバーが，組織内で自分が選択する行動や意思決定にともなう便益と費用にたいして，すべての責任を負うわけではないからである．したがって，彼らが意思決定――時間配分の仕方，仕事の強度や内容，そして負担すべきリスクの内容にかんする意思決定――を行う際，個人的な観点からすると合理的な選択肢ですらも，組織にとって総価値を最大化するものではないかもしれない．彼らは，より大きな利益を実現できる可能性を認識したとしても，自動的にそれを考慮するとは限らない．

　組織デザインの視点からすると，モチベーション問題というのは，組織の利害とそのメンバーの利害とを一致させることによって，彼らが行う選択の効率性を高められるように，組織――人々，アーキテクチャ，ルーティン，そして文化（PARC）――を形づくることにほかならない．このタスクを実現するうえで，企業のデザイナーは，組織デザインのために利用できるすべての手段――PARC――にアクセスできる．それらは，実際に多くの文脈で利用されている．金銭的インセンティブが重要な意味をもつこともある．だが，モチベーションは，単なる金銭的インセンティブの問題にとどまるもの

ではない[1].

モチベーション問題の原因と性質

　一般的に,モチベーション問題ないしインセンティブ問題が生じるのは,個人[2]が組織的な意思決定や行動をつうじて他者に影響を及ぼすが,その影響を十分に考慮していない場合——外部性が存在する状況——である.個人に生じる費用や便益と,組織全体に生じる費用や便益とのあいだには,基本的に2つのタイプの乖離が生じてしまう.第1に,組織内の個人は,さまざまな行動を選択することによって生じた便益のうち,ほんのわずかな割合しか獲得できないにもかかわらず,それとは不釣合いな割合で費用を負担している.この場合,個人は,きわめて少ないアクティビティしか実行しないという意思決定を行う.そのために,組織としての効率性を実現することはできない.第2に,別の可能性として考えられるのは,個人がえる便益の大きさが,負担する費用の大きさを上回るということである.このとき,個人は特定のアクティビティにしか関心をもたなくなってしまう.

　第1のタイプのモチベーション問題にかんする最も単純な例において,時間給ないし固定給の条件で雇用されている主体は,労働強度の増大や長時間労働にたいして,何らかの物理的効果や感情的効果を経験するだろう.この主体の追加的努力によって,生産量の増加にかかわる直接的な利得が生じるとしても,労働者ではなく企業がこの利得を獲得するので,労働者の所得は変化しない.もちろん労働者は,何らかの利得をえることができよう.——懲戒処分や解雇の対象にされる可能性が小さくなる.昇進や昇給の可能性が潜在的に大きくなる.そして,同僚の労働者から社会的承認をえる(あるいは,非難をうける).さらに,仕事をうまく行うことによって,何らかの満

---

1) このテーマにかんする研究のサーベイについては,Gibbons (1997), Gibbons and Waldman (1999), そして Prendergast (1999) を参照.
2) モチベーション問題は,グループ・レベルで生じるのは明らかである.だが,われわれの議論の場合,個人の動機づけにかんする問題にフォーカスをあてている.というのも,そうした個人の動機づけは,論理的にも重要だからというばかりでなく,多くの議論が直接展開されているのは,この文脈においてだからである.

足感をえることもできるだろう．しかし，労働者は，生産量の増加にともなう便益をすべて獲得できない．そのために，自分の労働が生み出した成果をすべてうけとる場合よりも，懸命に働くモチベーションをもたないだろう．実際，怠りへと誘う魔手が存在するかもしれない．そして，かなりひどい怠りを生み出した場合を除けば，労働者は，深刻な帰結にたいして責任を負おうとはしないだろう．かくして，かなり懸命に——総価値を最大化するほどの懸命さで——働くことを妨げるような誘惑が，実際に存在するのである．

同様に，経営者は，株主の観点からすると有益なリスク負担を回避するかもしれない．というのも，成功の場合に生じる利得をほとんどえることができないのに，失敗の場合に自分のキャリアが脅かされてしまうリスクを抱えているからである．また別の例を挙げてみよう．企業経営のモニタリングに従事している株主は，その費用をすべて負担している．しかしながら，業績向上の便益は，当該企業の株式を所有するすべての主体のあいだで共有される．この場合，モニタリングは，最適水準を下回る形で行われるようになると予想できる．

また，特定の主体の手に利得が渡るのに，その主体とは関係のない組織のどこかで費用が負担されるために，モチベーション問題が生じることもある．たとえば，CEO は，率先して企業規模の拡大を追求することによって，自分のステータスを高められる．そのために，企業価値の破壊をもたらしかねない買収を進めることもあろう[3]．便益を享受するのは CEO だとしても，費用を負担するのは株主にほかならない．重要なのは，CEO による帝国建設が，組織の他のメンバーによって支持されるということである．というのも，彼らのキャリアが保障される見込みは，企業成長によって大きくなるからである．

なぜモチベーション問題が，組織で生じるのか——組織にもたらされる費用や便益と，その意思決定主体にもたらされる費用や便益とのあいだには，なぜ系統的な乖離が生じることになるのか——を理解するのは，大切なこと

---

[3] 買収を実行する CEO のモチベーションを分析した研究としては，Avery, Chevalier, and Schaefer (1998) を参照．

である．結局，さまざまな主体の利害が，まったく異なっていようと，あるいは価格をめぐって完全に対立していようと，われわれは，あらゆる取引のモチベーション問題を気にかけているわけではない．通常，金融市場のトレーダーは，外国為替取引において円を売ってドルに換える際に，他のトレーダーを適切に動機づけることなど気にかけてはいない．消費者は，スーパーで特定の銘柄の缶スープを購買する場面で，他者のモチベーションのことなど気にかけてはいない．だが，企業は，従業員や請負業者の労働サービスを購入する際，モチベーションに注意せねばならない．

利害の不一致が生じている状況において，あるいはある主体の行動が他者の厚生に影響を及ぼすような状況において，適切な行動を導けるかどうかについては，契約ないし評判のどちらを利用するかによって，大きな差異が生じる．利害の不一致が生じなければ，何の問題も起こりえない．というのも，単に利己心に委ねておきさえすれば，主体は，他者と共通の最適な利害にのっとった行動を選択するからである．利害に不一致が生じている場合ですらも，契約の作成と実効化をつうじて望ましい行動を誘発できれば，モチベーション問題が生じることはない．契約の適切な設計が行われれば，主体は，全体的な価値創造の最大化に貢献するような行動を選択するだろう．さらに，適切な行動を導けるような明示的契約を作成できなかったとしても，その代替物として評判メカニズムを利用することによって，モチベーションに配慮することもできる．しかし，利害の不一致が生じている場合，あるいは契約も評判メカニズムも十分な実効性をもちえない場合には，深刻なモチベーション問題が生じてしまうだろう．

外国為替取引の例で言えば，取引を行う双方のトレーダーにとって，取引に合意するための条件を満たすのに何が必要かが明確になっており，その条件を契約のなかに記すことができる．さらに，それぞれのトレーダーが契約を遵守してきたかどうかを立証するのは，相対的に容易な事柄である．したがって，法廷や他の第三者（調停機関）は，そうした契約を容易に実効化できる．さらに，あるトレーダーが契約を履行しなければ，他のトレーダーは，その事実を認識するとともに，裏切りをはたらいたトレーダーと将来的に取引を行うのを回避できる．一般的に言って，商品取引の場面では，モチベー

ション問題が相対的に生じにくい．このことは，行動が評判によって有効に形づくられるような取引にもあてはまる．私利の追求によって，改善の余地を意味する非効率性が生じることはない．

　これとは対照的に，缶スープの例についてみると，スープ調理のために用いるレシピやその手順にかんする契約は存在しない．さらに，顧客が缶スープを家に持ち帰り，その調理にとりかかるまで，スープの味が顧客の舌にあっているかどうかについては，誰も知ることができない．このことは，メーカーにたいして，費用節約のために品質をごまかす機会，あるいは需要を増やすために缶の容量をごまかす機会を与えることになるかもしれない．しかし，メーカーが顧客に重大な負の影響をもたらしかねない行動をとる余地がある場合でも，そうした行動のほとんどは，規制当局の調査や法律行為の可能性によって抑制されるだろう．さらに，取引の継続に関心をもつメーカーは，危険性が小さいからといって品質を偽ることを，思いとどまるであろう．小売業者ついて言えば，顧客に負の影響をもたらすような店は，ほとんど存在しない．そして，価値創造を目的としているので，その行動を心配する理由は何もない．店がきわめて高い価格を設定するという例外がありうるが，この点については，適度な競争によって適宜に処理されることになろう．

　組織で生じる物事には，さまざまなずれが確認できる．意思決定や行動は，他者にたいして影響を及ぼす．通常，利害は，完全に一致していない．そして，評判は，部分的にしか機能しない．実際，そうしたずれは，企業の存在理由を説明するうえで重要な役割をはたす．

　このような問題を表す代表的な例というのは，行動の限定的な観察可能性とそれにともなうモラル・ハザードに関連したものである．職務にかんする個人の知的努力や物理的努力は，組織全体にとっての便益（コスト削減，売上の増加，リスク軽減，そして評判の改善）を生み出すのだが，通常，そうした努力については，自由な観察や厳密な評価を適時に行えるものではない．組織は，実際に個人が何を行ったのかを正確に理解することができない．そのために，何をなすべきかといった問題，および契約の遵守や不履行にかんしていかなる報酬や制裁を設けるべきかといった問題を特定するために，実効化可能な契約を作成できないのである．さらに，行動の限定的な観察可能

性のために，評判にたいする配慮が，適切な行動を導くとは期待しがたい．他者は，個人の行動を観察することができないので，適切な行動にたいする評判を容易に確立することができない[4]．これは，経済学のエージェンシー理論で扱われてきた古典的な文脈にほかならない．自分がどれくらい懸命に働くかを決定する労働者，およびリスクの高いプロジェクトにたいして承認か棄却かの判断を下す経営者を扱ったケースは，まさにそうした文脈に関連するものなのである．この種の問題は，至るところで確認できる．

　そうした文脈において，フォーマルなインセンティブは，エージェントが実現した業績を指標とせねばならない．だが，そうした指標は，ノイズが大きくて不正確なものにならざるをえない．主な例を挙げるならば，断続的なモニタリングに代表されるように，業績評価の基準として不正確な行動指標を用いることである．別の例として，ある行動によって部分的にしか決定されない業績に依拠した報酬を指摘できる．後に論じるように，このような業績給は，ますますポピュラーなものになりつつあるが，さまざまな問題を抱えている．

　それと関連するモチベーション問題は，フリー・ライディング（ただ乗り）として知られている．フリー・ライディングは，複数の個人が何らかの結果の実現に向けて貢献しているが，その便益を彼ら全員で共有するような状況で生じる．この点にかんして，共通のブランドの保護と発展にかかわる例が考えられよう．ブランドを利用しているすべてのビジネス・ユニットは，そのなかの任意のユニットが，ブランドの保護や発展に向けて資源を支出する場合に，利得を獲得できる．そうした支出から生ずる便益を完全に享受できるユニットが存在しないために，それぞれのユニットによる過少投資の傾向が生じてしまう．ブランドに関連した行動のモニタリングが困難な場合には，フリー・ライディングを防ぐことは難しい．さらに，あるユニットがブランドから享受する価値については，他のユニットが容易に決定できるものではない．そのために，それぞれのユニットによるブランドにたいする適切な貢

---

4) この言明をつうじて，そうした状況では，評判にたいする配慮が何の役にも立たないということを，主張しているわけではない．だが，行動が観察不可能だという事実は，何らかの非効率性が生じてしまうのは避けられないということを意味する．

献分を確定することは難しい．結果的に，達成すべき貢献水準を意図的に引き下げるという偽りが誘発されてしまう．

　フリー・ライディングにかんする別の例としては，チーム・ベース型の仕事にかかわるものであって，多くの個人による努力が最終的な結果に寄与しており，その結果によって，グループ報酬が左右されるようなケースである．チームの各主体は，効率性の実現に必要な総貢献に占める個人的な割合を引き下げる形で行動するようになろう．というのも，各主体は，追加的貢献にともなう費用をすべて負担するが，それにともなう便益の増分については，ほんのわずかな割合しか獲得できないからである．したがって，チーム・メンバーは，互いの貢献を容易にモニターすることができないのであれば，個人の追加的便益が，より高位の貢献を実現するための追加的費用と等しくなったときに，貢献をやめてしまうインセンティブをもつ．しかし，この点において，すべてのメンバーに生じる分を合計した総追加便益は，より大きな貢献を実行しているあるメンバーの費用を大幅に上回る．かくして，全体的な便益と費用を比較考量すると，かなり高い水準の貢献が必要とされることになろう．結果的に生じる非効率性は，モチベーション問題の生成を意味している．

　行動の限定的な観察可能性は，モチベーション問題をもたらす唯一の原因だというわけではない．とくに，以下の仮定を採用しよう．すなわち，行動は，すべての関連主体によって直接的に観察できる．そのために，彼らは，みな実際に何が生じたかを知っている．これにたいして，外部の主体にとっては，そうした事実を立証することができない．このような仮定があてはまる状況で，特定の行動を規定（ないし禁止）する契約は，外部の第三者によって実効化できるものではないので，効率的な動機づけを実現するように機能しない．また，主体がさまざまな状況で何をなすべきかを，初期契約の段階で完全に特定できない場合に，別の問題がもたらされる．それが生じるのは，以下に示す3つの理由のためである．第1に，主体がすべての可能性を適切に予測できないからである．第2に，標準的な言語の場合，さまざまなコンティンジェンシー（起こりうるすべての事態）を明確に区別するうえで，十分な厳密さを欠いているからである．そして，第3に，詳細な契約を作成

することは，莫大な費用がかかるために不可能だという判断が下されたからである．したがって，契約によって，すべての状況における望ましい行動を完全に特定できないので，モチベーション問題を完全に解決することはできない．また，観察可能かつ立証可能な結果（行動ではない）に報酬を連動させることによって，望ましいインセンティブの提供が可能になるかもしれない．だが，それによって，先のケースよりも，かなり深刻な問題が生じる可能性がある．この場合，有効なメカニズムとして機能するのは，評判だけということになる．

　さらに，実際に選択される行動が，その主体にしか知りえない情報に依拠したものである場合にも，問題は生じてしまう．このような状況も，広範に確認される．実際，意思決定を行うパワーは，最も適切な情報や専門知識をもつ主体に与えられる．そうした状況において，実際の行動そのものが法廷や他の第三者によって，完全に観察可能かつ立証可能なものだとしても，利害の不一致のために問題が生じてしまう．行動は，組織の利害にかなったものなのか，それとも専門家の利害を増大すべく選択されたものなのか．問題は，この点を判断するのが困難だということなのである．これは，CEO による帝国建設の例に該当する．——実行された買収が，実際には株主にとって望ましいものでないとしても，いかにそれが戦略的で価値創造に寄与するものかを喧伝するストーリーは，つねに存在していると言ってよい．さらに，結果ベース型報酬（たとえば，株価連動型報酬）は，しばしば局所的な解を提供することがあるとしても，問題を完全に解決するものだとは言えない．

　これらの状況は，どれも「エージェンシー問題」というカテゴリーにおさめることができる．経済学の分野でエージェンシーにかんする文献はきわめて多い．そして，この考え方は，経営学研究にも広く応用されてきた．これに関連する仕事のほとんどは，明示的なインセンティブ契約を扱っている．後に続く章において，エージェンシー理論の応用を試みるつもりなので，まずその背景知識として，いくつかの重要な論点について概観しておきたい．

基本的なエージェンシー理論[5]

　最も単純なエージェンシー・モデルにおいて，エージェントと呼ばれる一方の個人が，プリンシパルと呼ばれる他方の個人の代わりに行動する．(混乱をなくすために，プリンシパルを女性，そしてエージェントを男性とする)．エージェンシー関係の例としては，従業員と雇用者，取締役と株主，請負業者と顧客，弁護士と依頼者，あるいはブローカーとクライアント（それぞれ，エージェントとプリンシパルという順）といった一連の関係を指摘できる．エージェントが直接負担した私的費用を除けば，彼の行動によって生じた利得は，プリンシパルの手に渡るものとみなされる．たとえば，従業員が生み出した生産物は，企業の手に渡るが，企業は，原料や設備にかんする費用を負担する．しかし，従業員は，自分が選択した行動の費用を負担しなければならない．簡単化のために，行動を選択することを「努力供給（effort provision）」と呼ぶが，他にもさまざまな解釈が可能だろう．重要なのは，他の条件を一定とすれば，限界においてエージェントは，プリンシパルが高い水準の努力供給を選好しているにもかかわらず，彼女の代わりに行動する際，低い水準の努力供給を選好しているという点である．とくに，エージェントは，総便益から彼の努力費用を差し引いた分を最大化するという観点からみて，効率的な水準よりも低い水準で働くことを選好する，と仮定されている．実際，彼は，明示的インセンティブが与えられないとしても，際立った努力水準を積極的に実現しようとするかもしれない．しかし，それは，彼が負担する費用よりも高い水準で努力供給を行っていることを意味する．このことによって，利益相反が生じ，エージェンシー関係においてモチベーション問題がもたらされる．

　エージェントによる努力供給が，法廷にとって観察可能かつ立証可能である場合，そして望ましい行動の決定や規定を事前に行うことができる場合，双方の主体は，努力供給にかんする契約を作成できるだろう．プリンシパル

---

[5] 基本的なエージェンシー理論を扱った文献としては，Holmström (1979) がある．さらに，そのサーベイについては Hart and Holmström (1987)，そして形式的な表現の基礎については Milgrom and Roberts (1992: chapters 5 and 7) をそれぞれ参照．

は，自分の便益のために努力供給を行ったエージェントにたいして，報酬を支払う．彼女は，彼による努力水準の達成に必要な報酬額の観点から，どの程度の努力を購買するかを決定する．（この文脈で行われる努力供給を「完全情報（full information）」水準と呼ぶ．また，価値最大化をもたらす水準なので，「ファースト・ベスト（first best）」水準とも呼びうる）．エージェントは，努力供給を実行しなければ報酬をえることができない．このとき，プリンシパルの望み通りに行動するのが有利だということを見出すだろう．したがって，深刻なモチベーション問題は，存在しないはずである．

　われわれは，モチベーション問題を最も単純なモデルを用いて考察するつもりである．その際，プリンシパルがエージェントの行動を直接観察することができないと仮定する．これは，組織にまつわる多くの文脈において，合理的な仮定だとみなせる．さらに，ノイズをともなう行動のシグナルを観察することによって，契約を作成できると仮定している．——さもなければ，インセンティブを提供するうえで，契約に依拠した方法は，一切存在しえないことになろう．業績指標は，エージェントの努力によって異なったものになる．そのために，観察によって努力供給にかんする情報を獲得できるが，確率的な変動の要素を排除できない．たとえば，プリンシパルは，行動のモニタリングを試みるが，それを正確に行うのは不可能であるために，確率的な測定誤差から切り離せない努力を観察する．この測定誤差は，モニタリングが連続的でないことに関連している．このような状況において，実際の行動は，完全に観察されることがなく，何が行われたかにかんして偶発的なサンプリングが試みられるにすぎない．あるいは，生産量，費用，売上収益，あるいは利潤といった結果を観察することはできても，これら一連の結果は，エージェントの行動だけでなく，観察されない他の要素によっても決定されるものなのである．たとえば，観察されない要素としては，他の主体の行動，機械の確率的なパフォーマンス，あるいは需要の状態などが挙げられる．

　業績指標の不確実性とは，エージェントは，相対的に低位の努力供給を行うかもしれないが，報酬決定の基盤となるシグナルが偶然にも高い値になってしまうことである．同様に，エージェントは，かなり懸命に働いたとしても，観察された業績指標が，不確実性の影響によって低い値になってしまう

こともある[6]。かくして，不完全な指標をベースにした報酬は，エージェント（ないしプリンシパル）がコントロールできない不確実性の要素をともなう。

もちろん，エージェントは，自分の行動費用を負担するのみならず，便益を完全に獲得できるのであれば，効率的な選択を実行するであろう。このことが示唆するのは，報酬は，努力供給の変更が便益に及ぼす影響を十分に反映するような構造にせねばならないということである。エージェントは，そうした便益にたいする影響と，負担すべき費用にたいする影響とを比較考量するであろう。たとえば，プリンシパルが所有する企業の経営者であるエージェントを考えよう。このとき，彼に企業を売却すれば，彼は，自分の行動にかんするすべての費用とすべての便益に責任をもつようになる。そうすれば，エージェントは，確実に適切なインセンティブをもつ。この解は，時として実現可能で魅力的ですらある。だが，エージェントが自分の行動にかかわる費用と便益にたいして，完全に責任をもつことができない理由，あるいはそれが望ましくない理由として，主に2つのものが考えられる。

第1に，エージェントはリスク回避的なのだが，便益は不確実である。そのために，不確実な報酬支払は，報酬の期待値を確実にうけとる場合よりも魅力的ではない。このとき，エージェントが，その行動に起因したすべての——しかも不確実な——影響にたいする責任を負うのは非効率である。というのも，エージェントは，便益の不確実性に起因したすべてのリスクを負担するが，プリンシパルによるリスクの吸収能力は，活用されないまま無駄になってしまうからである。双方の主体が収益の変動を共有することによって，

---

6) 最も単純なケースというのは，エージェントの努力水準が高位（「懸命に働く」）か，あるいは低位（「怠惰にすごす」）かといった二者択一的なもので，異なった結果が生じる確率が，努力供給によって変化してしまうケースである。実際，一般的な定式化を導いた洞察のほとんどは，この文脈に関連したものである（Hart and Holmström 1987）。また，別の代表的なケースは，以下の特性をもつ。エージェントの選好は，金銭的所得から努力費用を差し引いた残余分にかんして絶対的リスク回避が一定であることを示す（所得効果は存在しない）。業績が努力供給によって直接変化する。業績指標の加法的な撹乱項が正規分布になっている。そして，契約は線形である。これらの特性が，すなわちそれである（Holmström and Milgrom 1991，さらに Milgrom and Roberts 1992, chapter 7 も参照）。この枠組は，実り豊かな予想や説明を与えてくれる。そして，われわれの議論は，このケースに依拠したものなのである。

リスク負担の総費用は低下する．このような変動の共有そのものは，望ましいとみなせるだろう．実際，プリンシパルは，リスク中立的であれば，すべてのリスクを負担するのが理想なのである．というのも，それによって，彼女に費用が課されることはないからである．業績の変化は，単に確率的な運の影響によってだけでなく，エージェントによる選択の影響によっても生じる．プリンシパルは，エージェントの行動を観察できないために，業績の変化をもたらしたそれぞれの影響を同定できない．このことは，重要な問題である．この場合，プリンシパルに収益の変動の一部を吸収させるというのは，以下のことを意味する．すなわち，エージェントの行動選択によって生じる影響の一部についても，つねにプリンシパルが負担せねばならないということである．かくして，エージェントは，かならずしも自分の努力供給にかかわるすべての費用を負担し，すべての便益を獲得できるとは限らない．

あらゆるリスクの負担が，エージェントに要求されない場合，そして創造した収益以外のものが，ノイズをともなう業績指標として契約で利用される場合であっても，リスク・シェアリングは，望ましい要素であることに変わりがない．

エージェントが努力供給によって生じたすべての限界収益を獲得できない第2の理由は，彼が資金的に制約されているためである．たとえば，彼は，負の収益が生じた際に，おそらくそれを補塡する能力をもたないだろう．この場合，エージェントに企業を売却することはできない．あるいは，彼が破綻というオプションをもつ場合，売却によって，彼に行動にまつわるすべての費用を負担させることもできなければ，すべての便益を与えることもできない．これらのうち，いずれかの帰結がもたらされるだろう．より一般的には，ある状態が生じた場合にエージェントが獲得せねばならない最小報酬額（おそらく，ゼロと考えられるが，負の値をとることもありうる）が存在するのであれば，彼に提示されるインセンティブ・スキームは，少なくともその報酬額の支払をつねに保障するものでなければならない．このことは，業績指標がいかに不適切な場合でも該当する．したがって，エージェントは，完全な残余請求権者としての地位をえることができないだろう．

いずれの場合にせよ，エージェントが残余請求権を完全に獲得できないと

すれば，プリンシパルにとっては，望ましい努力水準の実現をエージェントに動機づけるようなインセンティブ・スキームを，いかにデザインするかが問題になる．インセンティブ強度——報酬が業績指標によって変化する程度，ひいては（業績指標が努力によって変化する程度を所与とした場合に）報酬が努力によって変化する程度——は，エージェントが供給しようとする努力水準を決定づける．インセンティブ強度を高め，それによって，エージェントが努力水準を高めれば，獲得できる期待収益は増加する．そのために，彼はより懸命に働くことになろう．リスク中立的なプリンシパルを仮定した場合，最適なインセンティブ・スキームというのは，エージェントの報酬を差し引いたプリンシパルの純期待収益を，最大化するような努力水準を導くものである．インセンティブ・スキームの選択にあたって，以下のことを勘案せねばならない．すなわち，実際に選択される努力水準は，エージェントがそのインセンティブ・スキームによって導かれた水準になるということである．——プリンシパルは，その報酬スキームがエージェントにもたらすインセンティブを無視できない．さらに，エージェントが，どこか別の雇用機会を求めて移動して，自分の努力や才能をセカンド・ベストの用途に振り向けるのではなく，むしろプリンシパルのために積極的に働くようになるには，十分な総報酬が獲得できるという期待を，彼に抱かせる必要がある．

　理論上，理想的なデザインはトレードオフをともなう．エージェントがすべての限界費用を負担し，すべての限界便益を獲得できないのはなぜか．トレードオフの性質は，その理由によって左右される．

　有限責任のケースを考えてみると，強いインセンティブを供給するには，業績が悪くみえるような場合の報酬の減少分を相殺することなく，良好な結果にたいする報酬を増やす必要がある．（ただし，悪い状態での報酬支払が，すでに実現可能な低い水準になっていると仮定している）．したがって，努力水準を高めるための費用というのは，エージェントが職務を遂行するのに十分魅力的な報酬をえているとしても，彼に期待収益を与えねばならないことに関係している．実際，完全な観察可能性が与えられた状況の下で，プリンシパルが，エージェントにファースト・ベストの努力水準を実現させるには，彼にたいして粗収益の期待値を上回るような期待報酬を支払う必要があ

る．そのために，インセンティブ強度が制約されてしまうかもしれず，観察可能性の問題が生じていない場合よりも，低い水準の努力供給しかもたらされなくなってしまう．

　後で注目するように，広範に研究されているケースにおいては，リスク回避が重要なカギを握っている．より強いインセンティブを与える――たとえば，販売員に支払うコミッションレートを上げる――ことによって，努力供給の水準が高まることとなる．というのも，努力にたいする収益が増えるからである．さらに，インセンティブ強度を高めることによって，エージェントの報酬は，より大きなリスクにさらされてしまう．というのも，業績指標の確率的な変動を反映して，報酬の変動が大きくなってしまうからである．しかし，プリンシパルがリスク中立的である[7]のにたいして，エージェントがリスク回避的である場合，エージェントにあらゆるリスクを負担させるには，大きな費用がかかってしまう．プリンシパルがリスク中立的でない場合であっても，結果的には，インセンティブ強度を高めることによって，望ましい水準よりも過大なリスクが，エージェントの肩に重くのしかかってしまう．プリンシパルは，エージェントによるリスク負担を補償せねばならなくなり，結果的に，そうした費用を負担するだろう．

　プリンシパルが，望ましいインセンティブ強度を決定するうえで直面する問題は，エージェントによる追加的努力の実現や大きなリスク負担を補償するための費用と，強いインセンティブによって誘発される追加的努力の便益とのあいだのトレードオフにかかわるものである．一般的に，その解として考えられるのは，リスクと費用が無関係になっている完全な観察可能性の下で，ファースト・ベストの努力水準を実現するのに必要な強度よりも，弱いインセンティブをエージェントに提供するというものである．同時に，エージェントは，インセンティブを必要としない状況では効率的だったはずの水準よりも，相対的に大きなリスクを負担する．

---

[7] ポートフォリオ分散を実行できるために，ある大企業の従業員の報酬に反映される企業収益の変動にたいして，無関心な株主を想定しよう．このような株主が所有する大企業で働く従業員の報酬を考察する場合，プリンシパルがリスク中立的だという仮定は，合理的な近似だとみなされるだろう．

このモデルは，きわめて単純な形で定型化されたものである．だが，インセンティブ・デザインにかんして，数多くの有効な予測や示唆を与えてくれる．とくに，エージェントのリスク回避度がより小さい場合，そしてエージェントの実際の行動が業績指標により正確に反映される場合には，より強いインセンティブを提供しなければならない．さらに，インセンティブがより強くなれば，プリンシパルにとって努力水準の増加によって生じる価値がより大きくなるうえに，エージェントが強いインセンティブにたいしてより敏感に反応するようになる[8]．

　これらの結論を支えているロジックは，費用・便益的なものである．とくに，2つのケース——インセンティブ強度が，努力誘導の重要度によって左右されるケース，およびそれがエージェントの努力供給の強いインセンティブにたいする敏感さに依存しているケース——のロジックは，きわめて単純なものである．最初のケースにかんして，追加的努力の便益が大きくなればなるほど，最適な努力水準もより大きくなるので，インセンティブ強度をより高めるのが望ましい．同様に，努力がインセンティブにたいして敏感になればなるほど，したがって，インセンティブの増加から生じる追加的な生産物や価値が大きくなればなるほど，インセンティブをより一層強くすべきなのである．

　ほとんどの企業で確認されるように，これらの要素は，エージェントの階層レベルを上昇していくにつれて，インセンティブ強度が大きくなるという一般的なパターンを説明していよう．トップ・マネジメントの意思決定は，企業の業績にたいして大きなインパクトをもたらしている．そして，彼らは，インセンティブに応じて自分の行動を変えるための手段を数多くもっている．他方，ロワー・レベルの人々の努力水準を高めたところで，トップ・マネジメントほどの大きな便益が生ずるとは期待しにくい．また，そうした従業員は，

---

8)（脚注6に記した線形のケースにおいて）最適インセンティブ強度は，プリンシパルが追加的努力によってえる期待限界便益と正比例するのにたいして，3つの項——測定誤差の分散，エージェントのリスク回避パラメータ，そして，インセンティブの増加にたいするエージェントによる努力選択指標の逆数——の積に1を加えた和に反比例する．このような関係から導かれる結果を主張しているのである．詳細については，Milgrom and Roberts（1992, chapter 7）を参照．

インセンティブに応じて選択できる手段をほとんどもたないに等しい．極端な場合には，アセンブリー・ラインで作業をしている労働者にたいして，出来高給にもとづいた報酬支払を行うのが無意味なこともある．というのも，労働者にとって，同じラインで作業する他の労働者が出来高を増やさない限り，自分の出来高を増やすことができないからである．

　リスク回避度にかんする基本ロジックというのは，エージェントのリスク回避度がより小さくなった場合に，彼による追加的なリスク負担の費用がより小さくなるというものである．インセンティブ強度は，エージェントがより大きなリスクを負担する費用と，より高位の努力水準によって生じる便益（努力の直接費用を差し引いた純便益）とのあいだのトレードオフによって決定される．そのために，リスク負担の限界費用が減少することによって，インセンティブ強度が高まることになる．リスク負担にたいする態度が富によって左右される限り，高所得の人々は，あまりリスク回避的ではなく，リスク負担を適切に実行できる能力をもつと考えられる．このことは，企業の階層を上昇していくにつれて，所得や富が増加する傾向を所与とすれば，トップ・マネジメントの報酬の大部分がリスクにさらされている理由になっている．

　業績指標がかなり正確なものであって，確率的な変動にさらされていない場合，インセンティブ強度を高めることによって，エージェントの報酬に生じるコントロールできない追加的リスクは，より小さくなる．そのために，追加的なリスク負担の費用もより小さくなる．これが，業績指標の精度にかんする基本ロジックにほかならない．より強いインセンティブによって，より多くの努力を誘発するのは有益である．というのも，それにともなう費用は，相対的に小さいからである．したがって，業績測定を正確かつ適時に行うのが困難なタスクについては，明示的な業績インセンティブを利用しない方が賢明である．対照的に，行動と業績指標とのあいだの関係が明確かつ精確な場合には，きわめて強いインセンティブを提供することができよう．

　インセンティブ強度を高めていくことと，業績指標を改善することとのあいだには，補完性が存在している．このことは，注意すべきである．すでに

論じたように、業績指標の改善によって、インセンティブ強度の増大につながるとしても、物事が別の方向へと進展してしまうこともある。(たとえば、追加的努力の価値が増加したという理由で) より強いインセンティブが望ましくなった場合には、インセンティブ報酬の基盤となる業績指標の改善に向けて、資源を配分する価値はより大きくなる。その理由は、業績指標の精度を高める価値というものが、エージェントによるリスク負担の費用が減少することによって生じるからである。そうしたリスク負担の費用は、提供されるインセンティブ強度に直接関係している。かくして、インセンティブ強度がより高められていくにつれて、業績測定の精度を高める便益が増加していくことになる。

　このモデルからさらなる洞察をえることができる。明示的インセンティブを提供するのであれば、それは実質的なものでなければならない。すなわち、弱いインセンティブを提供するくらいならば、むしろ明示的インセンティブをまったく利用しない方が、適切な場合もありうるということである。その理由として考えられるのは、フォーマルなインセンティブ・スキームを採用するのに管理上の支出が生じない（もちろん、生じる可能性がある）としても、業績給の利用にまつわる不連続な固定費用が生じるかもしれないからである。報酬が、測定結果に左右されないのであれば、所与の努力水準での純便益は、労働者がその努力水準で負担する費用（企業が彼に補償せねばならない報酬額）を企業の純収入から差し引いたものにすぎない。より多くの努力を引き出すために、インセンティブ報酬が用いられる場合、労働者は、報酬にかんするリスクを抱えてしまう。このリスクは、労働者にとっての費用ということになるが、努力供給の増加にともなう私的費用とともに増加する[9]。追加的努力の限界費用がゼロでなければ、企業が求める追加的努力の水準（そして、インセンティブ強度）が小さくなるので、そうした費用の項が消えてなくなることはない。かくして、わずかなインセンティブ報酬を支

---

9) 実際、報酬の変動にたいする依存性である。そして、この変動は、インセンティブ強度によって左右される。だが、エージェントによる最適な努力供給によって、限界努力費用は、限界インセンティブ強度に等しくなるだろう。そのために、リスク費用は、限界努力費用によって表現されることとなる。

払うとしても，それによって微々たる努力の増加にしかつながらないのであれば，不連続な費用の上昇がもたらされるであろう．十分に強いインセンティブによって追加的努力を引き出せない限り，これらの固定費用にかんする問題を克服することはできない．

とくに，利用可能な業績指標がきわめて不完全なものであるために，弱いインセンティブしか提供できない場合には，明示的インセンティブを一切提供しないことが望ましいのは当然である．この場合，動機づけのために他の手段を模索せねばならない．以下において論じる1つの手段は，「ハイ・コミットメント型のHRMシステム」にほかならない．

業績指標の選択

これまで報酬を決定づける1つの業績指標が存在すると仮定してきた．だが，エージェントがどの程度の努力を供給してきたかを概略的に示す業績指標として，多くのオプションを考えることができる．たとえば，株価や会計利益は，双方ともに企業のシニア・マネジャーによる職務遂行の質にかんする情報を伝えている．あるいは，労働者の行動を直接モニターすることだけでなく，彼が生み出した結果を測定することも可能である．そうした複数のオプションのなかから，どの指標を選び出して業績契約のデザインを行ったらよいのだろうか．そして，それらをいかにして利用すべきなのだろうか．これらの問題は重要である．

エージェンシー理論による答えは，エージェントの努力供給にかんして「インフォーマティブ」なだけでなく，容易に利用することもできる業績指標に依存して，報酬を支払わねばならないというものである（Holmström 1979）．ここで言う「インフォーマティブ」とは，適切な業績指標を熟慮する場合には，そうでない場合よりも，エージェントによる実際の努力選択にかんする推定を，より正確に行えるようになるということである．さらに，このような意味で，ある特定の業績指標がインフォーマティブでないとすれば，それを採用すべきではない．

たとえば，ある石油会社の利潤は，その会社の人々による石油発見，原価

管理、そして売上高の実現にたいする適切な努力に依存するだけでなく、原油価格にも大きく依存している。利潤指標に依拠した従業員への報酬支払は、高い不確実性をともなう。というのも、原油価格が、1年のあいだに2倍ないし3倍に高騰することもあるからである。かくして、職務遂行という点でみじめな成果しか達成していないにもかかわらず、原油価格の高騰という理由だけで、高い報酬をえる可能性が生じる。同様に、原油価格の暴落という理由で、すぐれた努力にたいして報酬が適切に与えられないこともある。このような変動は、有益なインセンティブ特性とは無関係なのであって、大きな費用をもたらすにすぎない。むしろ、業績を推定するうえで、原油価格の変動による影響を除去するのが望ましい。このことは、世界的なエネルギー会社であるBPで実際に行われた。この企業では、業績給に「自力」の要素を取り入れた。――本質的に、業績は、原油価格（そして、為替レート）の変動に起因して変化するものではない。つまり、社内の人々が実際に行ったことを、より適切に反映するような2つの業績指標――実質的な収益と原油価格そのもの――を利用した。

　この原理が表しているのは、人々がコントロールできない要素にたいする責任については、彼らに負わせるべきではないという考え方である。この考え方を適用するには、巧妙さが必要とされる。確かに、エージェントの努力を反映しない業績指標のみにもとづいて、報酬を決定するべきではない。重要な問題は、いかに努力を引き出すかということに尽きる。自分が達成しようとしている物事とは、一切関係のない業績指標にのみ依存した報酬を支払ったところで、何も達成することはできないだろう。だが、業績指標のノイズと相関した変数は、努力と直接的な関係をもたず、それを反映していない場合であっても、業績評価のために適宜に採用できるのである。その理由というのは、外生的な不確実性を部分的に除去するという目的で、追加的な業績指標を採用できるからにほかならない。まさに、BPは、原油価格の変動がもたらす影響を除去するためにそれを行った。

　さらに、この「インフォーマティブ原理（Informativeness Principle）」の適用事例として、経営者報酬を挙げることができよう。経営者にとって、会計利益をベースにしたボーナスをうけとるとともに、報酬の一部が株価に

連動している(明示的な連動,あるいは株式やストック・オプションの付与をつうじた連動)のは,一般的なことであろう.このことは,エージェンシー理論の観点からすると,会計数字をつうじて以下の情報をえることができないのであれば,重要な意味をもたない.すなわち,株価に反映されない情報,そして経営者による責任遂行の勤勉さを推論するのに適切な情報のことである.株式市場の価格形成にかんする一般的な仮定——株価は,企業価値を判断するのに適切なあらゆる情報を反映している——の下では,一般的に入手できる会計利益の数字は,トップ・マネジメントの行動にかんして,株価よりも多くの情報を追加的にもたらすものではない.かくして,経営者報酬を決定するうえで,そうした数字を勘案すべきではない.株価は,十分統計量としての指標なのである.他方,会計的な結果は,職能や部門の長による努力にかんして,インフォーマティブな役割をはたす.たとえば,収入は,マーケティング・ディレクターによる貢献にかんして,多くの情報を追加的に提供するかもしれない.したがって,報酬決定の場面で利用されるべき指標だとみなされる.このことは,ストック・オプションの形で報酬をうける場合にも妥当する.

業績評価の精度を高める目的で,複数の業績指標を採用するのは,複雑なことだと思われがちである.だが,それは杞憂にすぎない.この点にかんして,単なる収入というよりは,むしろ収益——収入と費用——に依拠して,販売組織の業績評価を行うというポピュラーな事例を指摘できる.この仕方を採用することによって,販売組織の人々は,最大の収入をもたらすというよりは,むしろ高い収益を生み出す販売活動に努力を振り向けるようになるだろう.このことは,彼らが原価管理を行う立場にないとしてもあてはまる.収益をベースにして販売職能の人々の報酬を決定することは,彼らが価格設定をコントロールしている場合に,とりわけ重要な意味をもつ.というのも,この報酬システムのために,販売部門の人々は,価格を決定する際に費用にたいする責任を負うようになるからである.

また別の事例として,総売上高だけでなく,販売スタッフ全体の平均水準と比べて,どの程度の仕事をしたかをも勘案して,販売員の報酬を決定するというものが挙げられる.他の主体の業績を勘案することによって,すべて

の販売員の業績に影響を及ぼす市場条件のインパクトを除去できるので，実際に，特定の販売員が，どの程度懸命に仕事に取り組んだかをより適切に推定できるようになる．業績指標のノイズを減らすことによって，報酬の不確実性を減らせるようになるために，より強いインセンティブの提供とともに，より高位の努力水準の実現が可能になる．かくして，比較業績評価（comparative performance evaluation）の原理が導かれることとなる．（もちろん，この原理によって，あるエージェントがコントロールできない何らかの要素に，すなわち他者の業績水準に，彼の報酬を連動させねばならなくなる）．同様に，CEO の報酬は，自社の業績に依存するだけでなく，同業他社よりもどの程度すぐれたことを成し遂げたかにも依存する，という証拠も存在する（Gibbons and Murphy 1990）．このことは，業績指標の変動の一部を減らす目的で，ひいては，より正確な評価とより強いインセンティブの提供を可能にする目的で，追加的な業績指標を採用するという考え方と整合している．

　そうした比較業績評価の極端な形態は，「トーナメント」の状況で確認される．そこでは，さまざまな参加主体が，絶対的にどの程度すぐれた業績を実現したかではなく，彼らの業績の相対的なランクにもっぱら依存する形で，報酬が決定されている（Lazear and Rosen 1981）．このシステムは，ゴルフやテニスに加えて，チームスポーツ・リーグでは，ポピュラーになっている．販売コンテストの場面でも利用されており，最大の売上高を達成した販売員が賞を与えられている．さらに，昇進も，有効なトーナメントとして機能することがある．すなわち，最大の業績を達成した主体は，大きな報酬と高い地位という賞だけでなく，次の昇進をめぐる競争に参加する機会をも獲得する．トーナメントがきわめて有効なのは，報酬のベースとなる結果の特定と測定を数量的に行うのが困難だとしても，職務を適切に遂行した主体を同定できる場合にほかならない．報酬を絶対的な業績に連動させるのが不可能だとしても，トーナメントの勝者を同定し，報酬を与えることは可能である．トーナメントは，いくつかの状況において，出来高給に代表される明示的な業績給と同程度に有効な動機づけを可能にするだろう．

　これらすべての事例は，自由に利用できる業績指標に関連したものである．

というのも,そうした業績指標は,事業の日常的なプロセスで生成されたり,あるいは他の目的で創出されるものだからである.複数の業績指標の開発と組織化が必要とされる場合,そのための費用は,かなり固定的な要素をともなう.このことは,潜在的に利用可能な業績指標の創出や利用が,部分的にしか行えないことを意味する.潜在的な業績指標のすべてを利用し尽くせない別の理由としては,以下のものが考えられる.すなわち,構築されたシステムが複雑すぎるために,どの主体にも理解できないものになってしまうからである.この場合,有効なモチベーションは提供されない.おそらく,このような理由で「バランス・スコアカード(Balanced Scorecard)」に代表されるように,数多くの指標を必要とするスキームの有効性は,制約されてしまうのであろう.

　企業は,費用のかかる業績指標のなかから選択を行う場合,インプット(行動)ないしアウトプット(結果)のどちらを測定するかにかんして,意思決定を行わなければならない.どちらを選択するかについては,契約のデザイナーが適切な行動とは何かにかんする知識を,事前にえているかどうかによって左右されよう(Prendergast 2000).エージェントが何をすべきかを,デザイナーが知っているのであれば,インプット指標が有効になる公算は大きい.——何を行うべきかを特定する.実際に,エージェントがそれを実行したかどうかをチェックする.そして,彼がそれを実行したのであれば報酬を支払うが,実行しなかったのであれば解雇する[10].手のこんだインセンティブ・スキームは,一切必要ではない.このことは,業績給がなぜ高い普遍性をもたないかを説明している.他方,デザイナーは,何を行うべきかを知らなければ,どのような行動を特定して,評価すればよいかが分からないだろう.この場合には,結果の測定を行うことが相対的に望ましい.そして,結果の伝達方法については,エージェントに委ねて実行させることが適切な

---

10) モニタリングによって,不適切な行動を確実に把握できなければ,支払金額は,従業員にとってベストな外部オプション水準をつねに上回ることになる.そのために,解雇には,大きな費用の負担が必要となり,契約の終結という脅しが,実質的なインセンティブとして機能する.追加的報酬は,「効率賃金(efficiency wage)」と呼ばれる.この呼び方は,従業員の機会費用を上回る報酬を支払うことによって,努力と効率性を高められることに由来する.

のである．環境の不確実性のために，デザイナーが，どのような行動が望ましいかを知らない可能性が高ければ，不確実性とインセンティブのあいだの負の関係は，逆転することになろう．この点は，注目に値する．

マルチタスクとエージェンシー関係

エージェントは，プリンシパルにとって有益な複数のアクティビティに時間を配分できる．このことを認識してモデルを拡張するのであれば，実り豊かな洞察をえることができよう．この場合，プリンシパルは，努力供給を動機づけるだけでなく，タスク間の努力配分を誘導していく必要もあろう．この点については，2つの異なる文脈で重要な問題となる．望ましい複数のアクティビティのあいだに，エージェントの時間と注意をめぐる競合関係があるために，あるアクティビティをより多く実行することによって，別のアクティビティをより多く実行する際の費用や手間が増えてしまう．他方，2つのアクティビティにかんして利用可能な業績指標は，それぞれ同程度の精度やタイミングのよさをもつものではない (Holmström and Milgrom 1991)．そうしたケースが第1の文脈に関係する．このとき，双方のアクティビティにかんして，有効な努力水準をエージェントに実現させるためのインセンティブを提供するには，非常に大きな費用がかかってしまう．マルチタスクの文脈に関連した第2の問題というのは，2つのタスクの業績について個別の指標が存在しないが，一方のタスクにかんして適切な仕事をエージェントに実行させるには，他方のタスクに必要とされるものとはまったく異なるインセンティブが必要になる場合である (Athey and Roberts 2001)．利用可能な任意の業績指標によって，2つのアクティビティの結果を区別できずに混同してしまう状況において，一方のタスクのインセンティブを改善すると，他方のタスクのインセンティブが悪化してしまうだろう．これらの文脈において，深刻なマルチタスク問題が生じてしまう．いずれにせよ，モチベーション問題にたいする解を導き出すには，組織デザインにかんする別の要素に注意を払う必要がある．とくに，ジョブ・デザインや意思決定権の配分にかかわる要素である．

第1のタイプのマルチタスク問題にかんする事例を挙げてみよう．前章で論じたように，イニシアチブの提供と協力の提供が，2つのタスクになっているケースを考えることができる．イニシアチブ指標は，個人ないしビジネス・ユニットの業績である．実際に，エージェントがイニシアチブの発揚に向けて提供した努力や思考を，正確に反映している．だが，協力を有効に測定するのは，きわめて困難である．というのも，（とくに，他のユニットに何らかの損失を与えてしまうアクティビティの抑制をともなう行動の場合），行動そのものを観察することは難しいからである．しかも，結果は，他のユニットの業績，ひいてはそのメンバーによる努力と連動するからである．別の事例を挙げるならば，現在の業績を維持すると同時に，新規事業の開拓を行うようなケースである．前者の業績評価は，相対的に容易だとしても，後者に向けられる努力の質にかんする情報は，かなり不確実であるばかりでなく，その生成には時間がかかってしまう．このとき，エージェントにたいして，いかにして双方のアクティビティに向けて適切な水準の努力を配分させられるかが問題となろう．

　エージェントによる時間配分の仕方——全体でどれくらいの努力を供給するか，そしてさまざまなタスクのあいだで努力をいかに配分するか——にかんする選択は，タスクにたいして提供されるインセンティブによって支配される．まず，さまざまなアクティビティのあいだには，エージェントの時間や注意をめぐる競合関係が生じない——あるアクティビティにかんして，エージェントが負担する費用は，他のアクティビティの実行水準とは独立である——と仮定しよう．さらに，それぞれのタイプの努力にかんして，独立した（しかし，不完全な）個別の業績指標が存在するものと仮定しよう．このとき，あるアクティビティの実行水準を選択することによって，他のアクティビティの実行水準を選択する際の費用と報酬のトレードオフに影響が生じることはない．この場合，2つのアクティビティにかんして，いかなる努力水準を要求しようとも，それが実現できるように，それぞれのアクティビティにたいするインセンティブを独立に設定できる．

　しかし，限界においては，さまざまなアクティビティのあいだに，競合関係が生じる．というのも，あるアクティビティに費やされる時間は，他のア

クティビティのために利用できないからである．かくして，エージェントが，あるタスクの努力水準を高めれば，別のアクティビティの努力水準を高めるのに必要な費用は，高まってしまう．この場合，あるアクティビティにたいする報酬が増えれば，エージェントは，そのアクティビティに配分する時間や努力の水準を増やすだろう．さらに，それにとどまることなく，エージェントは，他のアクティビティにたいする努力供給を減らすであろう．というのも，そうした努力供給の限界費用は，増大するにもかかわらず，その利得は，変化しないままだからである．つまり，このことは，２つのアクティビティにたいするインセンティブをコーディネートしながら，デザインせねばならないことを示唆している．

たとえば，エージェントにとって問題になるのは，２つのタスクを一緒に行う場合に配分する総時間や総努力についてであって，それぞれのタスクにどの程度の時間や努力を個別に配分するかについては，問題にならないとしよう．そして，報酬は，業績に比例して支払われるが，それぞれのタスクの期待業績は，配分される努力に比例すると仮定しよう．それぞれのタスクに費やされる追加的時間にたいして，同一水準の報酬が支払われないというのであれば，相対的に高い報酬のタスクにすべての時間を配分するというのが，エージェントの最適行動となる．というのも，それによって，努力の総支出にたいする利得を最大化できるからである．双方のタスクに注意を向けさせるには，それぞれのタスクの努力水準を増やすことでえられる利得の大きさを，均等化しなければならない．

したがって，さまざまなアクティビティのインセンティブ強度のあいだには，補完性が存在することになろう．すなわち，あるアクティビティのインセンティブを強化することによって，他のアクティビティのインセンティブを強化することがより魅力的になる．もしそうでないとすれば，他のアクティビティは，一切無視されてしまうだろう．したがって，複数のタスクにたいして，すべて一様に強いインセンティブを提供するか，あるいは相対的に弱いインセンティブを提供するか，といったいずれかにすべきなのである．

より一般的なのは，エージェントがタスク間の時間配分の仕方に配慮している場合（しかし，あるタスクの実行水準を高めることによって，他のタス

クの実行費用が増大してしまう場合）ですらも，インセンティブが適切なバランスを欠いていれば，エージェントは，相対的に高い報酬のアクティビティを過大評価する一方で，他のアクティビティにかんする過少供給の傾向が確認できるということである．実際のところ，報酬の低いアクティビティの供給水準を減らすことによって，報酬の高いアクティビティに費やす時間を捻出できるだけでなく，エージェントが後者のアクティビティの供給を増やす際に負担する費用も減少する．極端な場合には，報酬がきわめて低いアクティビティは，無視されるようになる．このことは，そうしたアクティビティの業績にたいして，実際に——不十分な——報酬が与えられるとしても妥当する．

　リンカーンは，バランスのとれた強いインセンティブを，マルチタスクの文脈で利用した事例として挙げることができる．この企業は，生産に携わっている個々の労働者の報酬を支払ううえで，出来高給を活用していることで有名である．労働者は，割当てられたタスクを達成することで生産した製品の各アイテムにたいして，一定額の報酬支払をうけている．出来高給によって，きわめて強力で直接的なインセンティブが提供され，大量の製品が生み出されている．しかし，数量の増加に向けた強い動機づけが可能な場合に，労働者は，品質にたいする注意を怠るおそれがある．さらに，企業が従業員の出来高給を否定するような厳しい仕方を採用すれば，労働者は，積極的に協力しなくなるおそれもある．そうした危機的状況を避けるために，労働者は，ボーナスの支払をうけている．ボーナスは，仕事の質だけではなく，彼らのアイデアや協調性といった他の要素も加味して決定される．概して言えば，ボーナスは，従業員が出来高給制によってえる実質所得の2倍の額になっている．さらに，ボーナス支給額には，労働者のあいだでかなり大きな格差がつけられている．そうした格差は，それぞれの業績評価に依存している．リンカーンは，バランスのとれた強いインセンティブのおかげで，未曾有の生産性を実現するだけでなく，最高品質の評判を確立することができた．そのために，際立った記録を達成することができ，数十年にわたって事業の成功をおさめてきた．

　だが，2つのタスクにかんして利用可能な業績指標が，その精度やタイミ

ングの面で大きく異なっている場合，さまざまなアクティビティにたいして，同程度の強度のインセンティブを提供するのは問題である．

　一般的に言って，あるアクティビティの業績評価の精度を高めれば高めるほど，そのアクティビティに強いインセンティブを与えることによって，高位の努力を引き出す際にかかる費用は，より小さくなっていく．適切な業績指標をつくり出すことによって，強いインセンティブが提供されるようになる．だが，不適切な業績指標について言えば，弱いインセンティブにしかつながらない．というのも，この場合，インセンティブを強化したところで，リスク負担の費用を大幅に増大させるだけだからである．

　既存事業の原価管理を行うとともに，新規事業機会に向けたアイデアの開発を行う例に代表されるように，2つのアクティビティの業績指標の質が，大きく異なっているものと仮定しよう．実現費用は，おそらく原価管理の効果を適切に反映した業績指標になるだろう．だが，エージェントにとって，アイデアの開発に向けて懸命に取り組むのは容易だとしても，彼によるアイデアの開示については，そう簡単に実現できるものではない．あるいは，彼は，かりに何らかの革新的なアイデアを発見できたとしても，その価値を評価するのに時間がかかってしまうだろう．この場合，アイデアの創造にたいして強いインセンティブを提供するのはきわめて困難で，それには大きな費用がかかってしまう．（リスク負担の観点からすると，プリンシパルは，エージェントにたいする補償を行わねばならない）．このことは，原価管理にたいする強いインセンティブの提供に費用がかからず，それが容易に行える場合にも妥当する．

　すでに確認したように，このことが問題にならないのは，エージェントの時間や注意をめぐるアクティビティ間の競合関係が，限界において生じない場合――あるタスクをより多く実行することによって，エージェントが他のタスクを懸命に増やそうとする程度に，影響が及ばない場合――にほかならない．このとき，それぞれのタスクにたいするインセンティブは，独立に設計できる．適切な測定が行われるタスクについては，強いインセンティブが提供される．だが，他のタスクについては，弱いインセンティブしか提供されない．強いインセンティブによって，高い報酬のタスクに向けて多くの努

力を引き出すことができる．そして，他のタスクにかんして努力したとしても，低い報酬しかえられないので，あまり多くの注意をひきつけることができない．だが，それぞれのタスクについては，プリンシパルが費用と便益の観点からみて適切とみなす水準で提供される．

しかしながら，複数のタスクが限界において競合している場合に，適切に測定できるタスクにたいして強いインセンティブを提供する一方で，他のタスクにたいして弱いインセンティブを与えるとしよう．この場合，後者のタスクにたいしては，それがプリンシパルにとってどんなに重要な意味をもっていようとも，まったくと言ってよいほど，注意が払われることはない．（エージェントの選択にかんする観察不可能性が意味しているのは，プリンシパルが，エージェントにたいして双方のタスクを実行するように命令――ないし懇願――したところで，有効ではないということである．エージェントは，提供されるインセンティブの観点からみて，自分に有利な選択を行うだろう）．

いくつかの望ましいアクティビティにたいして，強いインセンティブを提供するという考え方は，きわめて不適切である．というのも，そうしたインセンティブは，同等の報酬をえられない他のアクティビティにとっては，負のインセンティブ以外の何物でもないからである．ここでは，自分が評価して支払いたいと思う報酬を自分で獲得する，という一般的な考え方がきわめて重要な意味をもっている．

この点にかんして，教員にたいするメリット昇給の事例が挙げられる (Milgrom and Roberts 1992, pp.230-231)．アメリカのパブリック・スクール（公立学校）の教員の報酬支払にかんするポピュラーな提言に言及しよう．それによると，生徒が標準テストでよい成績をおさめた場合に，教員の報酬を増やすべきだとされている．対照的に，現在の教員にたいする報酬は，資格や経験をベースに支払われるのが通例である．そのために，業績にたいする明示的な金銭的インセンティブは，きわめて弱いものとなっている．（だが，内発的動機づけは，明らかに現実的かつ重要な意味をもつ）．改革案の支持者が論じているように，より強いインセンティブを与えていくことによって，教員や生徒が生み出す成果は，改善していくことになろう．おそらく，教員

は，生徒がテストでよい成績をとるのに寄与するのであれば，どのようなことでも積極的に実行しようとするだろう．とくに，このことは，報酬支払において業績のもつ意味が大きい場合にあてはまる．教員は，テストに反映しない物事にたいして，多くの時間や努力を費やそうとはしないだろう．実際，カリフォルニア州において，学校基金の配分は，生徒が数学とリーディングといった科目の標準テストでとった成績に連動している．教員にたいする報酬支払については，テスト結果によって直接的な影響をうけない．やはり，教員は，他の科目を教えることに重点をおいていない，という主張が存在している[11]．だが，標準テストの対象外のカテゴリーが，重要な意味をもつかもしれない．このカテゴリーには，（おそらく，テストの対象にできる）他の科目だけでなく，生徒の人格形成，倫理教育，そして公民教育に代表されるように，評価の困難な内容が含まれるだろう．教員がそうしたカテゴリーにかんして行っていることを，厳密かつタイミングよく評価するのは，きわめて困難であるように思われる．かくして，テスト成績にもとづいたメリット昇給は，重要な意味をもつカテゴリーの教育を駆逐してしまう．だが，このような教育は，明示的インセンティブが提供されずとも供給されるものなのである．さらに悪いことに，無節操な教員の場合には，テスト問題を事前に入手するなどといった具合に，自分の生徒が確実によい成績をとれるように，不適切な手段を試みることもある．実際，このような行動の事例は，ニューヨーク州で数件確認されている．この州では，高等学校卒業時の州テストの成績が，決定的に重要な意味をもっている．

　したがって，マルチタスクが必要とされる場合には，双方のアクティビティにたいして，相対的に弱いインセンティブを提供するのがベストである．有効なマルチタスク型のインセンティブ・スキームというのは，どれもバランスのとれたものであって，限界において，それぞれのタスクに同等の報酬を提供している．タスクのなかに，不適切に評価されているものがあれば，すべてのインセンティブを強化することによって，エージェントには，受容しきれないほどの過大なリスクが転嫁される．他方，プリンシパルにたいし，

---

[11] *San Jose Mercury News*, October 2, 2000.

ては，大きな補償費用が課される．だが，マルチタスクの文脈において，弱いインセンティブによって，いずれかのタスクに高い水準の努力を供給するように，エージェントを動機づけられない．このことは，かりにそのタスクが個別に切り分けられたならば，多くの努力をひきつけられるもので，適切に評価されるタイプだとしてもあてはまる．とはいえ，他のタスクが一切行われないよりは，まだましである[12]．

したがって，教員の報酬については，生徒のテスト成績という業績指標と連動しない方が望ましい．同様に，製造業において，品質にたいする貢献を正確かつタイミングよく測定できない場合には，出来高給を回避するのが賢明であろう．マネジャーは，現在の結果をベースに報酬を支払われるのであれば，事業の将来を犠牲にしかねない危険な賭けにでるおそれがある．とくに，この傾向は，彼らの行動がもたらす影響が明るみに出る前に，新しい転職先へと移動できる見込みがある場合に顕著になるだろう．

タスクのなかには，業績給を容易かつ有効に適用できるものが存在する．だが，そうしたタスクにこそ，業績給を適用してはならないのである．この示唆は，企業のマネジャーがこの数十年のあいだにうけとってきたメッセージとは，正反対の方向に向かっているのは確かである．だが，自社の従業員は，新しいアイデアや成長機会を創造できない，という不満を漏らす経営者が数多く存在している．だが，このような不満は，現在の業績を達成するために強いインセンティブを利用することが，時として反生産的なものになりうるというメッセージなのである．

この場合の解として明らかなのは，2つのタスクを2人の異なるエージェントのあいだで，個別に切り分けることである．マルチタスク問題が一切生

---

[12] 以下の状況が成り立っている極端なケースを考察することは，とくに有益であろう．すなわち，エージェントの努力費用は，彼が供給する総努力にのみ依存しており，複数のタスク間の努力配分に依存していない．限界努力費用は，努力水準とともに線形的に増加する．報酬は，それぞれのアクティビティの業績指標の線形関数となっている．マルチタスクの実行という文脈では，双方のアクティビティのインセンティブ強度を均等化する必要がある．この場合，マルチタスクを実現する最適線形報酬スキームは，タスクが分割されて行われる場合よりも，厳密に弱いインセンティブを提供するであろう．かくして，努力が単一のアクティビティに向けられて，その評価が不適切にしか行われない場合よりも，マルチタスクの状況において，総努力は，厳密に低い水準にとどまる．

じない場合には，一方のエージェントにたいして強いインセンティブを，そして他方のエージェントにたいして相対的に弱いインセンティブを，それぞれ提供することができよう．このアプローチについては，しばしば実行できることがある．とくに，アクティビティを実行するうえで，異なる才能やスキル，あるいは異なる知識に依存せねばならない場合に，ベストな解となりうるであろう．

また別の場合には，責任を分担するうえで，きわめて大きな費用が必要になることもある．第2のエージェントに報酬を支払わねばならないだけでなく，タスク間のシナジーが失われてしまうおそれもある．たとえば，販売代理人は，顧客ニーズ，ひいては製品開発の新規機会を学習するチャンスにめぐまれている．このとき，現行の製品の販売に加えて，顧客ニーズにかんするアイデアを企業へフィードバックするようにと，彼らに要請するのが有用であろう．しかし，それによって，マルチタスク問題が生じる．というのも，2つのアクティビティの業績評価には，大きな格差が生じるからである．エレクトロニクス部品事業にかんするケース・スタディ（Anderson 1985 ; Anderson and Schmittlein 1984）は，この問題にたいする解を例証している．アイデアのフィードバックが重要である場合，企業は，従業員を販売代理人として採用して報酬を支払う（追加売上にたいするボーナスが支給されることはほとんどない）とともに，現行水準の売上高の実現とアイデアの伝達といった双方のアクティビティに注意を向けさせようとする．このスキームは，バランスのとれた弱いインセンティブを，マルチタスクに提供するというものである．アイデアをフィードバックする機会がほとんどなければ，外部の販売代理人が利用される．彼らには，追加売上にたいする強いインセンティブが与えられる．（強いインセンティブは，彼らにたいして，他社製品の販売ではなく，自社製品の販売に集中させるのに必要とされる）．かくして彼らによる顧客情報の創出や共有を促すために，思い悩む必要がなくなる．

極端な場合には，タスクの分割が不可能なこともある．すなわち，一方の労働者に生産量にかんする責任を付与し，他方の労働者に前者の生産物の質にかんする責任を負わせるというのは，想像しがたいことである．マルチタスクの状況が避けられない場合，不適切な評価が行われているタスクにかん

して，エージェントの業績指標の精度を高めることができれば，この試み自体，きわめて有効だと言える．リンカーンは，個人が製造した機械にそれぞれの名前を刻むことによって，機械の品質に誰が責任をもっているかを同定する努力を重ねている．このような努力は，マルチタスクが避けられないということを例証している．

第2のタイプのマルチタスク問題は，さまざまなタスクを適切な形で個別に測定できないことに関連している．たとえば，2つのビジネス・ユニットのマネジャーが，エージェントとなっている場合を考えよう．それぞれのマネジャーは，ビジネス・ユニットの統率という面で努力する必要があり，双方のユニットの収益に影響を及ぼすような意思決定（ブランド，共通の顧客やサプライヤーとの取引，そして人的資源政策などにかんする意思決定）をも行える立場にある．どの利用可能な業績指標も，努力供給の結果と意思決定の結果とを区別できない．たとえば，一般的な会計指標は，以下に示す効果を明確に区別できない．──一方のユニットのマネジャーの努力が生み出す効果．彼の意思決定に起因する効果．そして，他方のユニットのマネジャーが行う意思決定に起因する効果で，先のユニットの費用や売上高などにたいする影響．このとき，努力と意思決定にたいして，それぞれ独立にインセンティブを提供するのは不可能である．──どの報酬スキームも，努力供給のインセンティブと意思決定のインセンティブの双方にたいして，同時に影響を及ぼしてしまう．多くの努力を引き出すために利用されるインセンティブは，不適切な意思決定をもたらすかもしれない．他方，適切な意思決定を導くインセンティブは，努力供給を有効に動機づけることができない．かくして，トレードオフが生じてしまう．

他の部門にスピルオーバー効果をもたらすような問題にかんして，マネジャーが適切な意思決定を行うようになるには，そのインセンティブに双方のビジネス・ユニットの業績を反映させる必要がある．たとえば，2つのビジネス・ユニットの総利益をベースにしたボーナスの利用が考えられる．このような手段をつうじて，マネジャーは，自分の選択がもたらすインパクトにたいして，十分注意するようになるだろう．さらに，適切な投資機会の開発とともに，望ましい選択を行うのに必要な情報の開発に向けて，懸命に仕事

を行うインセンティブをもつようになるだろう．もちろん，彼の報酬が総利益をベースにしたものであれば，そこには，他のビジネス・ユニットの業績が如実に反映される．

　他方，マネジャーによる努力を効率的に引き出すには，彼が統轄する部門の業績指標にのみ依存するようなインセンティブを提供すべきである．とくに，経営者報酬の決定にあたって，他部門の業績に大きなウェイトをおくべきではない．実際，努力の抽出が目的となっているのであれば，他部門の業績指標は，しばしば経営者報酬にたいして負のインパクトを及ぼしうると考えられる．一般的な事業環境のように，部門間に共通の要素に起因したインパクトのために，2部門の業績のあいだに正の相関が存在する場合を考えよう．このとき，インフォーマティブ原理が示唆するところによれば，比較業績評価を採用する必要がある．このことが意味するのは，以下のことである．すなわち，あるマネジャーの業績は，他部門の業績が相対的に望ましい場合，あまり好意的な評価をうけることがないために，実際の報酬は，他部門の収益と負の相関をもつということである．

　かくして，適切な意思決定を導くインセンティブは，努力を引き出すには不適切だとみなせる．（というのも，マネジャーに外生的なリスクを過剰に負担させてしまうからである）．他方，努力を有効に引き出すインセンティブのために，マネジャーは，自分の意思決定が他部門に及ぼすインパクトを無視するようになるだけでなく，他のグループに費用の負担を転嫁するような選択を選好するようにもなる．

　個々のマネジャーが単独で意思決定を行わねばならない場合，インセンティブ・スキームのデザインを行ううえで，高位の努力と適切な意思決定のどちらを重視するかにかんしてバランスをとりさえすればよい．より適切な意思決定を実現するというのは，マネジャーにたいして，自分のユニットだけでなく他のユニットの業績にも配慮させることにほかならない．だが，それによって，（他部門の業績に起因する）本来回避することが可能なリスクをマネジャーに負担させることになる．そして，リスク費用の増加によって，弱いインセンティブが提供されるようになる．結果的に，抽出される努力は，より低位のものになってしまう．努力と意思決定の相対的な重要度によって

決定される均衡点で，損益のバランスを実現するスキームが最適だということになる．努力の方が相対的に重要な場合，マネジャーが統轄する部門の業績をベースにして，インセンティブが提供される．そのマネジャーは，自分のユニットにとって適切だとしても，企業全体にとってかならずしも適切でない意思決定を行うだろう．彼の意思決定が，そのユニットと他のユニットの双方に大きな影響をもたらす場合，彼の報酬は，全体的な業績に大きく依存したものになる．彼は，自分のユニットの成功に向けて懸命に働くように，大きなモチベーションをえられない．

　別の主体にとって，あるユニットにかんする意思決定が可能な場合を考えよう．このとき，意思決定と努力の双方にかんして，より望ましい業績を達成するという目的で，インセンティブ・スキームと意思決定プロセスのデザインを行うための新たなオプションが考えられる．たとえば，そうしたデザインによって，以下のことが規定されるとしよう．すなわち，あるユニットで生み出されたプロジェクトは，他のユニットにたいして影響を及ぼすものであれば，そのプロジェクトにかんする意思決定は，双方のユニットのあいだで合意が形成された場合に実行されるということである．第1次近似として，マネジャーが同意するかどうかは，そのプロジェクトによって，彼の報酬にどのような影響が生じるかに依存すると言えよう．そして，マネジャーの報酬は，彼が統轄するユニットの業績指標，あるいは双方のユニットの結果のいずれかに依存する．適切にデザインされたインセンティブ・スキームの下で，それぞれのマネジャーにたいする報酬は，それぞれのユニットの業績とともに増加する．かくして，そうしたルールの下で承認されたものであれば，どのプロジェクトも，双方のユニットだけではなく企業全体についても，業績指標の改善をもたらすことになろう．しかしながら，企業全体の価値を増加させるとしても，ユニットに損失をもたらすようなプロジェクトについては，ユニット・レベルで棄却されてしまう傾向がある．さらに，比較業績評価が採用される場合，プロジェクトが承認される確率は小さい．というのも，あるユニットの業績を高めるようなプロジェクトは，他のユニットの観点からすると，不適切なものとして捉えられるからである．かくして，それぞれのユニットに同等の正のリターンをもたらすプロジェクトに限って，

承認されることになろう．結果的に，そうしたシステムは，以下の場合に問題を抱えることになろう．プロジェクトは，それが生み出された部門に大きな影響を及ぼす（そのために，比較業績評価の下で他部門がそれを拒絶しない）ものだとしても，他のユニットにたいして直接的な影響をもたらす（そのために，他部門がプロジェクトを拒絶する）場合が，すなわちそれである．

　この文脈において，より適切なデザインというのは，双方のユニットが合意するのであれば，プロジェクトは実行されるのにたいして，双方が合意に到達できなければ，第三者の意思決定に委ねられるといったものである．他の条件を一定とすれば，適切な意思決定を確実に行うためのインセンティブを，第三者に提供すべきである．これにたいして，ユニットのマネジャーは，懸命に働くための動機づけを可能にするようなインセンティブを，提供されるべきである．彼らは，双方のユニットの業績指標（そして，これらのユニットしか存在しないのであれば，企業全体の業績指標）を改善するようなプロジェクトをうけいれるであろう．企業全体にとって価値があるとしても，あるユニットに損失をもたらすようなプロジェクトは，それをうけいれる第三者に委託されることになる．この委託プロセスは，大きな費用を要する．このことは，影響をうける複数のユニットのあいだで合意が形成されれば，なぜそれらに意思決定を行わせることが有益になるのかを説明している．

　実際，そうした委託プロセスは，IBMで採用された「合意形成システム」にきわめて類似している（Vance, Bhambri, and Wilson 1980）．このシステムの下で，ビジネス・ユニットは，プロジェクトを実行する事前の段階で，その影響をうけると予想される他のユニットの認定をえなければならなかった．合意形成が実現をみなければ，プロジェクトの履行にかんする意思決定は，当該ユニットよりも上層の主体に委ねられる．それでも，合意に到達できない場合，この案件は，さらに上層へと引上げられて，双方のユニットにたいして権限をもつ共通の上位主体によって意思決定が行われた．このプロセスは，最上位の経営委員会にたどり着くまで続けられた．もちろん，プロセスがこの段階まで続けられることが頻繁にあった．

　インセンティブ契約や意思決定プロセスにかんして，別のデザインを採用するのであれば，それは，別の文脈において最適となりうる．マルチタスク

に起因して問題が生じるだけでなく，その解は，組織デザインの多様な側面にかかわりをもつものなのである．このことは，重要な意味をもつ．

グループ業績給

　経営のエキスパートの多くが，さまざまな根拠にもとづいて，個人の業績給にたいする異議を唱えてきた．第1の異議というのは，業績給によって，協力やチームワークが破壊されてしまうという見解である．この影響は，マルチタスクのロジックが明確になるにつれて，大きな意味をもつようになろう．そして，業績の相対評価が行われる場合に，顕著になるだろう．実際，自分自身の業績を改善するよりも，同僚の業績を破壊する方が容易なのである．

　もちろん，グループが協力的に行動しているとみなされる限り，グループ業績をベースにした報酬をつうじて，グループにモチベーションを与えるのに，前述の理論を応用することができる．その事例としては，フルーツ収穫者のチームにたいして，収穫物の箱の総数に依拠して報酬を支払うという慣行が挙げられる．この慣行は，カリフォルニア州で確認することができる．任意のグループ・メンバーによる追加的努力の結果が，グループ全体で共有されることになるので，フリー・ライディングが生じるかもしれない．しかし，怠りは，グループ内の相互モニタリングによって有効に抑制される．とくに，このことは，グループの規模があまり大きくない場合にあてはまる．この議論は，業績評価や報酬決定という目的上，グループの規模を小さく保つべきだという示唆を与えている．さらに，懸命に働くという集団規範を確立するとともに，グループがそれをメンバーに強制する必要がある．もちろん，グループ全体で怠るという規範が，生成することもある．たとえば，ドナルド・ロイ（Donald Roy）による機械工場の古典的研究（Roy 1952）は，過大な努力水準を実現するとともに，水増し雇用の慣行を脅かすような同僚にたいして，いかにして労働者が物理的制裁を課しているのかを論じたものである．そうした文化的要素の管理は，経営者にとって重要なタスクとなっている．

このようなフリー・ライダー問題は，企業全体の業績をベースに報酬を支払うという一般的な慣行と深い関係をもつ．そうした報酬は，ボーナス，プロフィット・シェアリング，株式付与，あるいはストック・オプションの付与といった形態をとるであろう．数万人規模の従業員を擁する典型的な大企業において，フリー・ライダー問題は，きわめて深刻な形で生じてしまう．ある一般従業員が努力することによって，追加的に百万ドルの所得が生じると仮定しよう．それによって，ボーナス・プールには，十万ドルもの金額が追加されるとしよう．このとき，コア従業員の手には，たかだか数千ドルが渡るにすぎないが，実際に一般従業員がうけとるのは，それよりもかなり少ない金額にとどまる．かくして，純粋な金銭的観点からすると，従業員は，期待追加ボーナスよりも費用が小さくなる場合に限って，追加的努力を合理的に実現しようとするだろう．しかし，組織にとって追加的努力の価値は，その金額の何倍もの大きさ——百万ドル——に及ぶものなのである．このとき，努力を過少供給するのが合理的である．というのも，便益は共有されるとしても，あらゆる費用を従業員が負担することになるからである．株式ベース型報酬の場合には，状況がより一層悪化してしまう[13]．従業員が生み出した追加的価値の大きさは，発行済株式に占める所有比率に反映される．それが無視できるほど小さい値だというのは，確かなことである．

したがって，株式ベース型報酬は，直接的な動機づけを実現するうえで，かなり非効率な手段だと思われる．しかし，一般的に利用されている手段なのであって，上級管理職レベルに限られたものではない．さらに，従業員に所有権を与える理由として，彼らによる企業特殊的な人的資本投資を促進する（Roberts and Van den Steen 2001）というものが確かに存在する．だが，株式ベース型報酬は，努力の動機づけという目的を実現するうえで，賢明な仕方だとは言えない．

株式ベース型報酬の普及を適切に説明するには，懸命な仕事と相互モニタ

---

[13] 株式の分配をつうじて，個人ないし小集団の業績にたいする報酬を支払うという慣行は，この批判にあてはまるものではない．そうした批判は，以下のような状況に向けられている．すなわち，株式所有によって，努力の動機づけが行われるという考え方の下で，従業員は，現在の業績とは無関係の数量の株式を付与されるという状況である．

リングを重視する規範を，報酬が補完するという点に注目せねばならない．株式の所有権をつうじて，従業員のマインドセットが変わり，彼らが「所有者の思考様式」を体得するようになれば，株式ベース型報酬は，有効な動機づけの手段となる．このことが妥当するのは，企業が，この報酬システムと他の一連の手段とを一緒に採用する場合である．そうした手段としては，「ハイ・コミットメント型の HRM システム」と呼ばれるものを指摘できる（以下を参照）．

業績指標の操作

業績給にたいする第 2 の異議は，利用可能な業績指標が，恣意的に操作されてしまうというものである．——エージェントは，業績指標を水増しする方法を見つけ出すことができるが，そうした水増しは，要求される物事をまじめに実行するよりも，簡単なのである．このとき，組織全体で生み出した価値を低くみせることによって，高い業績指標を実現できることになろう．この点にかんする事例は，枚挙に暇がない．年次業績目標の実現に応じたボーナスを支給することによって，いかにして経営者は，最終 4 半期の売上高の前倒しや後倒しをつうじて，数字を操作する一方で，売上高の目標数値を上回った部分である「ムダ」をなくすようになるのだろうか．この問題を明らかにしたのが，ポール・オイヤー（Oyer 1998）にほかならない．この操作をつうじて，エージェントの報酬を増やすことができる．しかし，企業にとって，有益なことは何一つない．H. J. ハインツ（H. J. Heinz & Co）において，事業部のマネジャーがボーナスを獲得するために，水増しした結果を毎年申告していた．彼らは，目標達成のために粉飾決算を企てた（Horngren 1999, pp. 937-938）．資本市場が安定した収益の向上を強く求めるようになるにつれて，そうした慣行は，きわめて広範に普及することとなった．最近の有名なケースとして，エンロン（Enron）とワールドコム（Worldcom）という巨大企業が挙げられる．両企業ともに，真の業績を隠蔽して，株価を吊り上げる操作を行っていた事実が発覚した．その直後，破産の運命をたどることとなった．とくに，エンロンの策略は，きわめて巧みだった．この企業は，

貸借対照表の真の状態や収益性を粉飾する際，それとは名目上独立した一連の子会社にたいして債務移転を行っていた．事実上，そうした子会社をコントロールしていたのは，エンロンの経営者であった．エンロンは，不正行為で歪められた会計数字を修正した．すると，実際の利益は，報告されていた水準の3分の1の大きさにすぎなかった．ワールドコムのアプローチの方が，相対的に単純だった．この企業は，現行費用の数十億ドル分を資本支出として計上するとともに，臨時収入をあたかも経常的に獲得が見込める所得として処理することによって，利益の水増しを行っていた．経営者にとっては，企業の株式価値を高めるのに，不正行為にはしる方が，適正に収益を生み出していくよりも容易だったのである．

　これらのケースは，不適切な企業の経営者や株主に関連している．しかし，顧客も，犠牲の標的になってしまうことがある．シアーズ・ローバックは，1992年に作業量の目標値を設定することによって，自動車修理事業に携わっている整備工にモチベーションを与えようとした．それによって，整備工は，本当は不要であるにもかかわらず，ステアリングやサスペンションの修理が必要だ，と顧客に告げるようになった．顧客は，修理が必要かどうかを立証できない．そのために，多くの人々が，そもそも不要な作業にたいして無駄な支出を費やした．シアーズ・ローバックは，不正の発覚によって，多額の罰金を支払うだけでは済まされず，顧客のあいだに構築してきた貴重な信頼を失うことになった．

　これらのケースのなかには，インセンティブの不適切なデザインが問題になっているものがある．目標値を達成した場合に，一定額のボーナスを支給するのであれば，エージェントは，目標値以上のことを達成しようとはしないだろう．そのために，売上高のタイミングを操作するという問題，あるいは内部会計を粉飾するという問題が生じてしまう．

　他のケースをみてみると，行動のいくつかの側面を直接モニターすることによって，不正な操作を抑制できるようにも思われる．シアーズ・ローバックのインセンティブ・スキームは，実行される仕事の種類を大きく変えてしまった．労働者がもっぱら取り組んだのは，不正な仕方で修理のニーズを恣意的につくり出すことであった．この企業のマネジャーが，さまざまな仕事

をモニターしていたならば，不正を把握できたであろう．エンロンやワールドコムのトップ・マネジメントは，会計操作については，まったく関知していないと述べた．彼らが本当に知らなかったのだとすれば，モニタリングの仕事に真剣に取り組んでこなかっただけの話である．

さらに，報酬支払を操作可能な業績指標と連動させないという方法も，適切な解として挙げられる (Baker 2000)．すなわち，エンロンの人々は，ストック・オプションという形態で多額の報酬をえていなかったならば，株価をそこまで積極的に吊り上げようとはしなかっただろう．

操作のインセンティブを抑制するための別の方法として，フォーマルな報酬スキームを回避し，そうしたスキームの代わりに，主観的評価をベースにして報酬を支払うというものがある．実際，主観的評価にせよ，あるいは主観的に決定される報酬にせよ，インセンティブの提供という観点から言えば，直接的な業績給にたいする重要な代替案になっている．

主観的評価

基本的なエージェンシー理論が仮定していたように，実際に望ましい行動が，直接的には契約可能でないとしても，業績指標の観察にもとづいて実効化可能な契約を作成できる．しかし，たいていの場合，業績にかんする情報をえることができたとしても，それを明示的契約の作成のために容易に利用することはできない．というのも，そうした情報は，あまりに複雑で難解であるために，記述に耐えうるものでないばかりか，契約の実効化を行う第三者にとって立証できるようなものでもないからである．ほとんどの主観的評価は，このような特徴をもつ．だが，報酬――給与，昇進，あるいは無形価値――に結びつくのであれば，動機づけの面で有効な役割をはたすのは明白である．

企業が適切な報酬を支払うという約束を実際に守るかどうかにかんして，インセンティブ問題が生じる．この点については，少なくとも2つの問題が考えられる．

第1に，職務が遂行されてしまうと，プリンシパルは，約束した報酬を支

払わないことによって利得を獲得できる．最も顕著な問題は，報酬支払の拒否に関連しており，業績が満足のいく水準に達していないと，虚偽のクレームをつけるというものである．明示的契約を欠くという事実は，約束を裏切られたエージェントが，その実効化を求めて法廷に訴えたところで，何の意味もないことを表している．だが，プリンシパルの約束は，（最初の裏切りが生じてしまうと，信憑性を失うのは明白であるために）エージェントにとって，確実なものでないとすれば，努力供給の誘引物にはなりえないだろう．実際，エージェントは，プリンシパルが裏切りを選択しなかったとしても，彼女のインセンティブを理解していれば，彼女が適切な報酬を支払うと信じていないので，懸命に働くことはない．

この点に関連して，評価の面での恣意性やあいまいさが認識されることによって，インセンティブが損なわれてしまうこともある．エージェントにとって，いかなる基準で主観的評価が行われているのかが，明確になっていなければ，彼は，望ましい仕方で自分の行動を変更することができない．さらに，偏見や贔屓も，問題となりうる．功績を上げた主体ではなく，贔屓の対象である主体にたいして，報酬が与えられてしまうのである．従業員がそうした予想を抱いているならば，約束した報酬を支払ったところで，望ましい行動が導かれることはない．

さらに，プリンシパルがあまりに寛大すぎて，実際に生み出した以上の報酬を支払う可能性も考えられる．プリンシパルが自分の利益のために行動している場合，このような可能性が現実化するとは考えにくい．しかし，プリンシパルが同時にエージェントの立場にもおかれており，適切な動機づけを享受していない場合には，そうした問題が確実に生じてしまう．たとえば，取締役会の報酬委員会は，株主というよりは，むしろ CEO にたいして忠誠を感じているために，企業のみじめな業績にもかかわらず，CEO に巨額の報酬を与えるという行動を選択するかもしれない．そうした行動をうまくやりぬくことは可能である．というのも，フリー・ライディングや情報の非対称性のために，株主が取締役会をモニターすることもないし，また有効なモニタリングそのものが不可能だからである．

主観的な業績評価に関連した第2の問題というのは，そうした評価がイン

フルエンス活動に服してしまうことに関連している。業績評価の根拠は、明文化によって相互に理解されているわけではないし、明らかにされているわけでもない。そのために、エージェントにとっては、プリンシパルによる判断や意思決定に影響を及ぼそうとする合理的な理由がある。エージェントは、自分が実際に職務遂行の面で大きな実績を残したという議論や証拠を演出することができ、それによって意思決定に影響を及ぼせる、という期待を抱く。さらに、評価が行われる際に、比較の要素が取り入れられるとすれば、エージェントは、他者の業績が劣ってみえるように工夫を凝らすインセンティブをもつ。かくして、全体的なシステムの政治化が、もたらされてしまうおそれがある。その結果、自分の職務を適切に遂行することにたいしてではなく、特別な嘆願、自分の売り込み、そして中傷行為といった政治的行動の成功にたいして、報酬が与えられるようになる。このようなインセンティブの悪化は、きわめて深刻である。

　たいていの場合、これらの問題を解決する糸口については、プリンシパルの評判に求めることができる (Baker, Gibbons, and Murphy 1994)。行動——機会主義的に行動しない、契約に記載されていない約束を遵守する、そしてインフルエンス活動による影響をうけないという行動——の歴史を、プリンシパルが築き上げてきたとしよう。このとき、エージェントは、そうした過去の行動を将来へと外挿するであろう。そして、プリンシパルとの約束によって、モチベーションを付与される。プリンシパルが約束を遵守しなければ、その評判を傷つけることになり、彼女が望む行動を他者に実行してもらうのは、将来的に不可能になってしまう。そのために、エージェントは、プリンシパルが約束を遵守するだろうと期待する。実際、そうした評判は、プリンシパルとエージェントといった双方の主体の行動に影響を及ぼすことによって、価値創造に寄与する資産となる。

評判

　評判は、さまざまな文脈で生成されるものであって、それらに一般原理をあまねく適用することができる。とくに、マネジャー（エージェント）は、

労働市場における評判に配慮することによって,懸命に働くとともに高業績を実現すべく,動機づけられている (Holmström 1982a; Gibbons and Murphy 1992).明示的な業績給が採用されていない場合ですらも,彼らが適切な行動を選択することによって,彼らの市場価値は高まる.そして,このことによって,彼らの将来報酬は影響をうける.われわれは,引き続きプリンシパル・エージェント論の枠組を援用した分析を展開し,プリンシパルがその評判を利用して,非契約的報酬をつうじた動機づけを促していることを説明してみたい.

　評判メカニズムが有効に機能するには,それぞれの相互作用において,評判の維持によってえられる利得が,信頼を裏切って約束を破棄することでえられる利得を上回る必要がある.無傷の評判がもつ価値は,他者にたいして,プリンシパルとの約束を信頼させたうえで,彼女が望むように行動してもらうこと——現在の文脈においては,勤勉かつ如才なく働いてもらうこと——から生じるものなのである.この言明が意味するのは,以下の3つのことである.——プリンシパルにとって,自分の評判を活用する機会が将来的に存在せねばならないこと.行動に影響を及ぼそうとして,無傷の評判を利用することで生じる将来利得は,裏切りによってえられる現在利得と比べてかなり大きいということ.そして,プリンシパルの将来利得の割引因子が十分に大きいこと.

　既存のエージェントないしそれ以外のエージェントとのあいだで,取引を頻繁に繰り返すことによって,将来的に評判を活用できる基盤が構築される.すなわち,プリンシパルは,双方の主体が相互作用を展開するたびに,評判から利得をえる追加的機会が存在する,という予想を抱かねばならないということである.したがって,少なくとも,取引の流列が無限に拡張していかなければならない.短期的な時間的視野は,評判の形成と利用にとって重大な障害となりうる.相互作用の回数や頻度を増やすことによって,評判の維持にかんする利得が増加し,適切な行動が促進される.

　評判によって大きな将来利得を生み出すには,プリンシパルと将来的に取引を行うエージェントにとって,彼が裏切りの影響を直接うけないとしても,つねにその観察と理解が可能でなければならない.このとき,エージェント

は，約束の遵守の場合とは異なった仕方で行動することによって，裏切りにたいする制裁を積極的に課すことができる．このような事態が生じてしまうと，評判を利用できる可能性は制約されてしまう．業績にかんする詳細な記述が困難であるばかりか，その評価が主観的なものであって，つねにあいまいな約束が交わされているといった場合には，暗黙的契約が不履行になったかどうかを知ることは難しい．自分の業績は，相対的にみて有利な処遇や高い報酬に値するものなのか．あなたの業績についてはどうか．そして，エージェントは，プリンシパルが裏切りを選択したことが明るみになった場合，彼女にたいして，積極的に制裁を課すのだろうか．制裁という行動について言えば，その実行主体にとって，費用が大きすぎて実行できなかったり，あるいは自発的に選択されるものではないだろう．フェア・プレイの精神，正義の実現を見守りたいという願望，そして報復にたいする心理的なニーズといったものは，有効な役割をはたす．というのも，違反主体に制裁を課す費用を，低下させるからである．したがって，裏切りの抑制に貢献することになる．

　公正な取引や約束の遵守にかんする評判を維持することによって，将来的に適切な行動が誘発されて，大きな利得が生み出されたとしても，プリンシパルの将来利得の割引因子がかなり小さい場合には，いくら大きい利得が生じたとしても，彼女を動機づけるのに十分なものにはなりえない．プリンシパルは，いくら立派な人物であっても，破綻寸前の状況においこまれてしまえば，口約束だけで，正式な契約として書面に残されていない報酬を犠牲にすることによって，現在利得を獲得する方が，かなり魅力的だと考えるおそれがある．他方で，自分の評判が汚されてしまうことによって，将来的に取引を行うのが，困難になってしまうと認識するだろう．破産の運命をたどるとしても約束を遵守するか，あるいは裏切りという賭けに出て存続しようとするのか．これら２つのオプションが存在している状況において，選択すべき道は歴然としている．

　実際，評判は，企業内の報酬システムにおいてきわめて重要な役割をはたす．このことは，明白だと思われる．評判が利用されていることを顕著に示す証左としては，適切な契約法の制度が確立していない経済における取引に

関連したものがある．ジョン・マクミランとクリストファー・ウッドラフ (Christopher Woodruff) は，ベトナムの創発的な民間企業の研究 (McMillan and Woodruff 1999*a, b*) を試みた．この国において，企業は，法廷にたいして契約の実効化を求めることはできない．そのために，企業は，評判に大きく依存している．同じ事業を営む人々は，どの顧客が支払を拒否したかにかんする情報を交換するために，定期的に会合を開いている．それによって，すべての主体は，裏切りをはたらいた主体との将来的な取引をあらかじめ回避できる．このことによって，ある特定の取引にかんして，裏切りを選択する費用は高まることになる．というのも，1人の売手ではなく，すべての売手によって，裏切り者にたいする制裁が加えられるからである．それによって，適切な行動が促進される．同様に，潜在的な顧客への供給にかんするリスク負担を行う前に，彼らのスクリーニングに多大な努力が向けられる．いったん，取引主体間で良好な関係が構築されてしまうと，評判資産が反復的に利用されるようになる．このことは，事業活動の範囲が拡張することによって，相互の取引数量が大幅に増えたとしてもあてはまる．そこでは，稀少資産である信頼が，レバレッジとして活用されているのである．さらに，より多くの取引が行われるようになるにつれて，それだけリスクも大きくなっていくために，それぞれの取引において，協力行動がより一層促進されるようになる．

　評判は価値をもつ．そして，評判の担い手が長期的に存続する（このために，資産利用の機会がつねに豊富に存在する）のは，重要なことである．これらのことは，取引を個人間の市場交換に委ねる代わりに，永続的企業を組織化する方が優位であることを示唆している (Kreps 1990)．原則的に，株式会社は，永続性をもっている．さらに，いかなる個人と比べても，評判を利用する多くの機会にめぐまれているだろう．したがって，効率的な取引を支える有効なメカニズムとして機能する．

PARC とモチベーション

　フォーマルなエージェンシー理論は，モチベーションにたいして契約とい

う解がもつ意味を強調するきらいがあった．しかし，契約という解は，動機づけのために利用できる手段の一部にすぎない．実際，経営のビジョンや戦略によって，動機づけの手段は多様になりうる．つまり，組織に関連した側面のなかでも，1つの側面だけに着目するか，あるいは一度にすべての側面にフォーカスをあてるかによって差異が生じる．この点にかんして，数多くの事例をつうじて例証してみたい．

　経営のビジョンは，世界や事業の望ましい将来像を明確に概念化したものである．たとえば，1990年代初期のノキアのビジョンは，「声はワイヤレスで伝わる」というものであった．携帯電話が至るところに普及すれば，ノキアにとって携帯電話事業の魅力を飛躍的に高めることができた．アップル (Apple) のスティーブ・ジョブズ (Steve Jobs) とスティーブ・ウォズニアック (Steve Wozniak) は，双方ともにPCが広く普及するだろうというビジョンを抱いた．きわめて明快で確かなビジョンを抱いているリーダーの存在は，従業員にたいする強い動機づけを可能にし，多くの努力を誘発するだけでなく，努力配分の指針にもなりうるだろう．というのも，従業員は，いかなる行動によって報酬を獲得できるかを明確に認識できるからである (Rotemberg and Saloner 2000 ; Van den Steen 2002)．戦略は，それと類似した機能をはたす (Rotemberg and Saloner 1994)．企業が行うことと行わないことが，それぞれ明確になっていれば，適切な方向に向けられた努力によって報酬をえることができるので，そうした努力がうまく供給されることになる．

　組織に目を向けてみると，まず人々の次元について考えることができる．企業に従業員として選抜された人々は，メンバー間のモチベーションにたいして，きわめて大きな影響をもたらすだろう．企業は，これまで実行してきた仕事に関心を抱いている人々，およびそれに挑戦したいという人々を誘引する必要がある．このことは，直観的にも明らかである．――人々が自分の仕事を気に入っている場合，彼らに限って言えば，モチベーション問題が生じることはないだろう．より形式的に言えば，そうした仕事と人々とのマッチングによって，モチベーション問題の原因となる利益相反が軽減される．さらに，人々と報酬とのマッチングを行うのも有効である．たとえば，強いインセンティブを提供するのが望ましいが，業績指標があまり精確なもので

はなく，結果の予測も困難になっている場合には，人々が職務遂行の場面で過剰にリスク回避的にならないことが重要である．非金銭的インセンティブしか提供できないような場合には，提供可能な報酬を尊重してくれる人々を採用すればよい．

この文脈において，フォーマルな報酬システムによって，潜在的な従業員の自己選択が生じる可能性を認識しておくことは重要である．組織のルーティンにかかわる要素は，組織の人々の次元にたいして影響を及ぼすのである．たとえば，セーフライト・オートグラス（Safelite AutoGlass）は，自動車のフロントガラスにひびが入った場合に，ガラス交換を行っている企業である．これまで整備工に支払っていた時給に代えて，出来高給を制度化した．報酬システム改革に着手してから1年もたたないうちに，生産性が44％も増加した．生産性増加の半分は，出来高給によって整備工が懸命かつ機敏に働くようになったというモチベーション効果に起因していた．残り半分の22％については，自己選択の効果によるものであった．つまり，懸命に働くのをいとわない人々は，セーフライト・オートグラスに特別な魅力を感じていた．この企業において，彼らの努力にたいして適切に報酬が提供されて，最も生産性の高い人々の離職率は，劇的に低下した（Lazear 2000）．

人々と組織の他の要素とをうまく適合させることは重要である．その意義については，リンカーンが1990年代初期に，数多くの外国企業の買収を行った際に明らかになった（Bartlett and O'Connell 1998）．リンカーンの報酬システムは，積極的な努力をいとわずに懸命に働くことができる生産労働者にたいして，際立った金銭的報酬を提供するというものである．この企業のクリーブランドの拠点では，交渉プロセスが適切に理解されているばかりか，自己選択も有効に機能している．従業員の離職率も，平均以下の適切な水準に抑制されている．リンカーンの人々は，許される時間の範囲内で，長時間残業にも積極的に取り組んだ．そのために，この企業は，生産労働者にたいして，シフト開始の30分以上前に作業現場にきてはならない，というルールを課さねばならなかったほどである．というのも，生産労働者は，仕事を早くはじめて，できるだけ多くの金を稼ぎたいと強く思っていたからである．だが，海外での事業展開のために買収した数多くの企業の従業員は，クリー

ブランド工場の労働者とはまったく異なる嗜好をもっていた。残念なことに，リンカーンは，この事実に直面せざるをえなかった。彼らは，出来高給に適切に反応しないばかりか，残業にも消極的な態度を示した。そして，リンカーンの労働者の目には，彼らがもつ時間配分の嗜好がきわめて異常なものにうつった。かくして，リンカーンは，買収に失敗したという理由で，創業後1世紀が経過した時点で，はじめて損失を計上してしまった。

さらに，モチベーションに影響を及ぼす目的で，組織アーキテクチャを利用することもできる。たとえば，小規模なビジネス・ユニットを創造することによって，数多くの異なったメカニズムをつうじて，強力な効果を生み出すことができる。第1に，より厳密な業績評価が促進されるだけでなく，より強いインセンティブの提供も可能になる。この点にかんする極端なケースとして，ABB を挙げることができる。スイス企業とスウェーデン企業が合併してできたこのエンジニアリング企業は，1990年代初期に，1,300以上のビジネス・ユニットを擁し，それぞれが独立したカンパニーとして独自の貸借対照表を発表していた。後に，これらのユニットは，さらに5,000のプロフィット・センターへと分割された。それぞれのセンターには，平均35人の従業員が所属する程度になり，単一の地域市場を担当して，狭い範囲の製品を扱うようになった。これらのユニットのマネジャーには，そのユニットの業績をベースにして報酬が支払われた。その際，この企業の経営情報システムである ABACUS システムをつうじて，業績の捕捉が注意深く行われた。そうした小規模なユニットの創造によってもたらされる第2の効果というのは，自分の努力がどの程度の影響力をもっているかを，人々が把握できるようになったことである。そして，このこと自体，報酬が業績に連動しているか否かにかかわらず，直接的な動機づけに貢献しうるのである。人々は，自分が重要な影響力をもっていることを自覚し，その結果を明確に把握できる場合には，より懸命にタスクに取り組む傾向がある。このような内発的動機づけの強化は，直接的な業績給を容易に採用できないとき，とりわけ重要な意味をもつ。同様に，小規模なユニットを創造することによって，フリー・ライディングを減らすことができる。というのも，追加的結果にたいする信用が，狭い範囲で共有されるからである。

また，組織ユニットを規定するための基本ルールも，モチベーションにたいして影響を及ぼす．より簡潔に表現すれば，組織の基本ルールは，何が重要かにかんする認識を形づくる．たとえば，U型組織（職能別組織）の人々は，それぞれの職能のすぐれたスキルを強調しがちである．職務が職能によって規定されているという事実は，職能のすぐれたスキルが，企業のデザイナーにとって重要な意味をもつことを示している．緊密かつ頻繁な接触は，同じ職能を担っている身近な同僚とのあいだで，自然に生じるものである．それによって，特定の職能のすぐれたスキルを重視する傾向が，より一層強化されていく．さらに，同じ職能を担う他者が，業績評価を行うために，職能のすぐれたスキルをもつ人には，高い報酬が与えられるようになる．対照的に，顧客グループや生産設備の周辺で組織を編成する場合には，人々の注意がそうした組織の基本ルールに一致した方向に向けて配分されるようになる．

近年，組織の「フロント・アンド・バック・モデル」が流行しているが，それは，モチベーションにたいするアーキテクチャの影響を反映したものだとみなせる．このモデルにおいて，生産や製品開発は，企業の「バック・エンド」として職能別に組織化されている．これにたいして，市場に対峙している「フロント・エンド」のユニットは，顧客への対応を担っている．それは，職能のすぐれたスキルを生かすと同時に，顧客志向のスタンスも維持するという考え方にもとづいている．これに応じて，2つのタイプのユニットについては，業績評価や報酬決定が異なった仕方で行われている．そこで解決すべき課題は，いかにしてフロントとバックのあいだで，有効なコーディネーションを実現するかということである．この点にかんして，石油産業や自動車産業にパイプを供給しているグローバル・サプライヤーであるテナリス（Tenaris）は，洗練されたサプライ・マネジメント・システムを採用している．このシステムは，20カ国で事業を展開する4つのフロント・エンド型のビジネス・ユニットと，世界中に位置する8つのバック・エンド型の製造工場とを連結している．また，フロント・エンド型のビジネス・ユニットは，顧客別に明確に規定されている．

さらに，組織アーキテクチャがモチベーションや行動に及ぼす影響を重視

するというスタンスは，スタンフォード大学ビジネス・スクール（Graduate School of Business, Stanford University）による意思決定の基礎にもなっている．このビジネス・スクールでは，教授陣を学部別に細分化しないという意思決定が下されている．だが，他の主要ビジネス・スクールの場合には，学部を基盤とした構造が採用されている．スタンフォードの教授陣は，さまざまな目的——MBA 教育，博士課程の大学院生の指導，そして教員の新規採用——の下，複数の重複的なグループに参加するという形で組織化されている．そして，これらのグループのメンバーは，時間をつうじて入れ替わっていく．このシステムは，経営的にみるとかなり複雑なものであるために，学部組織を採用した方が，単純な運営が可能になるだろう．では，なぜそうした複雑な組織を採用しているのだろうか．なぜなら，このビジネス・スクールは，教育や研究の面で学際的な相互作用を促進しようとしているばかりか，学部組織の採用によって超分野的なコラボレーションが阻害されることを危惧しているからにほかならない．

　さらに，企業の外部境界も，マルチタスクの文脈における動機づけを実現するという目的で利用できる．たとえば，ある事業に責任をもつマネジャーにとって大切なのは，現在の業績をさらに向上させると同時に，将来的な成長を促すべく投資を実行することである．現在の業績を測定するのは容易である．だが，将来に向けた投資が適切なものかどうかを判断するのは，相対的に困難である．このとき，事業が大企業の内部のあるユニットで行われていれば，将来がいかに重要な意味をもつかについて，十分に強調されることはなかろう．（とくに，この傾向は，投資の結果が明らかになる前に，マネジャーが新しい転職先に移れると期待できる場合に顕著である）．かくして，そのユニットをスピンオフして，マネジャーにその所有権の大部分を与えることが望ましい．それによって，マネジャーは，株価に起因した適切なバランスのインセンティブをえるようになる．もちろん，市場であっても，完全な投資評価を実現できるわけではない．しかし，投資家は，投資という次元で業績を評価することにたいして，きわめて強いインセンティブをもつ．——なぜなら，彼らの個人的な富が，リスクにさらされているからである．したがって，投資家による評価は，かなり適正なものだとみなされる．そし

て，内部指標がしばしば欠落している誠実な評価を，確実に反映したものになっている．

　企業が提供する機械を利用している従業員か，あるいは自分の機械を所有している外部請負業者かによっても，モチベーション問題にたいする解は，変わってしまうだろう (Milgrom and Roberts 1992, pp. 231-232)．機械を用いて作業を行っている主体は，製品の生産と機械のメンテナンスといった双方の仕事を行うのが望ましい．生産にかんする労働者の努力の評価や推定を正確に行うのは，容易かもしれない．だが，機械がきちんと整備されているかどうかを明らかにするのは，相対的に困難である．──周知のごとく，資本財の減価償却を評価するのは，難しい問題である．かくして，あるアクティビティにかんして，精確な業績指標が存在するとしても，他のアクティビティについては，精確でない業績指標しか存在しえないことがある．にもかかわらず，バランスのとれたインセンティブが必要なのである．このことは，明白である．バランスのとれた弱いインセンティブは，ある主体に従業員のポジションを与えること，生産量とは独立した仕方で報酬を支払うこと，そして雇用者に機械を所有させることから生み出される．第1次近似として，労働者は，自分の時間をどのように費やそうとも同一の報酬をえるために，企業の要請にしたがって，生産とメンテナンスに向けて努力を積極的に配分するだろう．他方，労働者が──独立した請負業者として──機械を所有している場合には，自分がメンテナンスに振り向けた努力の費用と便益のすべてを負うことになる．このとき，製品の生産についても，同様に強いインセンティブが提供されねばならない．バランスのとれた強いインセンティブは，雇用関係の外部で容易に提供されるだろう．請負業者は，同種の仕事を行っている従業員よりも，明示的な業績インセンティブを獲得する多くの機会にめぐまれているのは明らかである．2つの解のうちどちらが望ましいかについては，労働者が機械を購入するための資金調達力，彼のリスク負担能力，そして高位の努力水準を実現する重要性といった3つの要素によって左右される．

　さらに，モチベーションが企業境界の影響をうける経路としては，アウトソーシングをつうじたものが挙げられる．供給物の調達を外部請負業者に求

めることによって，組織内のインフルエンス活動を軽減できる．というのも，買手と売手にとって，共通の上司はもはや存在しないからである．

　また，意思決定権の配分によって，インセンティブに影響を及ぼすこともできる．マネジャーにたいするエンパワーメントによって，彼らが自分の行動結果をコントロールできるという期待を抱くために，情報収集や意思決定の面でより適切な役割をはたすようになるだろう（Milgrom and Roberts 1988b, 1990a; Aghion and Tirole 1997）．彼らによる意思決定が棄却されてしまうことがあれば，この事実そのもののために，彼らのモチベーションは低下してしまうだろう．このようなエンパワーメントの費用というのは，報酬システムや他のメカニズムによって利害を一致させることができなければ，マネジャーにとってベストな意思決定が行われるとしても，そうした意思決定が，かならずしも企業全体にとってベストなものにはならないことから生じる費用である．

　最後に，企業の財務構造や所有構造によっても，モチベーションにたいして多くの点で影響が及ぶであろう．公開株式会社は，株主・所有者にたいして有限責任を負担させるとともに，株式の分散投資をつうじてより大なるリスク負担を可能にした．負担が容易なリスクのなかには，専門経営者を含む他者に，実際の事業運営を委託するリスクが含まれる．この形態の欠点は，契約条件が同じであるために，所有者がモニタリングを行うインセンティブが低下してしまうことに求められる．対照的に，パートナーシップのメンバーは，企業の意思決定をモニターすることにきわめて強いインセンティブをもつ．1980 年代にポピュラーになった MBO が意味していたのは，エージェントがプリンシパルになるということであった．多くのケースにおいて，劇的な業績向上という効果が確認された．所有権が分散した状況よりも，単一の大株主が存在する状況の方が，取締役やマネジャーのモニタリングを行う所有者のインセンティブにたいして大きな影響が及ぶ．そのために，エージェントの行動にも影響が及ぶことになる．株式買戻しによって，経営者が所有している所与の株式は，きわめて強いインセンティブ・スキームへと転化する．というのも，経営者は，もはや企業価値の変化によって生じた増加分のより多くを，獲得できるようになったからである．

また，プロセスやルーティンも，エージェンシー問題を軽減するという目的で利用できる．業績指標の改善にかんする重要な事例を挙げることができる．この目的は，以下の3つの方法によって実現できる．第1に，業績指標とエージェントによる実際の行動とのあいだの乖離を小さくするために，評価システムにたいする投資を実行する．第2に，操作可能ではない業績指標を開発する．そして，第3に，追加的情報の獲得のために新しい業績指標を追加する．前述した理論の観点からすると，これらの方法のうちどれを採用しても，より強力なインセンティブの供給が可能になる．

たとえば，単に結果に依存するというのではなく，実際の行動にかんする業績指標を，不完全ながらも開発することは，きわめて有効な試みだと言える．このことは，結果が不確実なものであったり，あるいはその同定にタイム・ラグが生じてしまう場合に，とくに妥当する．カジノの経営者は，不正を抑制するという目的で，結果ベース型の報酬や制裁に依存するのではなく，従業員と顧客の行動を直接モニターするのに多額の費用を費やしている．ベンチャー・キャピタリストは，スタートアップ企業が「マイルストーン」を通過できるように，持続的な資金供給の準備を行っている．というのも，財務データは，インフォーマティブではないからである．情報システムは，業績指標の精度やタイミングのよさを高めるとともに，報酬と業績とを有効に連動させることによって重要な役割をはたす．

すでに記しておいたように，さまざまな業績指標が存在しているとしても，それらが同等の精度をもっていない場合に，マルチタスクの必要性を軽減するという目的で，職務を再定義することによっても，より強いインセンティブを提供できるようになる．より一般的には，ジョブ・デザインが，モチベーションにたいして重要な影響を及ぼすということである．

さらに，モチベーション問題に対処するうえで，文化も重要な要素となりうる．人々は，どの程度懸命に働いているか．彼らは，どのような種類のリスクを負担しているか．そして，いかなるタイプの行動が適切だとみなされるのか．これらにまつわる規範は，企業のあいだで大きく異なるし，企業内の部門のあいだでも異なっている．そうした規範は，社会的圧力だけでなく，規範にしたがいたいという望みによっても，実効化されるであろう．マネジ

ャーが，業績に重点をおく文化を根づかせることができれば，モチベーション問題は，軽減されるであろう．このことを例証するために，2つのケースを示すことにしよう．

　BP は，探査と生産のストリームを小規模なビジネス・ユニットへと分解した．そして，これらのビジネス・ユニットをピア・グループの下で連結した．そこには，技術や流通にかんして，類似の問題を抱えている 10 程度のビジネス・ユニットがおさめられた．ピア・グループのメンバーは，そうした問題に対処するうえで，互いに支援を求めるように促された．本部の人員がいなくとも，そのグループは頻繁に会合を開いた．強力な人的ネットワーク（そして，友情）が，時間をつうじて，ビジネス・ユニットの境界を越えて発展した．そして，強力な規範が進化を遂げて，ベスト・プラクティスの共有や支援要請にたいする協力が促された．業績管理システムの構築によって，協力行動にかんする捕捉や明示的な報酬支払が行われていなかったにもかかわらず，ユニット間の協力水準は顕著に高まった．

　BP が費用と生産量の両面で改善をうまく進めていくうえで，ベスト・プラクティスの共有は，決定的な意味をもつ要素となった．当初，ビジネス・ユニットのマネジャーにたいする報酬支払は，それぞれが統轄するユニットの費用や生産量にかんする業績に連動していた．費用や生産量にかんする業績が重要だという強い共有予想が発展を遂げて，組織に浸透していった．それにとどまることなく，ビジネス・ユニットのマネジャーにとって，あらかじめ約束した業績を達成するのは当然だ，という規範が発展した．そのために，彼らの報酬とそのユニットの業績とを明示的に連動させるという仕方は，次第に勢いを失っていき，ついには姿を消してしまった．BP の価値観というのは，以下のようなものであった．すなわち，明示的インセンティブは，マネジャーを業績向上に向けて動機づける際に，かならずしも必要ではない．だからこそ，報酬システムとしては，業績向上以外の行動を動機づけるようなものを志向すべきである．このような価値観が，人々のあいだで内面化されていたのである．

　フィンランドの携帯電話メーカーであるノキアにおいて，文化は，モチベーションの提供という場面で重要な役割をはたしていた．ノキアは，1990

年代初期に破綻寸前の状況においこまれた．当時，経営権を掌握することになった新しいトップ・マネジメント・チームは，すべての人々が企業の成功に貢献するような文化を創造するうえで，有効な機能を担った．この文化によって，個人のイニシアチブ，ハード・ワーク，そして賢明なリスク負担といった要素が，激しい技術変化に特徴づけられる乱気流環境のなかで促進された．このような環境の下では，ロワーとミドルの人々にとって，自分だけがもつ特殊情報に依拠して決然と迅速に行動することが，重要な意味をもっていた．成功はたたえられたが，かと言って，失敗に制裁が加えられることはなかった．1995年には，ロジスティクス管理の問題のために，株価が50％も下落してしまった．このときですら，誰も解雇されることはなかった．従業員のあいだのみならず，彼らとトップ・マネジメントとのあいだにも，相互信頼の雰囲気が醸成されていった．恐怖というものが，企業の日常活動のなかでしばしば中心的な位置を占めることもある．しかしながら，この企業では忌避された．人々には，単に最善を尽くすことが期待され，会社の利益を最優先した行動が信頼の基盤になった．彼らは，それを忠実に実現することによって，期待にこたえたのである．

　ノキアは，1990年代で最も成功した企業の1つに挙げられるまでになった．また，ある観点からすると，ヨーロッパで最も価値のある企業へと成長し，テレコミュニケーション産業におけるバブル崩壊後ですらも，成功を維持した．画期的な新製品を継続的に導入していく一方で，統制の行き届いたオペレーションをつうじて，競争相手よりも低コストを実現した．しかし，これら一連の成果が達成されたのは，従業員の外部オプションよりも，高い報酬が支払われていたから――あるトップ・マネジメントは，ノキアの人々が「低い報酬支払に満足している」と記していた――ではなく，報酬がグループや企業全体の業績と連動しているという文脈においてであった．

「ハイ・コミットメント型のHRMシステム」は，動機づけのために，PARCの諸要素を利用している一般的な例にほかならない．この分野における代表的テキスト（Baron and Kreps 1999, p.190）が概略しているように，このシステムの主な要素は，以下のようなものである．――雇用保障（あまりにも不適切な行動を選択した場合は，その対象から除外される）．平等主義

の価値観や規範．生産を組織化するための自己管理チーム．仕事にたいする関心と自己実現を高める試み．（個人ではなく）チーム，ユニット，ないし企業といったそれぞれのレベルの業績給を含むプレミアム報酬．従業員にたいする新規採用時の厳格なスクリーニング，および広範な社会化や教育の実施．企業内の情報の透明性，および従業員とマネジャーのあいだのオープンなコミュニケーション・チャネルの確立．組織のビジョンといった包括的な目標を重視する強い文化．そして，従業員による企業のシンボリックかつ金銭的な「所有」を強調する考え方．このように，多岐にわたる要素が挙げられている．適切な報酬，エンパワーメント，信頼，そして仕事にたいする関心と自己実現といったものと引き換えに，人々は企業利益のために懸命かつ賢明に働く．この点こそが，契約上の理念となっている．まず，彼らは，明示的インセンティブを与えられなくとも，企業利益のために懸命かつ賢明に働く．というのも，エージェンシー・モデルの枠組で想定されているよりも，自己利益と企業利益とを同一視する傾向が高いからにほかならない．明示的インセンティブを超えて，従業員間の相互モニタリングや社会的圧力によって，望ましい行動が実効化される．ビジョンによるスクリーニングや社会化，そしてビジョンとの一体化によって，実効化メカニズムは，確実に機能するようになっているのである[14]．

　このようなシステムがとりわけ有効なのは，正確な業績評価が困難なために，直接的な報酬システムをつうじて，インセンティブを提供するのが難しい場合である．もちろん，ハイ・コミットメント型のHRMシステムを確立するには費用がかかる．しかも，その費用は，固定的な要素をもっており，埋没してしまうものなのである．すなわち，労働者の誘引と保持に必要な最低額よりも高い報酬が支払われるということである．スクリーニングや訓練には，費用がかかってしまう．信頼の雰囲気を創造するというのは，簡単かつ自動的に行えることではない．金銭的手段を使って，労働者とマネジャー

---

14) そうしたシステムにかんする1つの解釈として挙げられるのは，以下のようなものである．すなわち，そのシステムには，効率賃金（本章の脚注10を参照）の要素が含まれており，労働者は，多くの努力を供給している．というのも，彼らが集団的に懸命な努力供給を行わなければ，企業は，労働者にとって好ましくない標準的なHRMシステムに逆戻りしてしまうからである．

を，このシステムになじませるのは困難かもしれない．そうしたシステムは，明示的な業績給のシステムが生み出すよりも，かなり高い努力水準をもたらすとすれば，高い価値をもつとみなされるだろう．このことは，努力が重要な意味をもつ一方で，業績指標が不適切な場合に起こりうる．

業績評価の基準が下げられてしまうおそれがあるので，労働者が低い水準の努力供給しか行わないにもかかわらず，企業は，ハイ・コミットメント型のHRMシステムがもたらすはずの便益をえることなく，このシステムを維持するために高い費用を負担し続ける．これが，ハイ・コミットメント型のHRMシステムに仕組まれたトリックにほかならない．おそらく，このような事態を確実に生み出そうというのであれば，経営者にたいする労働者の信頼を失墜させさえすればよい．というのも，このことは，契約条件に違背したこと，あるいは労働者を信頼しないことのいずれかを反映しているからである．この例は，業績指標と報酬の利用にかんする矛盾を示唆している．行動にたいする緊密なモニタリング，および金銭的手段をつうじて，明示的な報酬を支払うことによって，信頼が損なわれてしまうかもしれない．労働者は，自分が信頼されていることを自覚するとともに，企業によって適切に処遇されていることを認識すれば，普遍性をもつ互恵性規範によってきわめて高い水準の業績を実現しようと努力する．しかし，労働者が緊密なモニタリングに服している場合，あるいは企業が明示的なインセンティブ報酬の導入を図る場合，そうした規範が存続することはないだろう．文化と明示的な業績インセンティブとのあいだには，ある局面に限って代替的な関係が存在している．このとき，高位の努力供給が，文化の働きによって支えられるのであれば，明示的なインセンティブ報酬を採用しない方が賢明なのである．確かに，評価システムによる支援の下で，少額のインセンティブ報酬を支払う場合に，信頼の文化や互恵性規範が損なわれてしまうのであれば，そうした報酬支払の仕方に価値があるとは言えない．

より一般的に言えば，さまざまなメカニズムが相互作用を展開しながら，モチベーションにたいして影響を及ぼしている．この事実を検討することは重要である．組織デザインに関連する要素のなかには，人々にたいする動機づけという点で，補完的な役割をはたす一群が存在する一方で，相互にコン

フリクトをきたして個々の働きを弱めあっている一群も存在する．業績をより適切に測定できるのであれば，業績ベース型報酬がもつ効力は，より一層高まるであろう．小規模なビジネス・ユニットを創造することによって，そのマネジャーにたいして，実質的なエンパワーメントが行われれば，このユニットには，より望ましい機能を期待することができる．他方，委託のプロセスや手続きをふんだにもかかわらず，行動をあまりに緊密にモニターするのであれば，エンパワーメントによるモチベーション効果は，破壊されてしまうだろう．本書の残りの部分において，モチベーション・システムのデザインにかんする問題に立ち返るつもりである．そこでは，デザイナーが達成しようとしている特定の目標について吟味する．

第5章　業績向上のための組織

　いかにして企業は，既存の戦略を背景としながら，業績向上の組織をつくれるのだろうか．本章では，この問題を検討するために，これまで提示してきた概念や理論を応用してみたい．この点にかんして中心的になっているのは，企業形態の制約の範囲内，および組織がコントロールすべき相互依存性の制約の範囲内で，可能な限り集中的で強いインセンティブを提供できるような組織をデザインせねばならないという見解である．このような組織デザインのためには，文化の変革を基礎として，アーキテクチャやルーティンにまつわるさまざまな選択を行う必要がある．このような選択の仕方は，分解(disaggregation) と呼べるものである．アーキテクチャの主な要素になっているのは，以下のことである．──戦略的なフォーカスを明確にするために，企業の水平境界と垂直境界を再定義すること．相対的に小規模なサブユニットを組織内に設けて，重要な意思決定権を委譲すること．そして，マネジメントの階層と本部スタッフの人数を減らしていくこと．ルーティンやプロセスの変化は，複数のサブユニットに業績の維持という責任を与える一方で，それらを相互依存性のコントロールのためにさまざまな手段で連結することを目的としている．最終的には，業績向上をたえず追求し，実際にそれを達成するような文化規範を構築せねばならない[1]．

　実際，ルース・カップリングの分解型モデルの組織デザインを，長いあいだ採用してきた企業が存在する．薬品，医療機器，そしてコンシューマ・プロダクトを扱う企業であるJ&Jは，その主な例として挙げられる (Pearson and Hurstak 1992)．J&J は，150 以上の独立したカンパニーによって構成されている．それぞれのカンパニーは，異なった市場で活動している．独立色が強いカンパニーは，製品開発，生産，マーケティング，販売，そして親会社にたいする配当支払を独自に行っている．カンパニーにおいては，高度に分権化した組織デザインのために，強いインセンティブが生み出され，新製品の開発や売上高の増大につながった．そして，価値観や規範が広く共有されることによって，全社的な業績に寄与する行動が確実に生じるようになった．

　だが，この 10 年のあいだに，業績向上にたいするニーズが高まったために，そうした組織デザインのモデルを採用するようになった企業の数は，増加傾向をたどりつつある．国際貿易や海外投資にたいする障壁が取り除かれたこと，そして長距離のコミュニケーションや輸送がますます容易になったことによって，企業は，新しい外国市場に参入できるようになった．そのために，世界中の製品市場やサービス市場で競争が激化し，成功や存続のために必要な効率性が改善されることとなった．同時に，資本市場は，より厳しい要求をつきつけるようになり，企業にたいして業績向上の圧力を強めるようになった．──経営者にとって，株主価値の創造こそが主な義務であるという認識の浸透．機関投資家による行動主義の高まり．そして，ヨーロッパの一部にみられるような敵対的 TOB の活発化．これらは，どれも資本市場による圧力の増大に寄与している．最後に，アメリカを中心として，他の国でも確認されるように，トップ・マネジメントの報酬を業績に連動する傾向が高まりつつある．この事実は，業績向上のインセンティブが過去と比較してかなり強くなっていることを意味する．

　統合型の石油・天然ガス会社である BP は，かつてブリティッシュ・ペトロリアムとして知られていた企業である．この企業は，業績向上のために分解

---

1) 変化の範囲にかんする詳細な検討，および変化が生じているという根拠にかんするサーベイについては，Whittington *et al.* (1999) を参照．また，事業範囲の集中については Lichtenberg (1992)，アウトソーシングについては McMillan (1995)，ディレイヤリングの根拠については Rajan and Wulf (2002)，そして権限委譲やインセンティブ報酬については Nagar (2002) を，それぞれ参照．

型モデルを採用した事例を提供している．BP の組織の諸相については，すでに論じたのだが，より体系的な議論を展開する意味があるように思われる．

近年，BP は，他社の記録をぬりかえる歴代最高の利潤——140億ドル以上の利潤——を，2000年に達成したという事実を公表した．原油価格の高騰が，当期のBPによる際立った財務結果に寄与したのは確かである．だが，この企業の費用効率的なオペレーションは，基本的な業績の達成にとって決定的な意味をもっていた．BP は，1990年代後半から今世紀にかけて，強さを維持した．実際，この企業の名前は，炭化水素鉱床の有効な発見，炭化水素の効果的な生産，そして原油や天然ガスの効率的な採掘のために，エネルギー産業のなかでもよく知られていた．企業の運営に大きな混乱をきたしかねない困難な状況においても，オペレーション上のすぐれた能力の維持と改善を実行していた．1998年から2000年にかけて，アモコ（Amoco）とアルコ（Arco）という統合型の主要石油会社を吸収した．双方の企業をあわせると，BP とほぼ同じ規模であった．また，潤滑油メーカーのバーマカストロール（Burmah Castrol），ヨーロッパで小売を担っていたモービル（Mobil）†とのジョイント・ベンチャー，そしてドイツにおけるベバ（Veba）のガソリン小売の事業部門をそれぞれ買収した．

BP では，この10年のあいだに，3人のCEOが戦略や組織をたえず変革し続けたために，成功が築かれたと言ってよい．十数年前の時点では，政治色が強いトップ・ヘビーな官僚制にしばられ，厄介なマトリクス組織の構造になっていた．この企業は，いまだに多くの異質な事業を幅広く展開している．このことは，（他の石油メジャーと歩調をあわせて）1970年代に手を染めたコングロマリット型多角化が，いまだ完成の域に達していない証なのである．資金提案は，その承認の前の段階で，15人のサインを必要とした．本社スタッフは，32階建てのビルを埋め尽くしていた．86にも及ぶさまざまな委員会のために，トップ・マネジメントは，貴重な時間を奪われていた．この企業は，業績の低迷を経験して巨額の負債を抱え，1992年には破綻寸

---

† 訳注：周知のように，この企業は，1999年にエクソン（Exxon）と合併して，現在はエクソンモービル（Exxon Mobil Corporation）となっている．

前の財務危機に陥った.

　BP を立ち直らせるための変革は，無関連事業のダイベスチャー（事業売却）から着手された．1980年代にはじまったこのプロセスは，1990年代のはじめに完結した．そして，この企業は，3つの基本的な事業ないしストリームに特化することになった．すなわち，川上における原油とガスの探査と生産，川下における石油精製とマーケティング，そして石油化学といった事業である．川上の製品は，他の2つのストリームによる生産にとって，基本的なインプットとなっているために，これらの事業ラインが，相互に関連性をもつことは明らかである．だが，実際には，相互作用を断ち切るようなデカップリングの仕方で，個別に事業ラインの運営が行われた．世界市場がうまく機能することによって，原油の効率的な売買が可能になったので，BP は，国内取引に依存する必要がなかった．

　1989年に CEO に就任したロバート・ホートン（Robert Horton）の下で，組織変革がはじめられた．彼の「プロジェクト1990（Project 1990）」は，経営上の意思決定のスピードと有効性を改善する目的で実行された．ホートンは，多くの意思決定権をコーポレート・センターからストリームへと委譲した．このプロセスにおいて，マネジメントの階層が削減されて，本部の雇用人数は，80％以上も減らされることとなった．従業員にたいして，責任の負担とイニシアチブの発揮を促した．そして，ケア，信頼，オープン性，チームワーク，そして協力といった要素を尊重する価値観が支持された．同時に，財務状態が深刻化していたので，資本予算の削減と大幅な雇用削減が実施された．

　ストレスを生み出すようなホートン自身の流儀に加えて，彼が提示した価値観と仕事の現実とのギャップのために，従業員は，疎外感を味わわなければならなかった．1990年代初頭の景気後退のなかで，業績は低迷していった．1992年にホートンは，COO だったデイヴッド・サイモン（David Simon）に CEO の座を譲った．サイモンは，BP の従業員のあいだで人気が高かったのだが，強引な合理化を志向するホートン流のアジェンダを実行し続けた．1992年の時点で，9万7,000人以上いた従業員も，1995年の時点では，5万人強にまで減らされてしまった．雇用削減のなかには，ダイベ

スチャーや資産売却に関連して実施されたものもあった．だが，そのほとんどは，現行の事業にたずさわっている人々の雇用削減であった．結果的に，劇的な業績回復を実現した．この企業は，1992年に8億1,100万ドルの赤字を計上していたが，その2年後には，24億ドルの黒字を計上するまでになった．さらに，40億ドルの負債削減にも成功した．

この期間に生じた最大の変化は，探査事業と生産事業を営む川上部門のBPXにおいて生じた．そこで，ジョン・ブラウンは，抜本的な組織再編を実行した．そして，1995年には，サイモンのあとをついで，BPのCEOとなった．BPXでは，「アセット・フェデレーション（asset federation）」と呼ばれていた組織モデルは，分解型デザインの典型であった．そして後に，BP全体に適用されることになった．

ブラウンは，川上部門の戦略を見直し，大規模な炭化水素鉱床の発見と採掘という事業範囲の集中に着手した．これらの事業には，技術的問題や付随的リスクがともなう．そのために，BPは，専門知識や規模の面で，他の中小企業よりも相対的に優位な立場におかれていた．（この期間に，大規模統合型の石油会社よりも成功していたのは，探査と生産を担う小規模会社――「ペトロプレナー」と呼ばれていた――であった）．事業範囲の集中の過程で行われたのは，以下の3つの試みである．――多数の小規模な埋蔵地を売却する．既存の埋蔵地を補完するような他の埋蔵地を買収する．そして，大規模な鉱床が存在していそうな地域で探査を行うために方針転換を図る．その結果，BPの油田やガス田は，実質的な規模をもつことになった．1980年代末に，そうした油田やガス田は，アラスカ州のノーススロープと北海に集中していた．1970年代以来，BPは，これらの地域で生産量のほとんどを採掘していた．しかし，BPによる大規模な探査機会への絞り込みは，BPXにとって，技術や政治の問題のために初期開発が不可能になっていた新しい地域で，将来的には探査活動を行わざるをえないことを意味した．かくして，BPXは，オペレーションを地球上で広く分散して行うようになり，開発途上経済や移行経済に進出する傾向を強めていった．

次の変革は，組織にかかわるものであった．BPXは，地域的に規定されたROCs（リージョナル・オペレーティング・カンパニー：Regional Operating Companies) の集合体として組織化されていた．ROCs には，実際のオペレーションを監督しているエンジニアや実務家のスタッフが存在していた．ROCs や職能の長は，ブラウンとともに，ストリームを管理するグローバル・マネジメント・グループに加わった．通常，業績データは，ROCs レベルで集計された．現場の埋蔵地のマネジャーは，ほとんど裁量権をもっておらず，個々のユニットが利用する資源をコントロールできなかった．だが，ブラウンは，業績評価の議論を個々の埋蔵地レベルにまで下ろしはじめた．このことによって，組織デザインの実験が意識的に行われた．点在している数多くの埋蔵地のマネジャーには，事業の運営方法についてだけでなく，BPX のトップ・マネジメントとの直接的な交渉で決められた業績目標を実現する仕方についても，意思決定権が与えられた．このような変化によって，生産量の増大とコスト削減がもたらされるようになり，危機に直面した 1992 年初頭には，このモデルは，BPX 全体に適用されるまでになっていた．

　探査と生産に関連したあらゆる部門は，独立したほぼ 40 のビジネス・ユニットへと分割された．それらは，アセットと呼ばれた．それぞれのアセットは，主要な油田やガス田，あるいは近接した埋蔵地のグループによって構成されていた．アセット・マネジャー（後に，ビジネス・ユニット・リーダーと呼ばれるようになった）が，アセットを統率した．ROCs は，消滅した．そして，ストリームのシニア・マネジメントの数が削減され，その役割については，ブラウンとその他 2 名が担った．彼らは，ExCo（BPX 経営委員会：BPX Executive Committee）として，共同でアセットを直接監督するという責務をはたした．ミドル・マネジメントの階層は，一切存在しなかった．さらに，技術系スタッフや職能スタッフも，アセットに吸収される形で分散していった．

　アセット・マネジャーは，特許状(チャーター)を付与されていた．だが，特許状は，彼らの活動を制約した．（たとえば，管轄下の埋蔵地以外は，採掘を行わないなど）．さらに，彼らは，ExCo とのあいだに明示的な個人業績契約を結び，生産量，費用，そして資本支出といった面で，特定の業績水準を達成することに合意せねばならなかった．アセット・マネジャーは，特許状や一般的な企業政策という制約の範囲内で，約束した業績水準の実現方法をエンパワー

メントによって自由に模索できるようになった．したがって，アウトソーシングの決定，サプライヤーの選択，雇用，そして採掘の場所や方法にかんして，決定を下せるようになったのである．

　個々のアセットの業績は，ストリームよりも下位のレベルで集計されることはなく，ブラウンや他の ExCo のメンバーに開示された．とくに，彼らは，厳格なクォータリー・パフォーマンス・レビュー（Quarterly Performance Review：四半期ごとの業績評価会議）をつうじて，業績の動向をつぶさに把握していた．ブラウンは，この業績評価会議をつうじて，アセット・マネジャーの指導にあたり，経営スキルの開発に手をかした．そして，BPX 全体への普及を目指していた，価値観や規範の意義を説得して回った．

　業績契約は，アセット・マネジャーに限定されたものではなかった．むしろ，アセット・レベルで結ばれた業績契約のなかで交わした約束は，アセットに属したすべての個人の業績契約の基準となった．従業員報酬は，アセットの業績に加えて，ストリームの全体的な業績にも連動していた．このことによって，報酬の可変性やインセンティブ強度が大きく高まった．

　アセット・マネジャーは，新しいシステムの自由度が高いことを認識した．だが，トップの階層がスリムになりすぎているために，技術や事業の問題が生じた際，アドバイスや支援を求めて，ストリームの本部に頼ることができなかった．アセットは，このようなニーズを満たすために，（実験後に）その発展段階をベースに規定された 4 つのピア・グループへと編成された．第 1 グループは，埋蔵地の開発権の獲得といった現場での探査活動を担った．第 2 グループは，開発途上の段階にあり，生産が行われたばかりのアセットを含んでいた．第 3 グループは，生産が軌道にのって，高い安定性をもつアセットである．そして，第 4 グループは，経済的にも存立があやぶまれつつあり，衰退の途をたどっているアセットを含んでいた．それぞれのグループ内の複数のアセットは，地理的に分散していたにせよ，技術や流通の面で，よく似た問題に直面しがちであった．この点は，きわめて重要である．

　アセット・マネジャーは，ピア・グループの同僚に支援を求めるように促された．実際，ピア・グループは，同じグループのアセット間の相互支援を促進するとともに，ベスト・プラクティスの共有を促すべく，デザインされた

ものであった．同僚間の支援システムは，これらの目的を実現するために設立された．このシステムの下では，問題に直面したあるアセットが，別のアセットの人々に問題解決を依頼するとともに，助力を求めることができた．さらに，別の「フェデラル・グループ」が数多く存在していたので，アセットの枠を越えて，共通の利害と課題をもつ人々が結びつけられることとなった．

　また，ピア・グループは，ピア・チャレンジと呼ばれていた別の役割を，早い段階から与えられていた．すなわち，そのメンバーは，彼らが ExCo とのあいだの個人的な交渉で設定した目標にたいして，互いに力をあわせてチャレンジすることが期待された．このプロセスによって，目標設定を行う際に，アセット・マネジャーの専門的な集団知識を利用できるようになった．後に，それぞれのピア・グループは，メンバー・アセットの業績目標の達成においてだけでなく，メンバー・アセット間の資本配分においても，集団責任をとるようになった．

　同時に，アウトソーシングにたいする依存度が高められた．この傾向は，HRMや会計などの職能に関連した重要な領域でも確認された．また，新しい潜在埋蔵地の地震データ算出に代表されるように，これまで重要だとみなされてきたアクティビティについても確認された．（だが，地震データ解析だけは，社内にとどめられた）．際立っていたのは，業績契約のロジックを外部サプライヤーに適用することもあり，彼らの報酬が，業績に応じて支払われていたという点である．とくに，このアプローチは，北海のアンドリュー油田において成功をおさめた．従来，この油田は，生産に着手するには，莫大な費用がかかりすぎて不可能だとみなされていた．BP は，費用の節約分を請負業者と分け合うことによって，当初推定していたよりもわずかな費用で，そして当初見積もっていたよりもかなり短い時間で，埋蔵地を開発することができた．

　BP は，このような組織モデルによって，顕著な成功をおさめることができた．新しい埋蔵地の発見と開発が行われたが，その多くは，技術的な問題のために経済的に存立しえないと判断されていた地域で行われたものであった．埋蔵地の開発費用は，実質的に低下していった．また，徹底的なコスト

削減努力が続けられた．そして，アセットの生産寿命は，従来可能だった水準を超えて延びていった．

　ブラウンが，1995年にブリティッシュ・ペトロリアムのCEOに就任した後，このモデルは，会社全体に適用された．BPX以外のストリームでは，BPXよりもアセットの定義が明確になっていなかったうえに，適切な業績指標を設定するという課題も存在していた．独立したビジネス・ユニット，ピア・グループと同僚間の支援^(ピア・アシスト)，それぞれのストリームにおける小規模な経営委員会，業績契約，そしてピア・チャレンジといった一連の要素からなるシステムが構築された．業績管理は，ブラウンCEOと取締役会とのあいだの業績契約からはじまって，企業の階層を下りていくと，それぞれのストリームを主導するマネージング・ディレクターの契約，ビジネス・ユニット・リーダーの契約，そして個々の従業員の契約へと分岐していった．さらに，ストリームの境界を越えた問題だけでなく，国や地域ごとに最適に処理できるような問題をも包摂した企業政策を，確実に実現できるように，地域担当社長というポジションが，複数用意されることとなった．彼らが扱う問題というのは，安全性や環境，あるいは法や規制に関連していた．

　アーキテクチャやルーティンにかかわる一連の変化は，文化の根本的な変化をもたらした．BPの人々は，内発的に業績向上に向けて尽力するようになった．相互信頼，直面した問題の早い共有（「ノー・サプライズ！」†）と必要なときの支援，支援要請にたいする積極的な対応，そして業績契約の遵守といった要素のなかから，強い規範が創発したのである．この規範は，強い影響力をもつものであった．高い水準の協力を生み出す一方で，イニシアチブの発揚を促すのに寄与した．

　このモデルには，調整が適宜加えられてきた．だが，その基本ロジックは，1990年代をつうじて維持された．BPのモデルは，アモコとアルコという企業を吸収した際に，際立った価値をもつことが明らかになった．新たに買収された資産は，ピア・グループの助力をえながら，BPシステムへとすぐに

---

† 訳注：つねに，正直であることをこころがけて，他者を驚かせるようなことはしない．このような含みをもつスタンスである．

統合された．

　BP の成功を先例として，多くの企業が，その組織デザインを模倣しようとしてきた．これは明白な事実である．また，BP と類似した組織デザインを，独自に採用した企業もある．もちろん，すべての企業にとって，採用すべき唯一無二のベストな組織（ワン・ベスト・ウェイ）が存在するというわけではない．ベストな組織デザインというものは，追求する戦略，市場や非市場にかかわる文脈，そして組織の経営上の遺産によって左右される．にもかかわらず，BP の分解型モデルの基本ロジックに則した組織デザインを採用することによって，実質的な業績向上を実現できるだろう．この組織デザインの要素としては，以下のものが挙げられる．——特定のアクティビティに集中する傾向．責任範囲とアカウンタビリティを明確にしたビジネス・ユニットの創造．ビジネス・ユニットの業績にたいする強いインセンティブの提供．ヒエラルキー全体を上下に結ぶコミュニケーションを必要とする代わりに，ビジネス・ユニットを水平的に連結すること．ヒエラルキーのフラット化とスパン・オブ・コントロールの拡張．アウトソーシング．情報の改善．評価システムやコミュニケーション・システム．そして，業績の達成を志向する企業文化の創造．

　組織デザインにかんするこれら一連の要素のあいだには，補完性が存在する．そのために，すべての要素間の相互作用を認識することによってはじめて，それぞれの要素がもつ意味やインパクトを理解できる．だが，まずは，それぞれの要素を個別に考察せねばならない．

垂直範囲

　業績向上を志向した組織デザインの重要な要素の1つとして，企業が最大価値の創造に寄与するアクティビティに集中することが挙げられる．多くの企業は，垂直分解（vertical disintegration）を行うようになった．以前は，自社で供給してきた財やサービスを，別の主体に委ねるようになったのである．

　アウトソーシングや垂直分解のプロセスについては，ナイキ（Nike）や

ベネトン（Benetton）に代表される一連の企業において顕著である。（ナイキについては，Brady and de Verdier 1998；Whang and de Verdier 1998，そしてベネトンについては，Stevenson, Martinez, and Jarillo 1989）。これらの企業は，「垂直アーキテクト」ないし「バリュー・チェーン・オーガナイザー」といった役割をはたしてきた。主導企業——スポーツ・シューズだけでなく，近年ではアパレルやスポーツ用具も扱っているナイキ，そしてファッションウェアを扱うベネトン——は，その役割をはたすために，バリュー・チェーンの組織化と管理を行わねばならない。実際には，ほとんど資産を所有することなく，価値創造に必要とされる限定的なアクティビティしか行っていない。たとえば，ナイキは，生産関連のすべてのアクティビティをアウトソーシングの対象とし，それ以外のプロダクト・デザイン，マーケティング，そして（独立系の）小売業者への流通といったアクティビティを担うにすぎない。また，ベネトンについては，基本的なデザイン・ワークについてだけでなく，製品製造にかかわるほとんどのアクティビティについても，アウトソーシングを活用している。そして，リテール・アウトレットに依存している。そうした小売業者については，自社の従業員ではないエージェントを介して対応している。リテール・アウトレットは，ベネトンとは独立に所有されているが，ベネトン製品しか取り扱っていない。さらに，売上の傾向を捕捉できるように，ベネトンの情報システムに連結されている。ベネトンは，デザイナーが描いたデザインからパターンを作成し，衣類の染色や流通ロジスティクスを担うとともに，ブランドのための広告やマーケティングの機能をはたしている。これら2社のケースをみると，主導企業は，バリュー・チェーンに参加している他の主体との複雑な関係を管理するとともに，そうした主体が関与するアクティビティをコーディネートしている。

このモデルは，エレクトロニクス産業において広範に採用されてきた。たとえば，PC 産業において，多くの主導企業は，ほぼすべての製造業務をアウトソーシングの対象として，ソレクトロン（Solectron）やフレクストロニクス（Flextronics）といった EMS（electronic manufacturing services）企業に委ねている。これらの EMS 企業は，1年あたり数百億ドルの事業を請け負っている。にもかかわらず，自社製品を一切有していない。さらに，

コンピュータ企業も,ロジスティクス,オーダーの実行,販売後のアフター・サービス,そしてローエンド製品のデザインや製造について,アウトソーシングを活用しはじめている.

　なぜ企業は,財やサービスの内製よりも購買を選好するのだろうか[2].もちろん,この点については,きわめて多くの理由を指摘することができる.基本的に言って,企業が供給活動を実行するうえで,何らかの特別なコンピタンスをもっていなければ,他の主体にとって,その仕事をより適切かつ低費用で行える可能性は高まるだろう.その理由としては,以下の3つが考えられる.第1に,請負サイドにあたる他の主体の場合,そうしたタスクに特化しており,学習をつうじて多くの熟練を蓄積していくからである.第2に,彼らは,複数の顧客への供給を行う際に規模の経済を享受できるが,委託企業は,そうした便益を実現することができないからである.そして,第3に,委託企業は,事業の集中によって,統合というオプションを選択した場合よりも,組織の複雑性を軽減でき,ひいては経営費用を削減できるようになるからである.アクティビティを集中することによって,業績の評価や測定といった問題が緩和され,従業員にたいして強いインセンティブを提供できるようになろう.また,競争に依存した価格設定は,内部移転価格を決定するのに比べれば,かなり望ましいものだと言えよう.さらに,外部供給が有利になる理由が存在する.すなわち,競争を促進させるには,供給部門が買手企業の内部に存在している場合よりも,外部サプライヤー間の場合の方が相対的に容易だからである.とくに,要求を満たせない外部サプライヤーを置き換えるのは,低業績の内部供給部門を排除するのと比べれば,かなり容易なことだと言えよう.

　他方,垂直統合を正当化する理由についても,これまで数多く提示されてきた.そのなかには,頑健な分析に耐えうるものもあれば,そうでないものもある.たとえば,取引費用経済学や財産権アプローチといった経済学の潮流によれば,ホールドアップの危険から関係特殊資産を保護することが重要

---

2) 関連問題にかんする一般的な議論については,Milgrom and Roberts (1992, pp. 552-561) を参照.さらに,McMillan (1995) や Holmström and Roberts (1998) も参照.

であった．財やサービスの供給に関連した資産を所有したり，あるいは財やサービスを内部供給することによって，より適切に関係特殊資産を保護することができる．そして，より強い投資インセンティブを生み出すことにつながる．統合を行う別の理由としては，知的財産保護に関連したものがある．より一般的には，効率的な情報市場の働きが，困難だということに関連したものである．内部供給に依存することによって，極秘の知識をサプライヤーによる不正流用の危険性からうまく保護することができる．企業境界を越える場合よりも，企業内部の場合の方が利害をうまく調整できるので，内部供給によって，供給部門と購買部門とのあいだで有効な情報の移転を促すことができる．

　複数のアクティビティにたいして，適切なバランスのインセンティブを提供することによっても，企業境界は変化する．この点については，すでに第3章で論じたように，外部の流通業者か，それとも社内の販売部の従業員か，といった選択にかんする事例によって説明できる．販売に携わる人々が，顧客と製品開発とをつなぐ情報パイプの役割を担うのが重要になることもある．この場合，販売のアクティビティを，企業内にとどめておくのが望ましい．外部の流通業者にたいして，販売のアクティビティを担うように動機づけるとともに，他社ではなく，自社の事業に集中させるほどの強い販売インセンティブを提供するのは困難である．とくに，情報の収集と移転のアクティビティが外部で行われるとすれば，その評価や報酬支払の面で問題が生じるだろう．むしろ，企業は，自社で販売部の従業員を雇用すべきである．そして，（自社製品の販売と情報パイプという2つのアクティビティを促すために）バランスのとれた弱いインセンティブを，販売の人々に提供すればよい．（というのも，不適切に測定されたアクティビティにたいして，強いインセンティブを提供するのは，あまりにも不確実なことであって，大きな費用をともなうからである）．さらに，彼らにたいして，他社製品の販売を禁止する旨を通達すればよい．これに関連したケースとして，小売販売の前方統合を行うことによって，製品の使用方法にかんする顧客の教育機会の提供が促されるというものがある．独立系の販売業者は，排他的なテリトリーをもたない限り，費用のかかるそうした教育サービスを提供することにたいして，

消極的な姿勢を示すだろう．そして，以下のような危惧を抱くのである．すなわち，顧客が製品情報を求めて集まってくるとしても，実際に彼らが製品を購買するのは，自分達のところではなく，低価格の競争相手のところなのだ，という危惧にほかならない．しかも，その競争相手というのは，顧客が最初に訪ねた売手が提供する教育に，ただ乗り（フリー・ライド）しているにすぎない．

しかし，内部調達を選好する別の理由として，品質にかんする機会主義的な怠りのインセンティブを希薄化するため，というものが挙げられる．（しかし，多くのマネジャーは，内部供給部門の品質には，外部サプライヤーよりも相対的に重大な問題があると考えているようである）．最後に，2つのアクティビティについて，それぞれの担当になっているマネジャーが，1人の上司にたいする報告を行うとともに，従業員が，みな1社の企業に属している状況を考えよう．この状況において，同一企業に属しているという事実そのものによって，コーディネーションが促進されるのであれば，統合が選好されることになろう．

アウトソーシングを行う際，生産費用の低下と（ホールドアップや情報の漏洩（リーク）などに起因した）取引費用の増加というトレードオフが生ずる限り，グローバル化，ICT の発展，そしてフレキシビリティの高い生産システムは，アウトソーシングを進展させる要因となりうる．インターネットによって，新規サプライヤーの発見が促されるようになった．そして，コミュニケーションの改善によって，彼らとの取引が容易に行えるようになった．さらに，輸送費用の低下や貿易障壁の緩和によって，遠く離れたサプライヤーとの仕事が可能になった．したがって，アウトソーシングに関連した費用が低下することによって，より一層アウトソーシングを進めていくことが有利になった．CNC というコンピュータ内蔵の NC 工作機械に代表されるように，フレキシビリティの高い生産システムも，ホールドアップの脅威を弱めることによって，アウトソーシングの進展にとって有利な要素となっている．サプライヤーが用いる装置のフレキシビリティが高ければ，買手がホールドアップを企てるようなことがあっても，その装置を別の用途に転用できる．また，複数の競合的なサプライヤーがフレキシビリティをもつということは，現行のサプライヤーが剰余の分け前を不当に獲得しようとするのであれば，買手

が，別の取引相手を見つけられることを意味する．かくして，標準的な内製と購買の選択理論によれば，現在の文脈においては，アウトソーシングが進展すると予測できる．

しかし，この理論は，個々の主体間で行われる1回限りの取引にフォーカスをあててきた．主体は，再取引を期待しながら行動することもなければ，取引上の行動が評判に及ぼす影響を考慮することもない．彼らは，現在の取引からえられる即時的な利得を最大化すると仮定されている[3]．このような文脈において，統合を正当化するのは相対的に容易である．というのも，外部の主体と取引を行う際，非常に激しいやり取りをともなうおそれがあるからである．

しかし近年，企業が試みてきたアウトソーシングのケースに共通した特性を厳密に述べるとすれば，サプライヤーと買手の相互作用は，継続的な関係，パートナーシップ，あるいは提携(アライアンス)として構造化されている．このような関係がもつ長期的性質のために，提供されるインセンティブは，根本的に変化してしまう．そうしたインセンティブは，投資の実行，知的財産の重視，あるいはモニタリングが困難な品質の維持などにかかわっている．それは，1回限りで終結してしまう距離をおいた単純な外部取引(アームズ・レングス)が行われている状況と比較して，アウトソーシングをますます有利なものにする．反復的取引は，協力を生み出す可能性を高める．そして，供給関係は，企業内の長期関係から企業境界を越えた長期関係へと変化することによって，外部供給に固有の優位性を享受できるようになる．さらに，イニシアチブを発揮する機会も増えていく．

協力とイニシアチブのトレードオフという観点からすると，長期関係をベースにした組織は，これらの実現可能な組合せを示すフロンティアを，シフトさせることによって，1回限りの市場取引よりも高い水準の協力を実現するだけでなく，内部供給よりも高い水準のイニシアチブをも可能にする．これまで実現できなかった R のような点が，実現できるようになる（図9）．

---

[3] 近年の研究成果である Baker, Gibbons, and Murphy (2001), Doornik (2001), そして Levin (2003) は，例外とみなされるだろう．

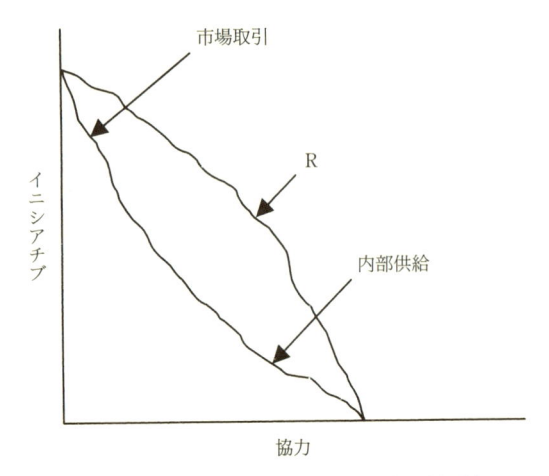

図9 長期関係は，実現可能な行動集合を拡張する

（縦軸：イニシアチブ，横軸：協力，ラベル：市場取引，R，内部供給）

　日本の主導的な自動車メーカー——とくにトヨタ——は，そうした長期的な供給関係のモデルを最初に発展させた例とみなされるだろう[4]．部分的であるにせよ，日本企業は，中小企業との取引を優遇する政府の政策に応じて，広範にアウトソーシングを活用するという選択をしてきた．代表的な日本企業が採用してきた終身雇用政策は，フレキシビリティの維持のために，外部サプライヤーを利用することを有利にしてきた．このモデルは，高い有効性をもつことが理解されるようになった．日本の自動車メーカーが，1970年代と1980年代に，アメリカの競争相手にたいして享受してきた費用や品質の優位性については，主として，長期的な供給関係のモデルを活用してきた事実によって説明された（Womack, Jones, and Roos 1990）．以来，他の自動車メーカーも，そうしたモデルを採用し，やがてそれは，他の産業に広く普及するまでになった．

　継続的な関係において，各企業にとっての関心事は，（総価値の減少とい

---

[4] 最終メーカーが自動車の総費用の30%程度しか負担せず，残りの分については，外部サプライヤーが負担する．これが日本の自動車産業の規範になってきた．これとは対照的に，1980年代のGMは，70%が内部調達であって，外部購買よりもかなり小さな比率となっていた．この点にかんする詳細やその文献については，Milgrom and Roberts（1993）や McMillan（1995）を参照．

う潜在的な費用を犠牲にして）価値専有から価値創造へのシフトを実行することである．その際，超過価値については，適切な仕方で分割するという前提が重視されるだろう．さらに，適切な行動によって，将来的にも協力が持続され，その結果として生じる利得が分割されるのにたいして，不適切な行動の場合には，関係の終結を含めて将来的な制裁が課されるだろう，といった期待が生成している．長期関係の基本ロジックは，この期待によって，現在の協力行動にたいするインセンティブが提供されるという点に求められる．そして，そうした協力行動は，価値の増大に寄与する．実際に，企業は，「関係的契約」――協力するだけでなく，その結果として生じた利得を分けあうといった共有理解――を結んでいることになる．生起しうるあらゆる状況において，どのような行動が必要とされるのか．この点の詳細については，フォーマルな契約のなかに合理的な仕方で記すことはできないし，また法廷で立証することもできない．そのために，関係的契約は，自己拘束的でなければならない．実効化メカニズムは，現在の行動が適切かあるいは不適切かに応じて，企業が将来的に選択する行動反応を表している[5]．このロジックをうまく機能させるには，多くの条件を満たす必要がある．そうした条件は，基本的なインセンティブ問題とその解の性質から導かれよう．

契約を結ぶ企業のどちらかは，他方に損失を与えてしまうが，標準的な法廷実効化型の契約では有効に抑制できない行動をつうじて，現在利得を増やせる機会を随時発見できるかもしれない．これが，基本的なインセンティブ問題にほかならない．たとえば，サプライヤーは，原価管理や観察困難な品質を効果的に維持するのに必要な高い努力水準を，つねに達成するとは限らない．同様に，買手企業が売手企業を補償するという理解が，取引を行っている企業のあいだで成り立っていたとしよう．しかし，買手企業は，そのニーズを満たすためにサプライヤーが負担している費用を，部分的に負担することにたいして，断固として拒否の姿勢を示すかもしれない．さもなければ，売手企業にたいして，より迅速な配送を非合理的な仕方で要求するとともに，

---

[5] その基本ロジックは，第4章で論じたように，エージェンシー理論の文脈における評判の議論で展開したものときわめてよく似たものである．

それに黙従しなければ支払を行わない，という脅しを仕掛けるかもしれない．このような誘惑に直面した場合でも，協力を維持しようというのであれば，今日の誘惑に屈することにたいして，以下のような判断が，将来的に維持される必要がある．すなわち，今日の利得が，明日の損失を相殺する以上に大きいのは望ましくないという判断である．

　実際，それぞれの企業は，誘惑に抵抗することによって協力を持続できるが，誘惑に屈すれば制裁が課される——誘惑に負けた企業にたいして，協力が持続する場合よりも厳しい反応が，他方の企業によって提示される——という予想を，つねに抱かなければならない．さらに，2つの将来利得の流列の現在価値のあいだの差は，誘惑に屈した場合の即時的な利得よりも大きくなければならない．このことが成り立つ場合，裏切りの総利得は，負の値をとることになり，不適切な行動が抑制されるであろう．

　したがって，第1に，パートナーシップを成功させるための必要条件は，買手企業の内部供給や短期的な市場取引によって実現できるよりも，大きな価値が協力によって創造されねばならないということである．つまり，買手企業のニーズを効率的に満たそうとする外部サプライヤーが，数多く存在している場合には，関係ベース型モデルを採用すべき理由がない．このケースは，標準化した製品の調達を行う際に確認できる．さらに，購買アイテムが標準化していないが，その生産のために，知識や物的資本にたいする巨額の関係特殊投資が必要でない場合にも該当する．

　長期的なアウトソーシングという配置の下では，その利得は企業間で分割される．そのために，関係を結ばない場合と比べて，関係を結ぶ場合にそれぞれの企業を確実にベターオフできる．

　さらに，制裁の脅しが有効に働くには，被害をうけた企業は，報復を行えるだけでなく，被害を与えた企業にとって迷惑な物事も行えるようにする必要がある．関係の終結によって，裏切りを企てた企業から，本来獲得できるはずの将来利得を剥奪することは，最も有効な罰として実行できる．別のオプションとしては，短期志向の非協力的な市場取引形態へと逆戻りすることが考えられる．さらに，これらのオプションは，制裁を課す側の企業にとって，十分に有利なものでなければならない．このような企業は，被害を与え

た企業と取引を継続するよりも,そうしたオプションを発動することを選好するだろう.罰を与える側の企業に大きな損失をもたらす制裁が,実行されるとは到底考えられない.そのために,そうした制裁によって,不適切な行動を抑制することはできない.

重要なのは,代替的な配置の下で協力から生ずる利得が大きくなればなるほど,そして制裁が厳しいものになればなるほど,協力を導くことはますます容易になるという点である.したがって,双方の企業ともに,関係にたいしてコミットするだけでなく,環境変化のために関係を終結したいと考えるおそれもない場合,それらは,外部オプションの価値を低下させながら,互いの依存関係を強めていくことによって,実際に利得を獲得できるだろう.だが,関係が終結した場合を考えてみよう.このとき,たとえば,売手企業は,自社のマーケティング・グループを解散してしまえば,さらに悪い状況に陥るだろう.また,買手企業は,当該アイテムの製造に関連したケイパビリティを侵食してしまうだろう.もちろん,このことは両刃の剣である.——関係が続いている限りにおいて,望ましい効果をもたらすのだが,関係が解消されてしまうと,きわめて有害な影響をもたらす.

そして,参加企業が,将来的な取引を重視することが大切である.このことが促進されるのは,取引が高い頻度で行われる場合とともに,企業が,将来利得を過度に割引かない場合である.さらに,関係が無限に続いていくという期待の存在が重要なのである.さもなければ,関係が終結する時期が近づいてくるにつれて,誘惑に屈しないための報酬と制裁を与えるのに十分な期間をもつ将来がなくなってしまう.そして,協力が崩壊してしまうのである.

最後に,ある企業が,実際に侵害を試みるかどうかが明らかになれば,このこと自体,望ましいことだとみなされる.かくして,制裁は,それが正当なものであれば,発動されることになる.もしそうでなければ,裏切りは罰せられないので,それを有効に抑制するのは難しい.あるいは,制裁が価値をもたない場合に,裏切りを試み,協力や相互利益の実現が制約されてしまう.これらいずれかの事態が考えられよう(Abreu, Pearce, and Stacchetti 1990).

主導企業が配置する長期的な供給関係の諸特性は,このような必要条件を

反映したものなのである．

　第1に，獲得するすべての製品について，長期関係の配置が利用されているわけではない．距離をおいた単純な取引が利用されるのは，以下の3つの場合である．すなわち，製品やサービスが標準化している場合，数多くのサプライヤーが存在している場合，そして配送や品質に問題がない場合である．その理由は，パートナーシップには，通常の市場配置によって実現可能な水準よりも，大きい価値を創造できるという確固たる保証がないからである．さらに，アクティビティのなかには，パートナーへのアウトソーシングを利用するのではなく，システム的に企業内にとどめられるものもある．自動車事業について言えば，そうしたアクティビティの範疇には，少なくとも製品開発やアセンブリーが含まれるだろう．だが，近年では，アセンブリーをパートナーに委ねるという実験が行われてきたのも事実である．また，ほぼすべての企業では，人的資源部門のキャリア・マネジメントとともに，金融資源自体のマネジメントが行われている．おそらく，これらのアクティビティの実行に必要な知識，およびそれを行う過程で獲得される知識は，企業にとってきわめて重要なものなのだろう．そのために，それらを他社に委託する価値はない．

　第2に，パートナーの選定や彼らとの基本的理解の発展に向けて，多大な注意が向けられている．たとえば，トヨタが，アメリカにおいてはじめて全面出資の形で，自動車のアセンブリーに着手した事例を考えてみよう．その際，トヨタの購買部門のスタッフは，サプライヤーの選定にあたって，候補企業との会合のために数ヵ月もの月日を費やした．そして，それよりも多くの時間をかけて，実際に選定されたサプライヤーとのあいだで，以下のことを行った (Milgrom and Roberts 1993)．――設備を視察する．トヨタの工場への訪問を促す．トヨタ生産方式を教え込む．そして，共有期待を生成する．このことは，すでに NUMMI (New United Motor Manufacturing Inc.) のサプライヤーになっていた企業にもあてはまった．周知のごとく，NUMMI というのは，トヨタが，カリフォルニア州で経営する GM とのジョイント・ベンチャーのことである．このように，集中的かつ広範な相互作用は，詳細な明示的契約の発展と交渉を目的として行われたものではなかっ

た。サプライヤーとのあいだで交わした契約は，完全とは言い難い，きわめて簡潔なものであった。問題が生じた場合に，その解決に向けて共同で取り組むというコミットメントをパートナーに求めるにすぎなかった。むしろ，トヨタにとっては，最大価値の創造に貢献したサプライヤーを同定するとともに，どの主体が協力的なパートナーとなりうるかをみきわめるための，最初のスクリーニング・プロセスにほかならなかった。かくして，いかに関係を構築し，共通理解を発展させられるかが重要な問題になっていた。

いったん，関係が構築されたとしても，自動車会社とサプライヤーとの協力によってえられる利得は分割された。その際，両企業は，セカンド・ベストの状況で獲得できるよりも大きい利得を実現できた。価格交渉も行われた。トヨタは，サプライヤーによる効率性の向上に助力を与え，コンサルティングのためにサプライヤーの工場に人材派遣を行うこともある。そして，コスト削減に成功したからといって，それが直ちに価格の引下げに反映されるわけではない。かくして，両企業は，コスト削減によって便益を享受できる。

さらに，取引に参加している企業は，不適切な行動によって発動される制裁に細心の注意を払っている。究極的な制裁というのは，関係を断ち切ることである。このことは，もし特定のサプライヤー以外に頼れる適切な候補が存在していれば，買手にとって——よりクレディブルな脅し（信憑性のある脅し）をともなう制裁を——容易に実行できるのは明らかである。実際，トヨタは，「ツー・サプライヤー・ポリシー」を採用している。すなわち，ある特定のモデル仕様の任意の部品ないしコンポーネントの製造にたいして，モデル寿命（おおよそ4年）にあわせて1社のサプライヤーが割り当てられている。だが，別のモデル仕様のよく似た投入物を供給している企業が，また別に存在している。たとえば，ある企業が，カムリのヘッドライト・システムを供給しているのにたいして，別の企業が，カローラのヘッドライト・システムを供給するといった具合である。トヨタ自体，必要に応じてそうしたセカンド・ソースの役割を担うこともある。トヨタは，たとえば自動車用電気機器のコンポーネントやシステムの供給については，これまで長いあいだ，デンソーに大きく依存してきた。エレクトロニクスは，自動車にとってますます重要になってきた。デンソーは，この分野において，主要なケイパビリ

ティの開発につとめてきたのである．だが，トヨタにとって，特定のサプライヤーに依存するのは，次第に居心地が悪くなってきた．その結果，トヨタは，エレクトロニクス分野において重要な内部ケイパビリティの開発に着手するに至った．したがって，概念論上，デンソーとの取引を中止することが可能になった．それによって，厳格で実効性も高い制裁の脅しを活用できるようになった (Helper, MacDuffie, and Sabel 1998)．

　実際，ツー・サプライヤー・ポリシーの下では，取引中止の脅しを単に発動する場合と比べると，より精確にインセンティブを提供することができた．トヨタは，コスト削減，品質改善，アイデアの発見，そして協力行動といったサプライヤーのパフォーマンスを，注意深く捕捉し続けた．これらにかんするフィードバック情報を利用しているかどうかという点で，サプライヤーの評価が行われた．そして，モデル・チェンジが行われる際に，高い評価をうけたサプライヤーが，より多くの事業機会を獲得することとなった．このことによって，サプライヤー間の競争が促された．そうした競争圧力は，アウトソーシングが（独占的な）内部供給にたいして優位になっている理由なのである．また，距離をおいた短期取引の場合と比較すると，継続的な関係が構築されている場合に相互便益的な価値創造行動にたいしてより強いインセンティブが提供されるので，このアプローチが有利になっている．
　　　　　　　　　アームズ・レンス

　ツー・サプライヤー・ポリシーにかかわる費用も存在している．1社ではなく2社のサプライヤーとの関係を調整していかねばならないので，多くの時間がかかってしまう．また，潜在的な規模の経済を犠牲にしなければならない．複数のパートナーのなかの1社とトヨタとのあいだで創造される価値は，単一のサプライヤーとの供給関係の下で創造される価値と比較すると，相対的に小さくなってしまう．この事実は，とても捉えにくい．将来的な協力や価値共有の約束によって，現在においては，適切な行動が生み出される．だが，その程度は，前述した事実のために制約されてしまうかもしれない．かくして，トレードオフが生じることとなる．すなわち，1社のサプライヤーとしか取引しないのであれば，協力が維持される場合に，より大きな価値を創造できる．しかし，複数のサプライヤーと取引を行うのであれば，制裁の範囲や信憑性が増大することによって，より高い水準の協力が実現する可能

性は大きくなる．

　フォーマルな契約ではなく，むしろ暗黙的な脅しや約束をベースにしたシステムの運営にともなう問題は，企業が，実際に取引条件を尊重してきたかどうかを，いかに知ることができるかというものである．この点で，予測不能な事態が生じてしまうと，さらに厄介なことになる．というのも，何が適切な行動なのかが，あいまいになってしまうからである．企業は，利己的な行動を選択するかもしれない．しかも，その企業にとって，きわめて適切だとしても，他企業にとっては，非協力的で迷惑な行動になってしまうかもしれない．だが，企業が互いに相談することができず，成果をめぐる交渉をうまく進められない場合に，そうしたあいまいさは，現実的な問題となるだろう．交渉が困難なのは当然のことだとしても，情報の非対称性と関連して，隠れた行動（hidden action）や隠れた情報（hidden information）などのより深刻な問題が生じてしまう．

　企業のあいだで，行動の直接的な観察が不可能になっている状況では，不適切な行動を発見することすらできない．さらに，実際には生じていないにもかかわらず，不適切な行動が生じたことを，推論によって捏造することもできる．たとえば，サプライヤーが，品質を完全にコントロールできないと仮定しよう．このとき，サプライヤーは，以下のような期待を抱いて，品質管理の努力を差し控えようという誘惑にかられるかもしれない．すなわち，怠りが発見されることはない．あるいは，万一発見されたとしても，偶発的に劣悪な品質が生じたとして，やり過ごせるのだ，と．さらに，サプライヤーが，望ましい品質の実現に向けて細心の注意を払ったとしても，偶発的な事態が生じてしまい，購買サイドのパートナーが，それをサプライヤーによる裏切りとみなしかねない．隠れた情報の問題を勘案すれば，さまざまな行動経路の選択によって各主体に生じる費用と便益が，他者にとって明らかになっていない場合，実際に行うべき最適な物事が，何かについても明らかではないだろう．このことによっても，協力の実現は困難になってしまう．たとえば，サプライヤーの費用が，時間の経過とともに変化してしまうプロセスを，買手が確認できないときには，価格調整にたいする要求は，きわめて厳しい交渉をもたらしかねない．というのも，要求そのものが正当かどうか

について，不明確だからである．

　トヨタによるサプライヤーとの取引を特徴づけている広範な情報共有は，情報の非対称性とそれにともなう数々の問題を解決するのに寄与している．適切な関係が構築された後ですらも，トヨタの購買部門のエンジニアは，サプライヤーの工場を頻繁に訪れている．そして，サプライヤーも，トヨタの設備をしばしば視察目的で訪問することがある．トヨタは，サプライヤーの生産工程にかんする広範な知識を有しているので，そのケイパビリティや費用について詳しく知っている．また，サプライヤーと生産計画を共有するとともに，そのアップデートを継続的に実行している．

　トヨタが構築した供給関係のシステムに弱点があるとすれば，それは，トヨタが他のサプライヤーと比べてあまりにも強いポジションにおかれている点に求められる．サプライヤーは，トヨタにたいする依存度がきわめて高い．とくに，日本では，トヨタ系サプライヤーが，他の代表的な自動車メーカーに供給を行う機会はほとんどない．トヨタは，もしその気になれば，サプライヤーを搾取し，不当な要求をおしつけることができる．さらに，サプライヤーが関係特殊投資を行った際に期待していた収益を，専有することも可能なはずである．このような不当な扱いをうけたサプライヤーには，トヨタ以外に依存できるメーカーがなかった．そのために，トヨタには，そうした不適切な行動を選択する誘惑が，つねに存在していたであろう．このとき，不当な扱いという脅し——サプライヤーの実質的な経験の蓄積を尊重しない——は，サプライヤーを非協力行動に駆り立てるばかりでなく，自己防御のために無駄な資源を振り向けさせるであろう．いずれにせよ，価値を破壊することに変わりはない．だが，実際には，そうした事態が生じることはなかった．

　サプライヤーは，トヨタの仕事を受注したいと考えている．——11年という期間を対象としてみてみると，日本のトヨタ系サプライヤーの協力会である協豊会のメンバー176社のうち，3社しか退会していなかった (Asanuma 1989)．これにたいして，他企業（たとえば，現在ではデルファイ〔Delphi〕としてスピンオフしているが，GMの当時の部品事業部門）は，トヨタのサプライヤーになることに大きな関心を示してきた．さらに，日本

のトヨタ系サプライヤーは，トヨタ向けの大規模な関係特殊投資を定期的に実行している．だが，ホールドアップの脅しによって，関係特殊投資が抑制されるといった事態が生じていないのは明白である．そして，典型的に，サプライヤーは，トヨタの仕様にあわせた製品をつくり出すためのデザイン・ワークを行うとともに，トヨタの特殊なニーズにあわせた自動車生産用の鋳型を所有している．（対照的に，アメリカの自動車産業の規範として，サプライヤーとの短期的な契約関係が，最近まで一般的になっていた．そこでは，自動車会社が，専門的なデザイン・ワークを担当していた．そして，外部サプライヤーが必要とする自動車生産のための特殊な鋳型については，自動車会社が所有していた．このような慣行は，サプライヤーにたいするホールドアップの脅しを和らげるのに寄与した）．同様に，業界の主張によって裏づけられているように，トヨタや他の日本メーカーは，実際にサプライヤーとのあいだで，収益の分割を行っている．この事実は，計量経済学的にも証明されている（Kawasaki and McMillan 1987 ; Asanuma and Kikutani 1992）．最後に，トヨタの購買部門のエンジニアが，サプライヤーの工場で歓迎される一方で，サプライヤー・サイドの社員が，しばしばトヨタの設備を訪れているという事実は，信頼が構築されている証である．

　おそらく，トヨタは，機会主義的に行動しないという評判に十分な注意を払っているのだろう．このことは，さまざまなサプライヤーが，相互に連絡をとりあっているという1つの事実によって示されている．――実際に，トヨタ自体，ケンタッキー州のジョージタウン工場への供給を担っている複数の主要サプライヤーにたいして，フォーマルな協力会の設立を促した．いみじくも，このことが意味しているのは，1社のサプライヤーが何らかの不当な扱いをうけたならば，その事実がすべてのサプライヤーに知れ渡ってしまうということなのである．トヨタがあるサプライヤーを不公正な仕方で搾取したために，すべてのサプライヤーが十分な水準の協力を差し控えてしまう場合には，このことによって，搾取をうけた1社が制裁を発動する場合よりも，トヨタの機会主義のインセンティブをより一層抑制できるであろう．さらに，トヨタが，低利子率で負債の借入を行えるということは，将来利得が大きく割引かれることはないとみなされている証左である．そのために，パ

ートナーとの取引にかんして，トヨタの評価が高まっていく可能性は大きい．もちろん，このことは，トヨタによる経営の長期志向性と適合している．この点でも，トヨタは，名の知れた存在なのである．

　将来利得が大きく割引かれないということは，利子率が低い場合，より一般的には，資本コストが低い場合に，協力関係の維持が相対的に容易になるということを意味する．この点は重要である．したがって，2社の弱小企業がもつケイパビリティや資源が補完的だとしても，これらの企業が，強力で生産的な提携(アライアンス)を生成できるかどうかは疑わしい．このとき，現在の裏切りの誘惑を相殺するとともに，高い協力水準を実現するのに，十分な大きさの将来利得を期待することはできない．そして，以前は有力だった企業が，苦境に陥った場合，そのパートナーは，細心の注意を払わねばならない．というのも，通常の状況であれば信頼に足る存在だとしても，財務危機に直面したパートナーは，きわめて短期志向の行動を選好しがちだからである．現時点での存続すらもあやぶまれる状況で，経営の長期志向性を考慮する余裕などないだろう．このような困難な状況を例証するために，自動車産業における2つの事例を挙げてみたい．

　これまで記述してきたように，1980代末と1990年代初頭のGMは，選定されたサプライヤー・グループとの長期関係の構築に向けて，さまざまな変革努力を重ねてきた．サプライヤーと約束を交わすとともに，通常は極秘事項として扱われてきたコスト情報を共有するだけでなく，価値創造に向けた協力的な仕事を追求してきた．だが，GMは，財務危機に陥ってしまった．——結局，1992年に230億ドルの損失を計上した．それに応じて，危機を乗り切るために採用した手段の一部を記してみよう．すなわち，サプライヤーからえたコスト情報を用いて，それらに価格の大幅な引下げを強要するという手段がそれである．信頼を裏切ったことによって，その後，数年にわたって，サプライヤーとの関係は冷え切ってしまった．しかし，この試みは，危機の文脈においては，きわめて合理的なものだった．GMの経営陣のなかには，破綻から企業を救済するための資金を，サプライヤーから搾り取って充当する者もいた．

　このような状況では，GMの救済に手を貸すことは，多くのサプライヤ

ーの利害にかなっていたはずである．実際に，サプライヤーは，交渉条件を自発的に調整することによって，困難に陥ったパートナーである GM にたいして，一時的に収益の分け前が多く渡るようにした．そうした助力は，GM が危機を切り抜けるのに貢献しただけでなく，GM 自体によるインセンティブの改善をつうじて，協力の維持にも寄与したであろう．もちろん，問題もあった．すなわち，いかにして，これらの要素をすべてコーディネートすればよいのだろうか．さらに，GM の救済を他者に期待する一方で，当初の取引条件に固執していた複数のサプライヤーのあいだには，フリー・ライダー問題も存在していたはずである．この点については，サプライヤーが少数しかいなければ，大した問題にはならないのだが．

　第2の事例は，危機に陥ったパートナーにたいして，救いの手が差し伸べられる可能性を示したものであると同時に，そうしたパートナーに依存する危険性をも示唆している（Burt 2002）．このケースは，フォード傘下のランドローバー（Land Rover）にたいするホールドアップに関連している．UPF トンプソン（UPF-Thompson：以下，UPF）は，ランドローバーのディスカバリー・モデル（Discovery model）のシャシを生産していた唯一のサプライヤーであった．このイギリスの中小企業は，2001 年 12 月に管財人管理の下におかれた．会計事務所の KPMG が管財人に選任され，企業の運営を担う一方で，その売却先を探すことになった．フォードは，このサプライヤーによる事業存続を強く望んでいた．そして，シャシに支払う価格を 20%上乗せしたうえで，さらに 400 万ポンドの「のれん代」を支払うというオファーを提示した．KPMG は，このオファーを拒否した．そして，UPF にたいする 3,500 万ポンドの前払に加えて，提示額以上の実質的な価格の引上げを，フォードにせまった．総需要は，6,100 万ポンドにのぼると推定されるのだが，ランドローバーが，ディスカバリーのシャシに 1 年あたり費やしてきたのは，1,600 万ポンドにすぎなかった．KPMG の担当パートナーは，自分の会計事務所が行っているのは，UPF の資産から最大限の収益を生み出すという法的義務を履行することに尽きる，と述べていた．すなわち，「ランドローバーは，UPF の資産に依存しているのであって，われわれは，その資産から最大価値を創造せねばならない」と．フォードの役員達は，こ

れに激怒した．フォードは，ホールドアップに服する代わりに，ディスカバリーの生産中止を検討せざるをえない旨を，UPF による事業存続に必要な命令が下されるのを待たずに早々と発表した[6]．

　供給関係の配置を撹乱する要因として，破綻ほど劇的なものはなかなか想像しがたい．だが，一般的に言って，長期関係というものは，時間をつうじた調整を必要としている．相互理解にかんする原初的な取引条件を設定したうえで，それを機能させてから，問題が生じた場合に原初的な契約に訴えるという仕方では，不十分なのである．少なくとも，生産などの数量が予測値から乖離した場合には，収益の公平な分割を保障することによって，双方の企業の利害関係を維持するために，価格を調整する必要がある．さらに，技術，市場，競争相手，顧客，そしてパートナー自体が変わってしまえば，協力の機会も変わるだろうし，また企業の外部オプションも変わってしまう．これらはすべて，関係によって維持される協力の程度，獲得できる収益の分割，そして企業が担うアクティビティの適切な集合といったものに影響を及ぼす．かくして，企業による積極的な取引条件の適応は，関係の持続と成功にとって重大な意味をもっている．

　ゼロックス（Xerox），富士写真フイルム，そして両企業によるジョイント・ベンチャーである富士ゼロックスといった3社間の複雑な関係は，そうした適応が重要だということを示す顕著な事例となっている．富士ゼロックスは，1962年に設立されたが，今日まで高業績を維持してきた．国際的なパートナーシップや提携（アライアンス）のなかでも，長い存続期間をもつ1社なのである（Gomes-Casseres and McQuade 1991）．企業の役割，それらが担うアクティビティ，ジョイント・ベンチャーの所有構造，企業間の対価支払の性質や方向性，

6）アーサーアンダーセン（Arthur Andersen）は，UPF トンプソンとはまた別のイギリス系サプライヤーの管財人になっていた．実際，フォードは，ヨーロッパにおいて，エクスプローラー（Explorer）という SUV（スポーツ・ユーティリティ・ビークル：sports utility vehicle）を販売中止にした．この中止決定は，管財人が，エクスプローラー向けのシリンダヘッドの供給停止という脅しをちらつかせて，60%の価格引上げをフォードに要請してきた後のことなのである．このケースにかんして，イギリス高等法院（British High Court）は，アンダーセンが，顧客であるフォードの弱みにつけこんだとしても，適切に行動していた，という裁定を下した．というのも，債権者にたいする払戻を行うための資金を確保することが，管財人の責任だからである．

そしてパートナーシップに加わっている企業のアイデンティティといったものは，どれも時間の経過とともに，フレキシブルで適応的な仕方で変化してきた．この変化は，ジョイント・ベンチャーという配置の成功にとって重要な意味をもっていた．

当初，富士ゼロックスは，単にゼロックスの革新的な PPC（普通紙複写機：plain paper copier）を，日本で販売するという目的を掲げていたにすぎない．事実上，この PPC は，ランクゼロックス（Rank Xerox）によってつくられたものであった．ランクゼロックス自体，ゼロックスとあるイギリス企業によるジョイント・ベンチャーであった．創業して間もないゼロックス本体が，その技術を用いて，世界規模で市場を開拓していくのに十分な資源を欠いていた時期に，アメリカ以外の市場でゼロックス製品を販売する目的で設立されたのである．日本サイドのパートナーには，日本市場への参入を支援する役割が求められた．その複数の候補のなかから，唯一エレクトロニクス事業に参入していない企業が選ばれた．それが，富士写真フイルムにほかならない．ゼロックスは，アメリカから製品を輸出し，供給を担った．これにたいして，富士写真フイルムには，販売組織の人員配置を行うとともに，マーケティング知識を提供することが求められた．だが，政府規制は，ジョイント・ベンチャーが，販売と製造の両方を行わねばならないと規定していた．かくして，富士ゼロックスは，製造（アメリカから輸入したノックダウンキットの組立）の役割を担うようになった．後に，製造については，アウトソーシングの対象として，親会社である富士写真フイルムに委託された．

初期段階で行われたランクゼロックスと富士写真フイルムとのフォーマルな契約は，富士ゼロックスが，ゼロックスにたいして支払う技術使用料を特定するものであった．さらに，ゼロックスの知的財産保護を示唆していた．——富士写真フイルムは，ジョイント・ベンチャーをつうじて学習したゼロックスの技術を，利用する一切の権利をもたなかった．実際，ゼロックスは，この条件に執拗なまでにこだわっていた．その技術の新しい用途を開発するという，富士写真フイルムのアイデアすらも拒絶した．この点において，富士写真フイルムは，事実上，ジョイント・ベンチャーという配置に加わった

資金パートナー程度の存在にすぎなかった．だが，生産した製品を富士ゼロックスに納入し続け，パートナーシップから資金や派遣した人員を引上げようとはしなかった．

　富士写真フイルムの役割は，製造委託という形に変更されたのである．パートナーシップの基本構造の変革のなかで最初に行われたのが，この変更にほかならなかった．数年後，ゼロックスは，ランクゼロックスにたいする持株比率を50％超に引上げた．結果的に，富士ゼロックスは，ランクゼロックスを介した間接的コントロールというよりは，むしろゼロックス本社の直接的コントロールの下におかれた．1990年代初頭に，富士ゼロックスは，レーザープリンタをアメリカで販売するために，ゼロックス・インターナショナル・パートナーズ（Xerox International Partners）というジョイント・ベンチャーを，ゼロックスとともに新たに設立した．同様に，アジア・太平洋地域におけるゼロックス製品の販売責任の所在は，ランクゼロックスから富士ゼロックスへと移管された．1990年代末に，ゼロックスは，ジョイント・ベンチャーのランクゼロックスの発行株式をすべて獲得した．そのために，富士ゼロックスは，ゼロックスと富士写真フイルムの50対50のジョイント・ベンチャーとなった．後に，富士写真フイルムは，ゼロックスが保有するこのジョイント・ベンチャーの持分の残り半分を引きうけることとなった．というのも，ゼロックスは，財務困難に陥ってしまったからである．

　富士ゼロックスが，アメリカで自社製のレーザープリンタを販売するようになったという事実は，時間をつうじて関係に基本的変化が生じたことを反映していた．ゼロックスは，法人ユーザー向けの高速大型コピー機の開発と販売に照準をあわせてきた．法人ユーザーは，きわめて広いコピー・スペースでマシンを利用するのが当然だとみなされてきた．だが，日本語の漢字で表記された書類を複写する市場では，以下のような問題があることが分かった．すなわち，日本市場においては，あらゆるオフィスに設置できる小型コピー機の需要が大半を占めていたということである．富士ゼロックスは，ゼロックスが小型コピー機の開発を拒絶した際，その政策に反する仕方で，独自に開発予算を捻出していた．富士ゼロックスのマシンは，高品質であるこ

とが証明されて，着実に売上を伸ばしていった．結果的に，小型コピー機は，ゼロックスによって承認された．実際，富士ゼロックスは，ゼロックス・グループが全世界で販売するローボリューム・コピー機を，すべて供給するほどの存在になった．このように，富士ゼロックスが，その役割を進化させていったために，ゼロックスとのあいだで，契約支払をめぐる再交渉が繰り返されることになった．

　おそらく，ゼロックスと富士ゼロックスのあいだの知識の流れには，大きな変化が生じたであろう．ゼロックスは，日本の競争相手に支配的なポジションを明け渡してしまった後に，日本企業からマーケット・シェアを取り返した最初のアメリカ企業として，1990年代初頭に絶賛を浴びることとなった．富士ゼロックスは，この点で大きな役割をはたした．当初，学習成果のほとんどは，ゼロックスの技術を起点として，富士ゼロックスへと流れていた．しかしながら，ゼロックスは，反トラスト法のために主要な特許にたいする保護を失ってしまうと，新規参入の波に直面することとなった．親会社であるゼロックスは，イーストマンコダック（Eastman Kodak）や IBM といった既存のアメリカ巨大企業による脅威に直面していた．だが，子会社である富士ゼロックスの関心は，この産業における日本の新規参入企業に向けられていた．実際，日本勢は，アメリカのローエンド市場を支配し，ハイボリューム・コピー機のセグメントへと侵入を開始した．そのために，ゼロックス・グループにとっては，大きな脅威であることが判明した．富士ゼロックスは，低コストかつ高品質である製品の設計技術や製造技術をすでに学習していた．そうした技術は，コピー機事業に参入したキヤノンやリコーといった日本のメーカーにとって，競争優位の源泉となっていた．ゼロックスは，（「失われた10年」の後に）競争上の脅威の所在を正確につきとめた．それからというもの，衰退した事業の回復に向けて，富士ゼロックスの製品に加えて，その経営手法や生産方式をも導入するようになった．かくして，親会社は，子会社から学習することになったので，専門知識の流れは，当初の向きから反転したことになる．

　このように，明示的契約の条件や暗黙の関係的契約にかんする調整は，ジョイント・ベンチャーの存続と成功を握る重要なカギとなっていた．

長期関係は，進化を遂げるものなのである．企業は，パートナーシップの調整を必要とするような行動に注意を払わなければならない．というのも，企業が，取引条件の変更を意図していないとしても，そうした行動によって不安定性が生じるからである．一方のパートナーが，パートナーシップのリターンを変えてしまう選択を行うことによって，協力の持続可能性に影響がもたらされる．さらに，そうした選択によって，パートナーは，不適切な行動にたいする自己防衛の必要性を認識するようになるので，協力水準が低下してしまう．たとえば，これまでパートナーが責任をもっていた担当領域における内部ケイパビリティの開発によって，両企業の協力によって生み出せる価値と，企業が単独で生み出せる価値との差が縮まってしまう．そのために，協力の価値は，減ってしまうだろう．さらに，内部ケイパビリティの開発によって，パートナーは，別の主体と置き換えられてしまうことを危惧し，パートナーシップにたいして，将来的な資源をコミットするのを差し控えるかもしれない．

この点にかんして，協力を容易に実現するためには，主体間の相互依存性を高めるという方法，あるいは関係を断ち切るのを困難にするという方法が考えられる．これらに関連した便益のために，テレコミュニケーション産業の巨人である AT＆T（アメリカン・テレフォン・アンド・テレグラフ：American Telephone and Telegragh Company）と BT（ブリティッシュ・テレコム：British Telecommunications）は，ジョイント・ベンチャーであるコンサート（Concert）の解消条件を，事前に特定化せずに済んだ．このことは，2社の多国籍企業の顧客によるテレコミュニケーションのニーズを満たすのに役立った．しかし，規制や需要の変化といった外生的な事象によって，協力の基盤が損なわれてしまう危険もある．この場合，前述のような方法では，実質的な費用が生じるであろう．コンサートのサービスにたいする需要が，予測値を下回ってしまうことが明らかになり，2社の親会社の事業統合は，事実上困難だということが判明した．その際，解消条件の合意に到達できなかったために，きわめて大きな費用が生じてしまった．

このような困難な問題が存在するにもかかわらず，長期関係をベースにしたサプライ・マネジメントのイノベーションの成果が，広範に普及するよう

になった.そして,この種のイノベーションは,この10年間に確認されたアウトソーシングの増加傾向を説明するうえで,重要な役割をはたしている.

水平範囲

1960年代と1970年代に,コングロマリット——無関連事業を営む複合企業体——が流行した.1980年代には,コングロマリットにたいする熱狂は冷めていった.そして,当時のアメリカで行われたM&Aは,これまでに形成された無関連事業の複合企業体を解体するという本質的な特徴をもっていた.

コングロマリットがはじめて形成されるようになった1960年代や1970年代には,それにたいする株式市場の評価は,総じて高かったようである.というのも,事業の複合体が,個別要素に分解される場合よりも,分解されない場合により高い価値がもたらされるために,市場評価が増大したからである(Matsusaka 1993).その後,デマージャー(再分離)も評価されるようになった(Comment and Jarrell 1995).そして,研究者は,「コングロマリット・ディスカウント」(Montgomery and Wernerfelt 1988; Lang and Stultz 1994)を同定した.コングロマリット・ディスカウントというのは,市場は,多角化企業の価値について,個々の事業がスタンドアロン型のオペレーションを行う場合の価値の総和よりも,低い水準でしか評価しないことである.近年,市場が,どの程度のコングロマリット・ディスカウントを生み出しているかについては,1つの論点になっている.だが,事業範囲の集中(focus)が,以前にも増して有利になっているのは明白である.1990年代末に押し寄せたM&Aの波によって,主要な英語圏経済の企業は,20年前とは異なり,幅広い事業範囲を志向することはなかった.また,ヨーロッパ企業についても,事業範囲の縮小に着手しているという証拠を確認できる.ノバルティス(Novartis)やICIは,その代表的な事例として挙げられる.これらの企業は,事業ラインの整理をつうじて,事業の集中度を高めている.それよりも以前に,ダイムラーベンツ(Daimler-Benz)も同じことを実行していた.

共通の所有と経営の下で,2つの異質な事業を統合することによって,こ

れらの事業が生み出す価値に，影響が生じるのはなぜだろうか．あるいは，同じことだが，それらを別々の事業に分解することによって，なぜこれらの価値に影響が生じるのだろうか．企業戦略のインパクトとは，いかなるものなのだろうか．

　一昔前は，共通の所有の下で事業を統合することは，リスク軽減という目的にかなっていると主張された．すなわち，多角化企業は，ポートフォリオ分散投資によく似ており，特定の事業よりも，事業の複合体の方が，リスクを軽減できるということである．もちろん，この種の多角化は，株主にたいして特別な価値をもたらすものではない．というのも，彼らは，2社の企業の株式を自分で所有して，この多角化の場合と同じ結果を実現できるからである．実際，事業統合は，2つの事業の収益流列にたいするすべての株主の権利を一定の割合に保つために，吸収された事業体は，株主によるポートフォリオ選択を制約することになる．（しかし，代表的な資産価格決定理論が示唆するように，そうした制約は，かならずしも重要でない）．

　この議論は，多角化がリスク軽減をつうじて価値創造に寄与するというアイデアに対抗している．この点にかんして，少なくとも以下の2点を記しておかねばならない．第1に，株主が独力で分散投資を容易に実行できないとしても，多角化企業には，リスク軽減にともなう価値が生ずるだろう．このことは，いくつかの文脈で多角化を正当化している．とくに，その例としては，資本市場の発展が遅れている国で確認される家族所有企業が挙げられる．家族は，金融市場をつうじた分散投資を容易に実行できない．その代わりに，数多くの事業ラインに参入することで多角化を図る．第2に，株主は，金融資産のポートフォリオを分散できるとしても，企業の経営者や従業員は，自分達の雇用を分散できない．高業績事業によって低業績事業を補償するという内部補助が，多角化をつうじて可能になる場合，そしてそれによって賃金の切下げやレイオフの可能性が小さくなる場合，従業員が直面するリスクを軽減できる．この点について言えば，価値が生み出されているのは確かである．リスク軽減によって，平均総報酬を減らすことができれば，その価値の一部は，株主の手に渡ることになろう．

　多角化企業は，市場よりも有効に事業間の資源配分を行えるのであれば，

優位性をもつとみなせる．Williamson (1975) が示唆しているように，資本配分については，企業境界を越えて行われる場合よりも，企業内で行われる場合の方が，より適切に実行できるかもしれない．おそらく，内部資本配分のプロセスに関連した情報の非対称性は，市場取引の場合と比較すれば，さほど厄介な問題にはならないだろう．たとえば，それぞれのユニットのマネジャーは，配分された超過資本の価値にかんする知識を，私的に獲得している．異なる事業を担当する複数のマネジャーが，同じ企業に属している場合，彼らの利害を，事業間の効率的な資本配分に向けて整合させるのは，市場の場合よりも容易なことかもしれない．このとき，それぞれのマネジャーは，適切な情報を開示するようになり，より望ましい資本配分を実現できるようになる．

同様に，企業内の場合の方が，企業境界を越える場合よりも，人々や職務にかんする極秘情報や主観的情報を容易に伝達できるのであれば，人的資本の配分について言えば，企業内でより効率的に行えるだろう．企業内において，市場よりも少ない数の人々を少ない数の仕事にマッチさせなければならないので，人と職務の適合を適切に実現できる可能性は小さくなってしまう．にもかかわらず，平均的なマッチングの質については，情報が改善されるために，より望ましいものになっている．企業内のコミュニケーションにたいして，そうした優位性を期待するのには理由がある．それは，経験の共有や共通言語によって，コミュニケーションをより有効に行えるからである．さらに，多角化企業は，さまざまな事業で豊富な経験を蓄積する機会を，経営者に与える．この点においては，市場よりもすぐれているので，人的資本の開発という点でも優位性をもっている．この種の議論は，いまだに存続するコングロマリットのなかでも，最も成功している GE のケースに該当するだろう．

さらに，企業は，現行の事業ラインで十分に利用されていないケイパビリティ，あるいは市場取引の対象にならない資源をもっているが，当該事業を拡張したとしても，さらなる収益を期待できないこともあろう．このような場合，多角化は重要な意味をもつ．ITT の CEO だったハロルド・ジェニーン (Harold Geneen) は，1960 年代に興味深い自説を述べた．すなわち，

自分の企業は，資産や事業をともに運営している優秀な経営陣にたいして，他社よりもうまくアクセスできる，と．当時のコングロマリットの原型となっていた ITT の拡大は，すぐれたマネジメント・チームにたいして，より多くの資源を自由に利用させて，より大きな価値を創造できる可能性があるために正当化された．1つの事業ラインを掘り下げながら，拡張を図るという仕方は，当時の厳格な反トラスト政策によって制限されていた．そのために，ITT は，コングロマリット化の道を選択したのである[7]．この点にかんする近年の事例としては，ヴァージン（Virgin）を挙げることができる．ヴァージンは，航空や鉄道にはじまって，音楽，ブライダル，そしてソフトドリンクに至る形で，次々と事業範囲を拡大してきた．事業の拡大は，ヴァージン・ブランドを完全に利用されていない資源と位置づけることによって，正当化できるものなのだろう．

これと関連して，事業間の外部性も，企業内での事業統合を促す要因として指摘できる．効率的なコース的交渉や完備契約を実行できない場合，外部性に対処するために，事業間のコーディネーションを実現するには，第3章で論じた意味での協力——他者の厚生に寄与する行動——が必要とされる．企業内の方が，独立した複数の企業間の場合よりも，容易に協力を実現することができよう．というのも，企業は，独立した主体間の取引がもたらすインセンティブよりも，弱くて適切なバランスのインセンティブを提供できるからである．したがって，顧客リストの共有，さまざまな事業による共通ブランドの利用，あるいは複数事業に影響を及ぼす投資などが行われるのであれば，統合というオプションは，さまざまな優位性をもつと言えよう．この点に該当するのは，ウォルト・ディズニー・カンパニー（Walt Disney Company）である．この企業は，その本業であったアニメ映画からはじまり，テレビ番組，テーマパーク，キャラクターストア，そしてクルーズラインなどといった具合に，事業を拡大してきた．それぞれの事業において，キャラクターや一般的なブランド特性（家族向けの健全な娯楽）は，新しいアクティビティの強みを生み出すためのレバレッジとして利用された．このことは，

---

[7] さらに，ジェニーンは，リスク軽減の議論にも言及していた．

1 社の企業内で容易に行われた．というのも，ブランドによって，事業間の外部性が創出されて，そのコーディネーションが必要になったからである．

　補完性は，独立したさまざまな事業のあいだで，相互依存性を生み出す基盤となる．そうした事業同士，本来ならば統合するのが望ましい．ソニーは，補完性の原理にもとづいて，1987 年から 1989 年のあいだに，コロンビア・ピクチャーズ（Columbia Pictures）と CBS レコード（CBS Records）を買収した．すなわち，「ソフトウエア」やコンテンツ——映画，テレビ番組，そしてレコード音楽——と「ハードウエア」——コンテンツをエンターテインメントに変換するソニーのコンシューマ・エレクトロニクス製品[†]——との補完性である（Avery, Roberts, and Zemsky 1993）．コンシューマ・エレクトロニクスとエンターテインメントの融合を目指す企業経営は，ソニーにとって問題含みのものであった．しかし，買収当時のソニーにおいて，経営陣が，それまでの数多くの経験から確信していたのは，新しいコンシューマ・エレクトロニクス製品の成功のカギは，ハードと深い関係をもつコンテンツを提供できるかどうかにかかっているということだった．歴史的にみると，映画会社やレコード会社は，新たに創発した伝達技術にたいして，激しく抵抗してきた経緯がある．テレビは，映画産業を破壊した．カセットテープは，コピーを氾濫させることによって，レコード産業を破壊した．家庭用ビデオレコーダも，コピーを氾濫させることによって，テレビ産業と映画産業を破壊した．

　さらに，CD（コンパクトディスク）も，レコード音楽の需要を消滅させてしまう厄介な媒体であった．実際，それぞれのイノベーションは，コンテンツ・プロバイダにたいして，莫大な利潤機会を新たに創出した．ソニーは，自社にせよ，CD 技術の共同開発を行ったフィリップス（Philips）にせよ，それぞれレコード会社を支配しており，録音の成果を新しいフォーマットで発売することができたからこそ，CD が一定の成功をおさめることができた，という認識を抱いていた．さらに，ソニーの社内には，自社のベータマック

[†] 訳注：コンシューマ・エレクトロニクス製品は，「家庭用電化製品」「民生機器」「民生電子機器」あるいは「家電製品」などと呼ばれることもある．このカテゴリーには，たとえばプラズマテレビや DVD プレーヤーなどのさまざまな製品が含まれる．

ス（Betamax）が，日本ビクター（JVC）のVHSスタンダードを敵陣営とするビデオレコーダのスタンダード戦争において，勝利をおさめられたはずだ，と振り返る者も存在していた．あくまでも，それは，ソニーが，独自のベータ方式に限定して録画したコンテンツを販売することによって，ビデオ・エンターテインメントの世界を支配することができたならば，という仮定の話にすぎないのだが．ソニーは，エンターテインメントの新しい伝達システム（大々的に告知されたHDTV〔高品位テレビ〕を含む）の開発を今後も継続していくだろうという予想の下で，2社のコンテンツ・プロバイダを買収したのである．それによって，将来的に，自社のコンシューマ・エレクトロニクス製品の成功を，確かなものにできると考えた．注目すべき点は，ソニーの戦略が，まもなくその宿敵である松下電器産業によって，模倣されたということである．松下電器産業も，映画スタジオとレコード会社を買収した．

　ソニーの経験は，1社の企業内で多様な事業を統合する場合の欠点を示唆している．期待したシナジーは，実際にはまったく生じなかった．買収後，ソニーが開発した製品には，あいにくエンターテインメント・ビジネスの所有から便益をうけたものはなかった．かろうじて，ビデオゲームと映画スタジオのあいだに，スピルオーバーが生じている程度だった．デジタル化の進展によって，コンシューマ・エレクトロニクスやエンターテインメントといった産業の収斂がもたらされるのであれば，統合によって，何らかの価値が生じる可能性もある．もはや，この点については予測するまでもない．だが，ソニーは，数十億ドルに及ぶ初期費用だけでなく，これまでに計上した損失とともに，買収関連の償却費用34億ドルを，すべて相殺するために，莫大な収益を最終的に達成する必要があった．

　第1の問題は，ソニーの経営陣が，新規事業の経験に乏しかったばかりか，その事業内容を正確に理解していなかったということである．彼らは，日本でCBSレコードとジョイント・ベンチャーを設立した経験から，レコード音楽事業については，多少なりとも知識をもっていた．しかし，ハリウッドは，まったく未知のテリトリーであった．必然的に，新規事業会社の運営について，エンターテインメント産業から引き抜いたマネジャーに依存せねば

ならなかった．ソニーが選出したマネジャー達は，それまでは，機会主義的で利己的なスタイルで仕事をするのに慣れていた．ソニーの上司にたいして，法外な浪費や失敗こそが，業界の規範だということを納得させようとした．おそらく，このケースにおいては，映画スタジオの経営陣に最大の自由を与えたうえで，彼らを最小限度の監督下におくというソニー自体の選択，地理的距離，そして企業文化と国民文化のギャップといった一連の要因が複合することによって，問題はとりわけ厳しいものとなったのだろう．しかも，企業のアクティビティ範囲を拡大することによって，個々の事業にたいする評価とコントロールというトップ・マネジメントのタスクは，より一層困難になっていく．そのために，経営のモラル・ハザードが生じかねない．このことは，一般的に言えることである．

　同時に，ソニーのトップ・マネジメントは，コンシューマ・エレクトロニクス分野に特化するという以前の方針から離れつつあった．それは，偶然の一致だったのかもしれない．買収後のソニーは，多くの新製品を発表しても，これまでとは違って，成功に見放されてしまったかのようであった．――HDTV の離陸失敗，DAT（デジタルオーディオテープ）の不人気，そしてミニディスク® の失敗が挙げられる．おそらく，ソニーの経営陣は，新規事業から目を背けなければ，そして既存事業に配分するエネルギーを制約しなければ，一連の失敗を回避できたはずである．あるいは，少なくとも，軽減はできたはずである．さらに，エンターテインメント・ビジネスに多額の資金を浪費しなければ，コンシューマ・エレクトロニクス向けの投資にもっと多くの資源を配分できたはずである．

　また，同一の企業内で，本質的に異なる事業を営むことによって，グループ間の緊張が生じてしまう．たとえば，ソニー・アメリカのコンシューマ・エレクトロニクス部門の長は，エンターテインメント部門が発表するニュースのために，自分の事業に支障が出る，と公に不平を述べた．結局，彼は，ソニーを退社した．しかし，それによって，問題が根本的に解決されなかったのは言うまでもない．トップ・マネジメントは，そうした敵対関係やコンフリクトを処理せねばならなかった．一般的に言って，異質なもの同士がぶつかると，企業政治とインフルエンス活動がもたらされる．もちろん，それに

付随して費用が生じてしまう．

　組織デザインに関連して，別の問題も生ずる．異なった事業を展開するには，異なった技術，市場，そして戦略が必要になる．そして，異なった組織デザイン——異なったタイプの人々，組織アーキテクチャ，経営プロセスやルーティン，そして文化——が採用される．さまざまな事業を1社の企業内で運営すると，以下のいずれかに直面することになる．すなわち，企業は，分化した組織を維持するとなると，ユニット間の業績などの比較という複雑で困難な問題を処理せねばならない．あるいは，平均的な組織デザインを行う必要があるとすれば，個々の事業の観点からすると，非最適なものになってしまう．どちらの選択を行うにせよ，費用が生じることになる．

　ソニーは，可能な限り高い水準の分化を維持する，という前者の選択を行った．その結果として生じたのは，複雑性，インフルエンス活動の蔓延，そしてコントロールの消失といったことであった．これらの問題を回避して整合性を高めるには，事業運営の標準的な手続を，企業全体に適用すべきだという主張が一般化しつつある．だが，このとき，個々の事業のニーズにまったく適合していない組織デザインのために，業績が低下してしまうおそれがある．これは，大きな費用をともなう．

　代表的な事例としては，テネコ（Tenneco）によるヒューストン・オイル・アンド・ミネラルズ（Houston Oil and Minerals：以下，ヒューストン）のテイクオーバーが挙げられる（Williamson 1985, p. 158）．ヒューストンは，炭化水素鉱床の発見と開発という事業を行っていた．テネコは，石油やガスの探査に関連して，複数のアクティビティを行うコングロマリットであった．ヒューストンは，探査部門の人々にきわめて強いインセンティブを提供している点で，その名を知られている．たとえば，発見した石油鉱床の権利を与えることもあった．この企業には，企業家精神を尊重するというスピリットが宿っていた．ヒューストンの人々は，高いモチベーションをもつとともに，高度なスキルを有していた．そのために，この企業は，ガスと石油の発見にかんして大きな成功をおさめた．テネコは，買収の時点でヒューストンのスピリットを守り抜くために，その運営については，他の事業部門から切り離して行うと誓約した．買収企業のテネコ自体，そうした企業家的なスピリッ

トが，自社に浸透していくことを望んでいたようである．しかし，数ヵ月もたたないうちに，被買収企業のヒューストンにたいして，画一的な経営プロセスや報酬システムをおしつけた．ある役員は，どうしても共通のプロセスや手続を課さねばならないのだと弁解した．そのために，ヒューストンの成功を導いてきた才能豊かな人々は，次々と退社していった．結局，ヒューストンの残骸は，既存の事業部門のなかにまとめられてしまった．このような事例については，他企業をみても枚挙に暇がない．

ソニーは，ハンズオフ型の経営アプローチを採用することによって，インフルエンス活動や複雑性の問題を解決しようとした．日本人経営者をハリウッドに一切派遣することなしに，しかも東京本社からではなくニューヨークのオフィスからエンターテインメント・ビジネスのモニタリングを行っていた．このことによって，コントロールにかんする問題だけでなく，グループ間の有効な資源配分にかんする問題も深刻化していった．

事業間の資本配分は，多角化企業において非効率性を生み出す潜在的な源泉である．すでに記したように，初期のコングロマリットを正当化する根拠というのは，企業内の資本配分の成果の方が，市場のそれよりも望ましくなる可能性があるという点に求められる．近年，ドットコム関連のスタートアップ企業が損失した数十億ドルの投資費用とともに，テクノロジー関連株やテレコミュニケーション関連株をめぐるバブル崩壊は，1つの信念を復権させるのに一役買った．すなわち，市場は，資本配分の面で完全には機能しない，と．したがって，内部資本配分プロセスは，相対的に適切な機能をはたすと言えるのかもしれない．他方，内部的な資本の予算編成は非効率であり，複数の事業を分解して，個々の企業に担わせることによって，価値が創造されるかもしれない．だが，この見方を疑うべき理由も，いくつか考えられるのである．

すでに述べておいたように，経営者と従業員のためのリスク軽減こそ，複数事業を営む企業がもつ潜在的な優位性なのである．すなわち，資本は，それが最大価値を生み出す用途に向けて，自動的に配分されるものではない．従業員に提供される保険という点で，利得が存在するかもしれないが，資本が価値の低い用途に向けて配分されてしまう点では，費用が生じてしまう．

さらに，そうした内部補助は，追加的費用をともなう．この費用は，スタンドアロン型のオペレーションの場合と比べて，インセンティブが弱まってしまうという事実に関連している．あるユニットの損失は，他のユニットで創出された資源に起因するものだとしよう．このとき，破綻や失業の脅威は，動機づけの効果を生み出せなくなっていく．かくして，内部資本配分を行うには，かなり複雑な計算が必要になってしまう．

さらに，破綻や失業が重要な論点ではないとしても，1社の企業で複数の事業を行うことによって，非効率な資本配分がもたらされてしまう．というのも，インフルエンス活動とそれを抑制したいという望みが，交錯してしまうからである．たとえば，ノキアは，1980年代に数多くの買収を企てた．それによって，伝統的に専業にしてきた低成長のコモディティ事業（木材パルプ，ゴム製品，そしてケーブル）からエレクトロニクスへの転換を図った．しかし，旧来の事業ラインについても，モラールを維持するために，独力で買収を行っていくことが認められた．そのための支出は，多額の費用として計上された．――ノキアは，買収に向けて借入れた負債のために，1990年代初頭に破綻寸前の状態にまでおいこまれた．しかしながら，そこまで旧来の事業ラインにかかわりをもたなかったならば，そうした費用を浪費せずに済んだであろう．（実際，ノキアが，テレコミュニケーションへの集中を決定した1990年代初頭の危機後，そうした費用を回避できるようになった）．

資本の競合を処理するのに利用される方法は，資本配分が，市場ないし経営プロセスのどちらによって行われるかによって異なる．これは，生ずる結果が異なることをも意味する．とくに，企業内には，他のプロジェクトにたいして，軽視や妨害をはたらく機会がかなり広範に存在する．この種の行動によって，さまざまな費用が生じるのは明白である．

多角化の効率性や非効率性にかんして，かなり多くの実証研究が行われてきた．初期の研究では，「多角化ディスカウント」の存在が明らかにされた．資産の再調達価格という点で，アメリカの株式市場による多角化企業の評価は，事業範囲を絞り込んだ専業企業の評価よりも，ディスカウントされている（Montgomery and Wernerfelt 1988）．さらに，アメリカの株式市場において，多角化企業の価値は，その構成事業の総和の価値よりも，小さく評価されて

いる (Lang and Stultz 1994)．後に行われた研究も，後者の結果を支持するものとなっている．その結果は，アメリカのみならず，イギリスや日本においても成立していることが示され，非効率な内部資本配分プロセスに起因するものと解釈された (Berger and Ofek 1995; Shin and Stultz 1998; Scharfstein 1998; Lins and Servaes 1999; Scharfstein and Stein 2000)．

これらの研究で採用された方法は，それぞれの多角化企業について，単一セグメントのスタンドアロン型企業の集合とのマッチングを行い，後者を集計して，前者の事業範囲を再現するというものである．株式市場のパフォーマンスや投資選択にかんして，実際の企業とマッチングによる構築物との比較が行われた．この比較を行うことによって，多角化企業については，それと同じ事業ラインに対応させた専業企業と比較すると，将来有望な強い部門に向けた過少投資傾向と，有望ではない部門に向けた過大投資傾向が確認された．このような歪みは，インフルエンス活動の影響に起因するものであって，それによって，勝者から敗者への内部補助が行われていた．潜在的には，2つのメカニズムが働くと考えられた．第1に，効率的な水準よりも多くの資源を獲得する機会が制約されている事業の場合には，インフルエンス活動によって選択が歪められてしまう (Meyer, Milgrom, and Roberts 1992; Rajan, Servaes, and Zingales 2000; Scharfstein and Stein 2000)．第2の可能性は，企業がインフルエンス活動を抑制して，付随的な費用を軽減するために，資本投資を歪めるような評価システムや意思決定プロセスを恣意的に採用することである．たとえば，そうした費用は，効率性の実現に要求されるよりも，平等に資源を分割することに起因している (Milgrom and Roberts 1990*c*)．

コングロマリット・ディスカウントの発見は，重大なインパクトをもたらした．──経営コンサルタントは，クライアントにたいして「自社の得意分野に専念せよ」というアドバイスを行う際，コングロマリット・ディスカウントを引きあいにして狭い事業範囲への集中を求めた．現在，多くの経営者は，一見すると多角化によって，企業価値の低下が生じると考えているようである．実際に，市場は，企業による事業範囲の集中を評価し，それを実行した結果，企業価値の増加が生じている．これについては，実質的な証拠がある (Comment and Jarrell 1995; Berger and Ofek 1996)．だが，アメリカについ

て言えば，雇用機会の多くは，多角化企業によって提供されていることに変わりはない．1990年代前半には，多角化を見直す企業とほぼ同数の企業が，逆に多角化の度合を高めていったのである（Villalonga 2002b）．この事実は，2つの難題を提示している．――なぜ経営者は，価値破壊的なアクティビティを追求してしまうのだろうか．そして，彼らは，いかにして価値破壊的なアクティビティの実行をうまくやり遂げるのだろうか．

近年，実証研究者のあいだでは，内部資本配分の非効率性や多角化ディスカウントの存在にたいして，疑問が唱えられてきた．複数の専業企業からなるグループは，多角化企業の投資決定や市場価値を研究する際の比較対象とされてきた．研究者が，グループの選択にあたって用いているプロセスには偏りがある．実は，このことが重大な問題なのである．測定誤差も1つの要因として挙げられるが，――相対的な非効率性やディスカウントというよりは，むしろ――これらを結合すると，統計的発見の説明が可能になる．

たとえば，Chevalier（2002）は，1990年代を分析対象として，後に合併の道をたどる企業の投資決定行動を検討した．これらの企業は，合併後の場合と同様，それぞれが独立していた場合にも，過大投資や過少投資のパターンを示していた．彼女は，見かけ上の歪みが，内部補助に起因するものではないと結論づけている．Villalonga（2002a, b）も，1990年代を分析対象として，以下のことを見出した．すなわち，見かけ上の歪みは，選択した専業企業と多角化企業とのマッチングを行うための標準的な方法を用いた場合に確認されるが，彼女自身が開発した巧みな方法を用いると，そうした歪みが生じないということである．したがって，内部補助をめぐって，有意な非効率性が生じているとは言えない．

さらに，シュヴァリエとヴィラロンガの両者は，（より長い期間を分析対象としたCampa and Kedia（2002）と同様に）1990年代の多角化志向型の買収が，株式市場では好意的にうけとめられていた――市場は，このような買収を価値拡張的なものと評価していた――という事実を見出した．この発見は，以下のことを一様に見出した他の研究と整合している．すなわち，被買収企業の株式市場のリターンは，正になっているのにたいして，買収企業のそれは，ゼロになっているということである．つまり，市場においては，

合併によって，集計的な価値創造が行われるという認識が形成されているのである．さらに，そうした発見は，多角化企業の会計的な収益性が相対的に高くなっていることを示唆する多くの研究成果と一致する．しかしながら，多角化型合併企業の負のリターン（関連性の高い事業を担う合併企業の正のリターンによって相殺される）を見出した研究も，別に存在しているので，前述の発見は，それとのあいだに不整合性をきたしてしまう．さらに，1990年代に多角化を実施した企業について言えば，多角化以前は，統計的に有意なディスカウントで取引を行っていた．したがって，低業績と多角化とのあいだに，因果的な結びつきがあるとしても，あくまでも低業績のために多角化がもたらされるのであって，その逆は成り立たないように思われる．

　最後に，GE——多角化企業の1つであり，20世紀の後半にわたって，ベスト・パフォーマンスを維持してきた——の謎に言及しておかねばならない．

　GEは，なぜベスト・パフォーマンスを維持できるのだろうか．いかにして，多角化のための買収，そして事業範囲の集中のための買収といった双方を成功に導くことができるのだろうか．それには，明確な1つの答えがある．実際に，経営者が，価値拡張的な選択を行っているのであれば，事業範囲の変化は，市場によって正の評価をうけるだろう．このことは，事業の集中であれ，あるいは多角化であれ，いずれの場合にもあてはまる．企業のなかには，事業撤退によって価値を高められるものが存在する．そうした企業は，自社の最も得意な分野の事業に集中するとともに，複雑性やインフルエンスにともなう費用を減らしている．また，企業のなかには，事業範囲の拡張によって利得をえているものも存在する．とくに，過少利用のケイパビリティや資源を用いて，新規事業を展開する場合，および新規事業が，契約ではうまく扱えない外部性を既存事業にもたらす場合の双方にあてはまる．このような選択がなされれば，価値も拡張していくであろう．

　多角化は，経営者によるモラル・ハザードを反映した動きにほかならず，しばしば価値破壊をもたらすことがある．経営学者や経済学者は，この主張にたいして疑いの目を向けてきた．企業規模の拡大を統率していく機会が，経営者に与えられている場合，そして既存の事業ラインの成長機会が，制約されている場合，事業範囲の拡張による成長が選択されるのは明白である．

このことは，1970年代の石油産業を中心に，いくつかのケースで確認できる．石油価格の高騰によって，莫大なキャッシュ・フローがもたらされたのだが，アフリカや中東において，石油産業が国有化されてしまったので，この産業にたいする多国籍石油会社の投資機会は制約された．そこで，そうした石油会社は，株主に配当を支払う代わりに，事業の多角化を進めていったのである．この過程で行われた投資のなかには，結果的には失敗に終わってしまったが，それなりの理由をもつものもあった．たとえば，いくつかの石油会社は，地下の炭化水素の抽出を基盤とした新たなエネルギー事業の展開といった根拠を示すことによって，石炭事業への参入を進めていた．また，きわめて不自然な事業展開も確認された．すなわち，石油会社のなかには，サーカスを買収するものもあれば，養殖業に参入するものすらあった．

　経営者による帝国建設のケースが，存在するのも事実である．帝国建設に取り組んできた経営者は，個人的な観点からすれば，合理的に行動してきたのであろう．企業のリーダーは，規模の拡大によって多くの名声をえることができる．だが，他企業の買収によって，報酬を増やせるかどうかについては明らかでない．いずれにせよ，買収を行った経営者が，他企業の社外取締役として招聘される傾向を確認できる（Avery, Chevalier, and Schaefer 1998）．2001年から2002年にかけて，企業不祥事が多発した．それまでは，取締役会のメンバーになるということは，すなわち気楽に仕事をして，巨額の報酬が保障されることを意味していた．しかし，現在行われている多角化が，帝国建設にかかわるものだという仮定は，幾分正確さを欠いているように思われる．この仮定が正しいとすれば，株式市場は，負の反応を示すはずである．しかし，実際にはそうでない．

　多角化とは，すなわち帝国建設にほかならないという一般的な前提は，以下のことに注目すれば，棄却できるだろう．すなわち，少なくともアメリカでは，大企業の経営者は，大量のストック・オプションを保有しているために，自分が経営する企業の価値にたいして，きわめて敏感にならざるをえないということである．州法改正によって，敵対的買収のおそれがほとんどなくなった．だが，企業の取締役会は，経営者にたいするかなり熱心で厳格なモニターになったように思われる．おそらく，敵対的買収は，1980年代に

価値拡張的な脱多角化（de-diversification）を活発にした要因になっている．そして，機関投資家の一部は，業績向上に向けてかなり積極的に行動するようになった．したがって，経営者は，業績を犠牲にしてでも，帝国建設に取り組むインセンティブや機会をほとんどもたなくなった．

したがって，より大きな価値の創造を目的として，事業範囲が見直されるというロジックに立ち返ることにしたい．この文脈において，多角化は，成長志向型戦略の一部とみなせるだろう．他方，事業範囲の縮小は，既存事業の業績向上にフォーカスをあてた価値創造戦略と整合している．事業の集中度を高めるときには，それと同時に，現在の業績を向上させるために，組織デザインを何らかの形で変更していると考えられる．

さらに，環境変化によって，企業のコア事業に新たな成長機会がもたらされるのであれば，コア事業への集中が期待できるだけでなく，事業拡張のためだけに参入した他の事業からの撤退も期待できる．かくして，成長に的を絞った企業のあいだでも，事業範囲の縮小を予想することができる．グローバル化は，そうした環境変化の1つとして挙げられる．貿易や海外投資の障壁が撤廃されていくにつれて，国境を越えたコミュニケーション，旅行，そして輸送が容易に行えるようになった．それによって，企業は，国際的拡大の機会を新たにえるとともに，提供する製品やサービスの範囲を拡張せずに，地理的なテリトリーを広げて成長できるようになった．特殊なケースでは，規制緩和や反トラスト政策の見直しによって，同様の効果がもたらされた．

内部組織と業績

経済学では，企業の垂直境界と水平境界にかんする議論が活発に展開されてきた．だが，企業変化の分析や評価を所与のものとしたために，内部組織とそれが業績に及ぼすインパクトについては，ほとんど扱われてこなかった．したがって，ここで展開する議論は，推論的なものにならざるをえない．にもかかわらず，経済学のロジックによって，生じつつある企業変化とその潜在的な原因や影響を解明できるはずである．

企業を取り巻く技術環境や競争環境は，従来よりも，かなり急速に変化し

つつあるという認識が広く浸透している．そして，実務家は，組織内で試みた変革の多くが，そうした急速な環境変化にたいする反応にほかならないという事実を述べている．彼らが提示しているロジックは，18世紀のカナダにおける毛皮交易のケースにかんして，われわれが提示したものとよく似ている．ノースウェストは，以下の３つの特徴をもつ組織を創造することによって，ハドソン・ベイの圧倒的な費用優位を克服した．第１に，戦略やオペレーションにかんする主要な意思決定を行ううえで，適切な情報をすぐに獲得できる立場の人々にたいして，エンパワーメントを実行した．第２に，より強い金銭的インセンティブや所有権をつうじて，彼らを動機づけることにより，適切な意思決定と高位の努力水準を実現した．そして，第３に，情報共有に加えて，多数の個人による意思決定の整合化を，確実に実現できるメカニズムを構築した．この組織は，新しい競争環境の下できわめてうまく機能し，ハドソン・ベイを破綻寸前の状況へと追いやった．ハドソン・ベイでは，伝統的なヒエラルキー型のコマンド・アンド・コントロールのシステムが生成していたが，それは，１世紀以上にわたる独占的地位の下でうまく機能した．

　BPをはじめとして，ルース・カップリングによって特徴づけられる他の分解型組織で実行された変革には，共通の特性が数多く確認される．重要な特性を挙げてみよう．すなわち，

- 戦略や企業政策にかんする透明性を確保する．
- 以前は有利だった規模よりも，相対的に小規模の独立した組織ユニットを創造する．
- 組織ユニットのリーダーにたいして，オペレーションや戦略にかかわる多くの権限を委譲するとともに，結果にたいする厳格な責任を負わせる．
- ディレイヤリングのプロセスおいて，ヒエラルキーの階層の数を減らしていく．
- 中央スタッフの職位数を減らしていく．
- 全社的な業績に連動した報酬の増加とあわせて，組織ユニットと個人の双方の業績にたいして提供するインセンティブを強化する．
- 経営者のトレーニングと開発に投入する資源を増やす．

● ヒエラルキーのトップからロワーに至る全体的なコミュニケーションというよりは、むしろマネジャーとスタッフとのあいだの水平的な結びつきやコミュニケーションを促す。
● 適切な業績評価を促すとともに、組織ユニット間、ならびにヒエラルキー全体のコミュニケーションを促進できるように情報システムを改善する。

　これらの要素は、豊かな補完関係のネットワークによって相互に連結している。そのために、ある要素を採用することによって生ずるインパクトは、同様に他の要素も採用することによってより増大する。かくして、すべての要素が同時に採用される傾向を確認できる。実際、一部の要素しか採用していない企業は、すべての要素を採用している企業にとって可能な業績向上を実現できないばかりか、さらに悪い場合には、業績低下を経験することもあろう。

　独立性の高い専門的なユニットを創造するとともに、そのリーダーにたいして、アクティビティにかんする実質的な意思決定権を付与することにより、業績向上に結びつく直接的な効果が数多く生み出される。すなわち、ユニットの人々にたいして、その業績のために懸命に働かせるとともに、自分の責任を適切に理解させる——イニシアチブを発揚させる——形で、インセンティブが改善されていくという効果である。この効果は、いくつかの経路で生じる。

　第1に、自分が意思決定の責任や権限を実際にもっていることを知れば、そのこと自体、動機づけの要因になりうるだろう。自分が意思決定の担い手だというのが確かな事実であれば、あるいは上司が自分の意見をくつがえせないことが明らかであれば、人々は、意思決定に向けてより多くの注意を配分するだけでなく、適切な意思決定に必要な情報の開発に向けてより多くの投資を行うようになるだろう（Aghion and Tirole 1997）。さらに、ヒエラルキーの上層に位置する主体が、意思決定のパワーを手放すのであれば、人々が、彼らの意思決定を歪めようとして、インフルエンス活動に時間や努力を配分するインセンティブは小さくなるだろう（Milgrom and Roberts 1988*b*, 1990*a*）。このことによって、人々は、自分のユニットの業績により多くの注意を向け

るようになる．

　このように，権限委譲型の小規模なユニットを創造するというインセンティブは，ディレイヤリングによって強化される．ディレイヤリングの典型的な意味は，排除された階層よりも上位の主体にとって，スパン・オブ・コントロール——1人のマネジャーにたいして報告義務をもつ部下の数——が大きくなるということである．とくに，スタッフ部門の人数が削減される場合，マネジャーがロワー・レベルの意思決定に介入しないというコミットメントに影響が生じる．というのも，彼らには，十分な時間や資源がないからである．また，このことによって，意思決定権の再配分によるモチベーション効果が強化される．さらに，意思決定権や権限がミドル・マネジメントの手から取り上げられて，再配分の対象にされるのであれば，ミドル・マネジメントが必要ではなくなってしまう．ミドル・マネジメントの排除は，より魅力的なオプションとなる．かくして，ディレイヤリングと権限委譲型の小規模な組織ユニットの創造とのあいだには，補完性が生じている．そのために，イニシアチブの発揚のインセンティブにたいして影響がもたらされる．

　第2の経路は，個人の選択や行動と組織ユニットの業績との関係を明確にすることによって，モチベーションに影響を及ぼす小規模な組織ユニットを創造するというものである．これは，内発的動機づけとフォーマルな強いインセンティブの提供といった双方を促す．業績の捕捉と評価の対象が，大規模なサブユニットのレベルにのみ限定された組織があるとしよう．この場合，個人の行動とその結果との関係は，きわめてあいまいなものになってしまう．ユニットの規模が小さくなればなるほど，そうした関係は，ますます明確になっていくはずである．このことによって，内発的動機づけが促進される．というのも，自分の行動がどれくらい重要なのかを把握できるからである．

　同時に，結果の評価対象となるユニットを小規模化していくことによって，業績評価をより正確にすることができ，行動と報酬とを結びつけるシステムの不確実性を減らせるようになる．というのも，他の人々や他のユニットが生み出した効果から，結果を切り離せるようになるからである．そのために，過大なリスクを負担させることもなく，ユニット・レベルでフォーマルな強いインセンティブが提供できるようになる．そうした組織デザインの諸特性

のあいだにも，補完性が生じている．そのために，権限委譲型のユニットの創造によって，インセンティブの強化がより有利になる．このことは，業績と連動した明示的な金銭的報酬についてだけでなく，フォーマルではない報酬についても該当する．後者のタイプについては，昇進の見込みが大きくなること，および賞賛をうけることなどといった形で，さまざまな報酬が考えられる．

さらに，小規模なグループを対象とした業績評価によって，フリー・ライダー問題が軽減されるので，明示的インセンティブを有効に提供できるようになる．そもそも，フリー・ライダー問題は，何らかの改善にたいするリターンの分割が，業績評価を一緒にうける人々のあいだで行われるために生じるものなのである (Holmström 1982b)．信用が狭い範囲で共有される場合，インセンティブはより強められる．最後に，業績拡張的な行動を促進する社会規範も，小規模なグループにおいてより有効なものとなる．

インセンティブ強度を高めることは，業績評価の方法を改善することと補完的である．すなわち，インセンティブをより強くするのであれば，業績評価の方法の改善にともなう便益は，より大きくなる．このことは，専門性の高い小規模な業績ユニットを規定することによって実現できるし，あるいは情報システムを改善することによっても実現できる．同時に，業績評価の質を高めるのにあわせて，インセンティブ強度を高めることは，ますます魅力的になっていく．業績の測定費用が低下すれば，インセンティブは，ますます強められるようになる．戦略の透明性は，良いパフォーマンスとは何か，あるいは何を評価すべきなのかといった問題に関係している．そのために，戦略がより透明になれば，より強いインセンティブが提供されるという結果が生じるだろう．最後に，業績評価の方法を改善することによって，スパン・オブ・コントロールがより拡大していくことになろう．このように，多くの共通特性が相互に連結していくようになる．

さらに，権限委譲型の小規模なユニットを創造することによって，業績には以下の効果がもたらされる．すなわち，組織の上層部というよりは，むしろ事業に携わっているユニットの人々が，最初に情報を利用できるのであれば，新しい情報にたいする適応速度は，上昇していくという効果がそれである．

顧客ニーズ，サプライヤーや競争相手の行動，そして生産条件や生産機会にかんする情報は，最前線の人々にとって，容易に入手できるものでなければならない．そうした人々は，情報ソースと直接接触できる立場におかれている．(対照的に，政治や規制の創発的な問題，社会のトレンド，金融市場の情勢，そして企業政策といったものにかんする一般情報は，おそらくコーポレート・センターが最初に獲得するであろう)．意思決定権をもつ人々が，適切な意思決定を動機づけられる場合，特殊情報にもとづいて行動する人々にたいするエンパワーメントによって，行動の迅速化が実現するのは明白である．それにより，情報をトップに伝達し，そこで情報の収集と分析が行われた後に，ロワーへと意思決定の結果が戻ってくるのを，いちいち待つ必要がなくなる．関連情報の諸相を詳しく伝達することは，そもそも困難なのである．また，コミュニケーションの過程で，情報が歪曲してしまうこともある．これらを勘案すれば，情報ソースの近くで意思決定が行われる場合に，正確な情報に依拠した意思決定が実現できると言えよう．

　環境変化が急速になればなるほど，意思決定を迅速化する価値は，より一層高まっていく．世界は，今までにない速度で，しかも加速しながら変化している．実務家のあいだでは，そうした認識が広く共有されている．急速な環境変化は，意思決定権を最前線の人々に委譲する価値をより高める．

　最前線の小規模なユニットにたいするエンパワーメントの費用として，意思決定の質の劣化にともなう費用が考えられる．伝統的なヒエラルキーでは，さまざまな意思決定がミドル・マネジメントによって行われていた．だが，その職務は，ディレイヤリングを進めていく過程で，もはや消滅してしまった．とくに，組織全体にではなく，いくつかのユニットにしか影響を及ぼさない意思決定は，経験を積んだマネジャーによって行われるのが至極当然であろう．そうしたマネジャーは，複数のユニットにたいする監督だけでなく，それらの結果についても責任をもっている．この種の意思決定には，2部門間での資本や顧客の配分にかかわるもの，あるいは他部門に損失をもたらすようなプロジェクトの実施を，ある部門に認めるかどうかといったものが含まれる．もはや，そうした意思決定にたいする責任は，ロワー・レベルの人々に委譲されるか，あるいはトップ・レベルの人々に付与されるか，のい

ずれかである．どちらにせよ，潜在的な問題をはらんでいる．

　意思決定権が組織の下層へと委譲されるとしても，意思決定を行う人々は，他のユニットや組織全体にたいするスピルオーバー効果の責任を負うのに，必要な情報をもたないかもしれない．また，そうしたスピルオーバー効果にたいする責任を負ううえで，適切なモチベーションをもたないかもしれない．さらに，新たに権限委譲をうけた最前線のマネジャーは，排除されてしまったミドル・マネジメントがもっていた適切な経験を欠いていれば，その意思決定の質が劣化してしまうのは必至である．他方，意思決定のパワーが組織の上層に付与されるのであれば，おそらく動機づけにかんする問題は，生じないであろう．——トップ・マネジメントは，組織全体の業績を高めたいと考えている．さらに，かつてのミドル・マネジメントとは違って，それほど最前線から遠く離れた立場におかれてはいない．そのために，彼らがアクセスできる情報は，質量的にみても，それほど劣悪なものではない．とくに，このことは，情報システム，評価システム，そして報告システムといったものが，適切に整備されている場合にあてはまる．通常，これら一連のシステムは，組織変化の一部として強化されている．問題なのは，経営者に過負荷がかかっている——なすべきことが多すぎるために，そして行うべき意思決定が多岐にわたるために，どれも適切に行うことができない——ので，軽率で不適切な意思決定が下される，あるいは行動の遅れによって費用がかさむ，といったいずれかになってしまうことである．さらに，トップ・レベルによる全般的な介入が行われることによって，ルース・カップリングの強みが失われるだけでなく，このモデルの重要な構成要素であるインセンティブの強化といった長所が失われてしまう．これを回避するには，かつてミドル・マネジメントが行っていた意思決定の大部分を，ロワー・マネジメントに委譲しなければならない．このように，最前線のマネジャーによる意思決定の改善は，ディレイヤリングとのあいだに補完性をもつ．

　最前線のマネジャーが，自分の意思決定のもつ意味を十分に理解していないという問題がある場合に，適切な情報を提供するという1つの解が考えられる．情報の提供は，情報通信システムの改善に向けた投資が行われると，より容易に実現できるようになる．そして，意思決定権をより有効に再配分

できるようになる．さまざまなユニットのマネジャー達が直接結びつくことによって，彼らは，相互にスピルオーバー効果にかんする情報交換を実行できるようになる．この慣行は，有益なものであって，組織デザインのパッケージをなす他の要素とのあいだに補完性をもつ．このことは，情報技術によって実現できるだろう．だが，フェイス・トゥ・フェイス型の個人的な接触は，関係が構築されかけた初期時点では，とくに重要な意味をもつ．さらに，戦略や全体的な企業政策を明確に理解することによって，意思決定が制約されるようになり，重要な問題に注意が向けられる．この意味でも，そうした理解は有用なのである．

インセンティブの不整合化に端を発して不適切な意思決定が行われてしまう場合に，この問題の的確な解決策として，適切なインセンティブを提供することが考えられる．そのためには，業績給が個々のユニットの業績に連動する度合を減らすとともに，企業の全社的な業績に応じた報酬の支払分を増やせばよい．だが，それによって，イニシアチブが制約されてしまい，ユニットの業績には負の影響がもたらされるかもしれない．さらに，スピルオーバー効果の文脈で，意思決定の強力な規範を創造することは，マネジャーにたいして，自分の意思決定が他者に及ぼす影響について十分な責任をもたせるのであれば，有効な試みだと言えよう．BPは，この点を意識して，報酬支払の一部を企業の全社的な業績に連動させるように試みた．さらに，ピア・グループの創造によって協力水準を高めようとした．というのも，ユニット・マネジャーには，他の多くのマネジャーと一緒に仕事をするとともに，彼らに依存する必要があったからである．彼らは，自分の意思決定に起因したスピルオーバー効果を数多く経験していた．

他方，J＆Jの分権型組織は，1980年代に病院向けの販売活動を展開していた13社のカンパニーのあいだで，協力を促進するうえで大きな問題に直面した．J＆Jは，病院向けのオーダーと積荷を統合するために，傘下のカンパニーにたいして，ロジスティクスと勘定のシェアードサービスを導入しようとした．この動きは，マーケット・シェアを失いつつあった多くのカンパニーにとって，競争上重要な意味をもっていた．さらに，顧客にとって無視しえない費用を節約するとともに，利便性を高めるはずのものであった．

J&Jの価値観からすれば，変化を協力的にうけいれていくのが，当然だったはずである．というのも，この企業は，何よりもまず顧客への奉仕を重視してきたからである．だが，トップランクの製品を扱っているカンパニーは，最強の事業を展開していたので，顧客に奉仕しなくとも十分な競争力をもっていた．そのために，独立性の放棄にたいして消極的な姿勢を示した．

　ケイパビリティの制約のために問題が生じている場合，本部にできることは何かという疑問がまず浮かび上がる．本部は，適切な情報を欠いているので，結果的にライン・マネジャーに頼るしかない．だとしても，経営能力開発にかんする投資を実行することによって，あるいはさまざまなユニットにスタッフを配置することによって，ラインのケイパビリティを増やしていくのが，有効な解になるかもしれない．実際に，BPは，経営能力開発に莫大な投資をつぎこんだ．

　日常的なパフォーマンスによって生じた「自然」の連結パターン（たとえば，ビジネス・ユニット）ではなく，それ以外の要素（たとえば，職能や地域）をベースに取り組んだ方が，より適切にアプローチできる課題や機会もある．専門化した権限委譲型の小規模なユニットにおいて生じる第2の問題は，そうした課題や機会を生かしきれない点にある．BPXは，量的拡大と原価管理に集中していたが，低コストと量産化の実現に向けて，よく似た技術的問題を抱えたユニット同士が結びつけられた．そこでは，同じ地域に立地しているという理由で，ユニット同士が直接結びつけられることはなかった．しかし，規制や環境にかかわる問題については，国や地域をベースにアプローチした方が適切だったはずである．

　これらの問題にたいする自然な解として，マトリクス組織を創造することが考えられる．マトリクス組織は，どれだけ明示的でフォーマルな構造なのだろうか．この点については，千差万別である．ABBは，地域と製品のマトリクスを採用した．そこでは，すべてのライン・マネジャーにたいして，地域担当と製品担当の2人の上司へ報告することが義務づけられた．これは，一方の極をなしている．他方，GMは，「バスケットウィーブ・モデル」を採用した．このモデルは，製品と地域を主要次元とした組織であって，シニア・マネジャーには，ユニットを越えて，品質や製造のプロセスにたいする

責任が求められている．また，BP は，名目上はストリームとよく似ていたが，保険の役割しか担うことのない地域政策グループ（Regions and Policies group）を設立しようとした．ピア・グループの下で連結されたビジネス・ユニットは，いまだにストリームの経営委員会にたいする報告義務をもつ．だが，地域政策グループのスタッフは，本体の事業範囲にうまく適合していない問題について，経営委員会と連絡をとりあっていた．だが，そのやり取りは，うまく機能していなかった．合併や新規事業分野への参入によって，BP の事業にかんする複雑性が高まるばかりでなく，1990 年代末には，地理的な範囲も拡張することとなった．そのために，BP は，ビジネス・ユニットの監督を担っているシニア・マネジャーにたいして，地域にかんする明示的な責任を追加的に負わせ，地域的な問題を適切に処理できるようにすべく，組織デザインの調整に着手した．

全体的なシステム

内部組織の諸特性のあいだで確認される補完性は，実際には企業の水平範囲や垂直範囲にも及んでいる．戦略の透明性や業績がもつ意味は，企業が狭い事業範囲に集中する場合に，理解しやすくなるだろう．また，狭い事業範囲への集中は，分解型モデルにとって厄介な問題を引き起こしかねない相互依存性が，ユニットのあいだで生じる余地が小さくなることを意味する．だが，パートナーシップのロジックが意味するのは，アウトソーシングを試みたからといって，相互依存性を有効に扱う必要がなくなるわけではないということである．さらに，少人数のトップ・マネジメント・チームは，事業範囲の縮小を魅力的なものとして捉えるであろう．というのも，経営上の過負荷の問題を軽減できるからである．組織にかかわるあらゆる要素は，すべからく適合しているのである．

この議論がもつ含意については，実際に検証の対象とされてきた．アンドリュー・ペティグルー（Andrew Pettigrew）とその共同研究者達（Ruigrok et al. 1999 ; Whittington et al. 1999）は，1992 年から 1996 年を分析対象として，448 社のヨーロッパ企業による業績と補完性モデルの要素（ちなみに，彼ら

は，企業境界，内部的なアーキテクチャ，そしてプロセスに関連した10個の要素に注目している）の採用度合との関係を検討した．彼らは，そのサンプルにおいて，ベスト・パフォーマンスを実現している企業が採用している慣行のあいだに，統計的に有意な正の相関を見出した．組織にかかわる諸特性のうちの1つ（たとえば，水平的な連結関係の強化など）を採用することは，他の特性（たとえば，IT 投資）を採用することと深い関係をもつ．ワースト・パフォーマンスにあまんじた企業は，それとは逆のパターンを示していた．水平的な連結関係を強化した弱体企業では，IT 投資の水準が低くなるという傾向が確認された．このことは，注目に値する．

　これらの観察パターンは，これまで展開してきた議論と整合している．さらに，そうしたパターンは，組織デザインの特性間に補完性が生じているということとともに，補完性をベースにしたニュー・モデルが，業績に正の効果をもたらすということとも整合している．これら一連の結果は，業績の決定要因にかんする計量経済学的な推定によって，適切に導出されたものである．個別要素が，ばらばらに採用されることによって，しばしば業績が低下することがあるとしても，個別要素からなるコヒーレントな集合体を，すべからく採用することによって，業績には強力な正の効果がもたらされる．このことが，実際に証明されたのである．

　さらに，先の研究者達は，サンプル企業のほとんどがニュー・モデルへの移行に着手しており，少なくとも，いくつかの特性をまとめて同時に採用している事実を発見した．しかし，ごく少数（サンプル全体の約20分の1）の企業は，全面的な変化を志向し，構造，プロセス，そして境界といった要素を，抜本的に変えてしまうという補完性モデルを採用していた．そうした企業は，ニュー・モデルに向けた変化を試みなかった企業よりも，かなり高い収益性を享受していた．構造，プロセス，そして境界といった3つの要素のうちの1つないし2つしか採用しなかった企業は，ニュー・モデルに向けて要素をまったく変えなかった企業よりも，実質的に業績が低下してしまったというのが実情である．このことは，注目すべき点である．

　したがって，変化を進めていく際，ホーリスティック†な観点からの検討と実行をこころがけるのであれば，卓越したビジネス・センスが養われるだ

けでなく，混合と調和(ミックス・アンド・マツチ)によっては達成できない業績向上がもたらされる．

† 訳注：社会で生じる現象を，個人の行動や関係といった個別要素にすべからく還元して理解するという方法論とは対照的に，全体は個別要素の総和以上のものであるという考え方にもとづいて，システム全体のあり方を解明しようとするのが，ホーリズム（ホーリスティックな方法論）にほかならない．

第 6 章　成長とイノベーションのための組織

　株主は，投資先企業による現在の業績に満足しているかもしれない．だが，その企業が単に良い収益性を実現しているだけでなく，実際にその利潤や収益性が増大すれば，より大きな満足をえるはずである．さらに，企業を構成するメンバーのあいだにも，成長を好む傾向が見出せる．成長企業で働くよろこびは，そうでない企業で働く場合と比べれば，より大きくなるであろう．成長は，新しくてエキサイティングな仕事が割り当てられる機会や昇進機会を増やすとともに，不快な葛藤の軽減につながる．というのも，分配の対象となるパイの大きさがこれまでよりも大きくなることによって，1人あたりの取り分が多くなるからにほかならない．しかし，現在の業績を損なうこともなく，あるいは価値を破壊することもなく，成長を実現できるかどうかについては，保証の限りでない．

　企業の原初的な事業が立ち行かなくなってしまうことがない限り，現在の業績を実現することと，成長を達成することは，完全に両立できる．別に，成長が，いつでも容易に実現できると言っているわけではない．規模の増大によって複雑性が生じるために，中小企業では適切だった組織デザインを単純に拡大して，より規模の大きな企業にあてはめることはできない．しかし，事業の拡張にあわせて，基本的な戦略モデルの拡張を図るにあたって，固有の問題がかならず生じるというわけでもない．

　だが，そうした有機的成長には制約がある．経営学者は，以下のような主張を展開してきた．すなわち，たいていの産業は，経済全体とともに成長を

遂げ，創業段階から高成長段階を経た後に，最終的には衰退段階へと到達してしまうのだ[1]，と．遅れて参入する企業も存在するし，あるいは産業が消滅してしまう前に退出する企業も存在するので，すべての企業が，そうした一般的なライフ・サイクルにしたがっているとは言えない．だが，企業成長の文脈は，産業のダイナミクスによって設定される．急速な産業成長が生じて，新しい顧客を次々と誘引しているような場合，企業にとっても，急速な成長を遂げる余地が大いにある．20世紀初期においては，いくつかの自動車会社とその産業全体がかなり急速に成長した．また，20世紀後半においては，ソフトウエア，半導体，コンピュータ，そしてテレコミュニケーションといった一連の産業で，数多くの企業がとてつもないスピードで成長を遂げた．

しかしながら，市場成長は，ある点においてスピードを落としていくことになろう．企業にとって，競争相手から顧客を奪うことによって，高成長を維持するのは依然として可能である．しかし，この可能性は，ますます実現困難になっていく．別の可能性として，新たな地域市場への拡大が考えられる．しかし，このアプローチには，しばしば現実的な制約が立ちはだかることもある．また，産業内で競争相手の吸収という合併プロセスを先導していくことによって，しばらくのあいだ，成長を維持することもできよう．だが，そうした成長の源泉にも，制約が存在しているのは明白である．すなわち，さらに合併を続けていくことが，経済的には可能だとしても，反トラスト法が，その障害になることは必至である．

したがって，企業が実質的なスピードで成長し続けているならば，原初的な事業範囲を超える形で，事業機会の開発に取り組んでいるからにちがいない．さらに言えば，ある企業のオリジナル製品にたいする需要が衰退している場合，その企業を存続させるためには，新規事業の開発が重大な意味をもつことになる．

買収は，新規事業参入のための1つの方法である．すなわち，すでに当該分野に存在している製品，部門，あるいは企業を買うということである．他のオプションとして，企業が独力で新しい機会の創造や開発を行うというも

---

1) たとえば，Saloner, Shepard, and Podolny（2001, pp. 271-284）を参照．

のが挙げられる．買収によって，売上高や総利潤が増加するとしても，それが価値創造や収益性にたいして，好ましい含意をもつかどうかについては明確でない．他方，イノベーションの実行というのは，本質的に不確実なプロセスである．さらに，組織デザインにかんして言えば，イノベーションを促すタイプは，業績の現状維持を促すタイプとはかなり異なっている．このことは，経済成長率よりもはやいスピードで，成長を維持していくのは，困難なプロセス——たいていの企業にとって，長期的にうまくコントロールできないプロセス——だということを意味する．実現不可能な成長の野望を追い求めているあいだに，莫大な価値が破壊されてしまうのである．

　本章では，成長のための組織について議論する．まず，買収というオプションについて簡潔に論じる．そして，イノベーションのために組織をデザインする一方で，既存事業の業績を維持するという問題を扱う．この問題こそ，われわれの主題なのである．

成長を買う

　買収によって，企業が新しい事業機会や成長機会を獲得できるのは，確かな事実である．GE は数百件にも及ぶ買収を企ててきた．この企業の傘下にある金融サービス・グループである GE キャピタル（GE Capital）は，近年，その買収の多くを実行した．その過程で巨大複合事業体へと発展を遂げ，親会社の成長を大きく左右するまでになった．さらに，企業のなかには，ハイテク事業における競争と成長に必要な新製品を持続的に開発するために，買収を利用してきたものもある．最も顕著な例として，シスコシステムズ（Cisco Systems）を挙げることができる．この企業は，ルータ，スイッチ，他のネットワーク機器，そしてソフトウエアといった事業分野で，イノベーションを維持するのに必要な技術や人材を獲得するために，数多くの中小企業を買収した．また，買収は，企業が事業の抜本的な方向転換を実行するという目的でも利用されてきた．アメリカの由緒ある事業体であったウェスチングハウスは，1997 年に CBS という名前のメディア企業へと一変し，CBS テレビネットワークに加えて，ケーブルチャネル，ラジオ局，そしてテレビ

局といったものを所有している．この企業の変貌は，主としてメディア・ビジネスの買収とオリジナルの製造部門の売却によって成し遂げられた．同様に，ドイツ重工業の象徴的存在であったマンネスマン（Mannesman）は，1990年の時点では，石炭，鉄鋼，管，産業用機械，そして自動車用品などを生産していた．だが，その9年後には，移動通信プロバイダへと変貌を遂げた．1990年のはじめに，ドイツでワイヤレス通信ネットワークに着手するライセンスを獲得し，他のヨーロッパ諸国のワイヤレス企業を買収して，この産業の主要プレイヤーになるまでに成長した．1999年に，従来から行ってきたすべての重工業関連事業から撤退し，その事業内容を抜本的に転換した．（注目すべき点は，その後，マンネスマンとCBSは，双方ともに他社によって吸収されたという事実である．すなわち，前者はボーダフォン（Vodafone）によって，そして後者はバイアコム（Viacom）によって，それぞれ買収された）．

　買収ベース型の成長戦略では，そのプロセスをつうじて，買収企業の株主に価値を創造することが重要な問題になっている．利潤なき成長には，価値がない．というのも，大きくなるだけでは，実質的な価値を生み出せないからである．一般的に，企業にとって，他企業の買収によって株主に便益をもたらすのは，きわめて難しいことである．このことについては，以下の2点にまとめられる．第1に，創造される潜在的な価値が，被買収企業の株主に流出してしまうのを完全に防ぐことは，きわめて難しい．第2に，いったん，取引が行われてしまうと，潜在的な利得を実現するのは難しい．

　株式市場の反応で判断してみると，M&Aによって，価値が創造されるとしても，そのすべてと言えるほどの割合が，買収ターゲットとなっている企業（被買収企業）の所有者の手中におさめられる．このことは，数多くの研究によって発見された普遍的な事実である．投資家は，買収ターゲットとなっている企業の株主がきわめて適切に行動し，保有する株式にたいして大きなプレミアムをうけとるだろうと予測する．このような予測を反映する形で，被買収企業の株価は，正の「アブノーマル・リターン（abnormal return）」（株価が一般市場動向の予測値と比べて上昇する）を示す．このようなパターンが一般的なのである．他方，買収企業の株価は，概して何の影

響もうけないか，あるいは幾分下落する傾向がある[2]．したがって，標準的なディールによって価値が創造されるのだが，その価値は，買収企業サイドにはほとんどわたらないか，あるいは全然わたることがない．投資家は，このことを認識する．

　企業買収をめぐる活発な競争が展開されるとともに，買収を模索している主体の数と比べて，潜在的な買収ターゲットが供給不足の状態にある場合に，余剰が分配されると期待できよう．もちろん，市場において，つねに売手が不足するというわけではない．だが，原則的にはその傾向が強いようである．おそらく，このことは，消滅する被買収企業の経営者が，雇用の増大や維持を望むという事実を反映している．さらに，買収される可能性が，いったん生じてしまうと，買収ターゲットが，積極的に買収企業を探索するという事実を反映している．実際，買収ターゲットの経営者は，株価が競争によってつり上がるようにオークションを運ぶ義務を，株主にたいして負っている．

　買収ターゲットをめぐる激しい競争が生じない場合でも，情報問題は，買収による便益の分配を説明するのに有用である．それは，競争入札にかんする文献では，「勝者の災い（winner's curse）」として知られている．その基本的なアイデアというのは，以下のことである．すなわち，さまざまな入札者にとって，販売品目の価値に共通要素が存在するオークションにおいては，入札者が適切な知識をもたないと，結果的に勝者になる入札者は，その販売品目の実質的な価値を上回る支払を行いがちだということである．買収ターゲットの買収には，このような特性がみられる．

　ある企業が他企業にとってもつ価値は，共通要素に特殊要素を加えたものとして表現できる．共通要素とは，買収サイドになりうるあらゆる企業に共通の評価額であって，基本的な事業価値を反映している．これにたいして，特殊要素とは，買収ターゲットと個々の入札者との特有な適合関係を反映している．どの入札者も，これら2つの要素を確実に知ることはできない．つまり，それらは，推定値とならざるをえないのである．より高い推定値をつ

---

[2]　この分野の文献にかんする議論については，Grinblatt and Titman（2002, pp. 707-708）を参照．

けた入札者が，より積極的な入札を実行するのであれば，共通要素と特殊要素の合計にかんして，最大推定値を提示した企業が勝者になるだろう．しかし，それぞれの企業が推定した価値に偏り(バイアス)が生じないとしても，共通要素の最大推定値は，実質的な価値を過大評価したものになりがちである．買収ターゲットの価値にかんして，最大推定値（すなわち，過大評価を意味する）を提示する企業こそが，勝者になるのである．入札者は，この事実を勘案しなければ，行き過ぎた入札のために，過大な支払を行う羽目に陥ってしまうだろう．

　適切な知識をもつ入札者は，自分の入札を下方調整することによって，勝者の災いを回避する方法を学習するだろう．たとえば，石油会社は，長年にわたってこの種の情報問題を理解し，石油リース契約の入札において，その対処法を学習してきた．ただし，他企業の買収に向けて入札を行っている企業が，これまで勝者の災いを克服する方法を学習できたかどうかについては定かでない．

　勝者の災いについては回避できるとしても，買収ターゲットをめぐる競争が，現に展開されているという事実は，以下のことを意味する．すなわち，買収による成長が，買収企業の価値創造に貢献するのは，買収ターゲットが他企業にたいしてもつ価値よりも，買収企業にたいしてもつ価値の方が，明らかに大きい場合に限られるということである．企業買収をめぐる争いが生じるようなオークションにおいて，買収ターゲットの価格は，敗者となる入札者達がつけた最大評価額を反映する傾向がある．その価格が，勝者の評価額よりもわずかに低いということがなければ，すべての利得は，被買収企業の株主の手中におさめられることになろう．

　買収ターゲットの価値を評価する場合，ある企業にとっての価値が，他企業にとっての価値よりも大きくなるのはなぜか．まず，買収企業の経営者にとっての価値，あるいはその株主にとっての価値のどちらを考えているかを，はっきりと区別する必要がある．経営者が帝国建設を企てているケース，あるいは自信過剰にさいなまれて，買収ターゲットの運営における自分の価値創造能力を過大評価しているケースを考えてみれば，それぞれのケースにたいする評価は，明らかに異なっている．だが，前章で論じたように，行動主

義的な投資家の台頭,そして株価連動型の経営者報酬の発展によって,これら2つのケースに代表されるような経営者によるモラル・ハザードという問題が,過去と比べるとさほど重要ではなくなった．だが,この問題にたいする答えは,2社の企業の資産を共通の指揮下におくことによって,追加的価値が創造される可能性,そして追加的価値を生み出す実質的な能力に依存している．

　企業結合によって,価値創造は可能になるのだろうか．この可能性は,2社のあいだに補完性が生じるかどうかによって左右される．とくに,そうした補完性は,経営とガバナンスを統合する以外に実現できない．2社の企業を統合せずに――提携（アライアンス),パートナーシップ,あるいは契約配置に依存することによって――利得を実現できるのであれば,わざわざ2社の企業を統合する意味はない．

　補完性は,一方の事業体では過少にしか利用できないが,双方の事業体で有効に利用できるような資産から生み出される．実は,M&Aの場面で追求される「シナジー」の多くは,このタイプのものなのである．たとえば,会計部門や人的資源部門を1つにすることによって,費用が節約できるのは,以下の2つの場合である．第1に,規模の経済や不可分性が存在するような場合である．そして,第2に,これらに起因して生じる効率性が,そうした部門がはたす機能をアウトソーシングによって補おうとしても生み出せないような場合である．重要な点は,過少にしか利用されていない資産が,知識のような無形資産かもしれないということである．たとえば,1990年代末のBPによるアモコとアルコの買収で生じた価値の多くは,BPのすぐれたマネジメント・システムを,2社の被買収企業の人的資産と物的資産に適用したことに由来している．このことは,ほぼ間違いない．また,新規事業参入の際にレバレッジとなる魅力的な市場ポジションも,利得を生み出す源泉なのである．シスコシステムズは,大企業向けのネットワーク機器のプロバイダとして,比類のないポジションだけでなく,顧客とのあいだに良好な評判を確立している．それによって創出した資金を,技術開発企業の買収にあてることができた．これらのケースは,買収企業が,買い入れた技術をつうじて,別の入札者よりも大きな価値を獲得できた事例である．さらに,補完

性の利得は，それぞれの企業が，結合的に利用される場合により大きな価値を生み出す資産をもつときにも生じる．一方の企業が製造のケイパビリティを，そして他方の企業がマーケティングのケイパビリティをもっているとき，これらの企業は，合併することによって，個別要素の総和（sum of the parts）よりも大きい価値を創出できるだろう．

経済的な意味をもつ補完性は，買収ターゲットと買収企業の双方が，関連事業を営んでいる場合に生じる可能性が高い．たとえば，ニューウェル（Newell Company）は，ラバーメイド（Rubbermaid）のような包括的な事業展開を行う企業を買収することで，製品ラインの拡張を図り，家庭用品事業の主力メーカーになるまでに成長した（Barnett and Reddy 1995）．ニューウェルは，独特なマネジメント・システムを適用するとともに，小売業者との関係をレバレッジにして付加価値を生み出した．しかし，新規事業参入という目的のためだけの買収の場合には，そうした補完性は生じないように思われる．この方法で価値創造型の成長を実現するのは難しい．

さらに言えば，2つの既存事業を統合することによって，潜在的には補完性が生じるとしても，組織にとっては，それを実際に実現できるかどうかが大きな課題になっている．合併後の経営統合は，きわめて難しい．その理由については，容易に理解できるだろう．

M&A後の組織モデルとしては，基本的に3つのタイプが考えられる．すなわち，第1のモデルは，2つの組織を可能な限り分離するというタイプである．ソニーは，コロンビア・ピクチャーズを買収した後に，このモデルをベースにして経営を進めていた．このアプローチは，補完性の実現を見込んだものではない．だが，それぞれの部門にとって，その事業に適合的な組織デザインを行うことができた．M&Aの目的が，新規事業への参入に加えて，マンネスマンやウェスチングハウス/CBSのように，旧来の既存事業からの撤退に求められる場合に，この組織モデルは適切だとみなされるだろう．しかし，そのプロセスでいかなる価値が創造されるかをみきわめるのが難しいばかりでなく，買収ターゲットに支払われたプレミアムを埋めあわせるのも困難になってしまう．

残り2つの組織モデルは，経営統合を模索するタイプである．第2のモデ

ルは，2社の組織デザインのうち一方（通常は，買収企業の組織デザイン）を選択するというタイプである．組織デザインは，取締役会での承認をうけて採用され，買収ターゲットの組織再編と吸収を志向する．実際に，この組織モデルは，BP とアモコの合併に適用された．すなわち，BP の組織デザインが採用されて，アモコの資産は，BP のビジネス・ユニット・モデルの下で利用された．第3の組織モデルが模索するのは，両社の組織デザインの要素のなかからベストなものを見つけ出し，それらを結合することによって，まったく異なった形態を創造するというタイプである．これは，一般的なパターンなのであって，同規模の企業同士が「対等合併」を行うようなケースでみられる．その代表的な事例として，HP（ヒューレット・パッカード：Hewlett-Packard）によるコンパック（Compaq）の買収にともなう統合プロセスを挙げることができる．

　いくつかの企業のうちの1社が採用している組織モデルを適用することによって，組織変化にともなう混乱や分裂を最小化するという大きな優位性を享受できる．さらに，すばやい経営統合の実現にも寄与しうる．明確な組織モデルが存在していれば，新しい人々は，それに適応しさえすればよい．もちろん，新しい人々のグループが，組織に参加することによって，組織モデルは，つねに変化を余儀なくされるだろう．彼らが，選択された組織モデルの文化をうけいれるプロセスは，多くの時間を要するものであって，不確実性をともなう．このアプローチは，BP が主導する統合事業体のように，2社の企業が同一事業を展開している場合に，きわめてうまく機能する可能性が高い．シスコシステムズは，技術や人的資源の獲得を目的として，数多くの中小企業を買収した．その際，採用したのが，こうしたアプローチであった．実際，シスコシステムズは，潜在的な買収ターゲットである組織の人々や文化のスクリーニングを行うことによって，自社への適合が容易に進められるようにしている（O'Reilly 1998）．だが，まったく新しい事業機会の集合を創造するのが目的であれば，買収企業の組織モデルを適用するというアプローチは，きわめて非効率だと言えよう．というのも，このアプローチは，新規事業に必要なさまざまなアクティビティを実行させるべく，人々のコーディネーションと動機づけを行うのに適していないからである．極端なこと

を言えば，このアプローチには，以下のような問題がある．すなわち，買収企業は，もともと被買収企業にいた人々が，買収後に退社してしまったために，当該のディールによって獲得しようとしたケイパビリティを，失ってしまうおそれがあるという問題である．本書ですでに言及したように，テネコとヒューストンのケースは，このようなおそれが現実化してしまった事例である．

それぞれの企業のベストな部分だけを選び出す「いいところどり」のアプローチは，選択の実行が遅れてしまう結果，長期にわたって業績に悪影響が生じるという危険にさらされている．何が適切な方法なのかを決定せねばならないが，この点については，直ちに明確な答えが出るわけではない．さらに，企業のあいだには，それぞれが得意とする方法が選択されるのを目指して，競合が生じるであろう．そのために，選択を行う場面で，激しい政治活動が展開される結果，インフルエンス費用が生じてしまう．さらに，選択が行われないということもありうる．たとえば，日本では，合併によって第一勧業銀行が設立された．しかし，この新設銀行には，約20年にわたって別々の人事部が存在し，それぞれの前身銀行の出身者の処遇を決めていた．また，HPは，株主の反対で合併の実行が遅れたことによって，望外の便益を獲得した．というのも，実質的な合併が行われるまでのあいだに，組織デザイン問題を解決するのに時間をかせぐことができたからである．

「いいところどり」のアプローチにかんする第2の問題は，そもそもの組織デザインによってコヒーレントなシステムが確立しているのであれば，それぞれの企業のベスト・パフォーマンス特性を選び出すことによって，コヒーレントな組織デザインを新たに創造することはできないというものである．すでに第2章で論じておいたように，混合と調和は，組織デザイン問題にともなう障害を克服するための処方箋となるかもしれない．

以上，すべての議論から導かれる結論は，買収をつうじて収益性の高い成長を遂げようとする試みは，そもそも困難なのであって，このルートで新規事業に参入することによって価値を創造するのは，とりわけ根深い問題をともなうということである．次に，既存企業にたいして，イノベーションを促すと同時に，従来から行っている事業で業績を維持させるという問題に目を

向けたい．

既存企業のイノベーション：探査と発掘

　新しいアイデアの創造を促す組織をつくるのは，さほど難しいことではない．研究中心大学(リサーチ・ユニバーシティ)は，このモデルを例証している．すなわち，聡明で知識欲の旺盛な人々を集結したうえで，彼らにたいして，時間，資源，そして最小限の指示を与える．そして，思考成果の共有とアイデアの緻密な検討を実行する他の優秀な人々とのコミュニケーションを，自由に行わせる．さらに，卓越したアイデアをもつ人々にたいして，高い価値が付与されるような仕方で報いる．（その際，かならずしも巨額の金銭的報酬を支払う必要はない）．AT＆Tの傘下にあった時代のベル研究所（Bell Laboratories）では，このようなモデルの下で，オペレーションが展開されていた．そして，トランジスタの発明やビッグバン宇宙論の科学的根拠の発見などの基礎研究における功績によって，数名のノーベル賞受賞者を輩出した．ゼロックスのパロアルト研究センター（Palo Alto Research Center）も，ベル研究所と同様の組織デザインを採用し，同水準の生産性を実現していた．オブジェクト指向プログラミング，ローカルエリアネットワーク，そしてPC関連の基本要素の多くは，この研究センターで開発された成果なのである．もちろん，これらの親会社は，研究所の卓越したアイデアから金銭的便益をえていたわけではなかった．──研究所では，かなり大学に近い組織が採用されていたのである．

　したがって，数多くのアイデアを創造するのにとどまらず，それらをいかにして事業の成功へと結びつけるかが問題なのである．既存企業の多くは，新しい事業機会の発見に向けて苦心している．だが，こうした取り組みを行っていない企業もある．また，新製品だけでなく，斬新な製品カテゴリーを定期的に創造している企業もある．しかし，これらの企業の多くは，イノベーションにたけているとしても，日常的な業績を実現するのに苦悩している．どうやら，発明や新奇的な事業の創造を実行できたとしても，その運営を効率的には進めていないようである．イノベーションと効率性の双方をうまく

管理できる企業は，稀にしか存在しない．われわれの主な関心は，その理由をつきとめることにある．そして，現在の業績を犠牲にすることなく，成長に必要なイノベーションを促進するための指針を求めて，行われている研究について議論しよう．

　ジェームズ・マーチ（James March）は，企業が新規事業を創造するとともに，その運営をうまく行っていくうえで必要なタスクを区別した（March 1991）．第1のタスクは，現在の状況――すなわち，企業が採用しているビジネス・モデル，市場セグメント，提供している製品やサービス，そして採用している技術など――に固有の機会を有効に掘り下げるという発掘（exploitaion）である．第2のタスクは，新しい機会を探りあてるという探査（exploration）である．発掘と探査は，それぞれまったく異なるタスクであるために，それぞれ異なる組織ケイパビリティに依存している．さらに，異なる組織ケイパビリティを有効に利用するには，それぞれ異なる組織デザインが必要とされる．

　発掘の本質は，現行の戦略を実行することによって，最大業績を実現するという点に求められる．第5章で記したように，発掘を完全な形で実現するには，現在のアジェンダに集中するとともに，それを有効かつタイミングよく実行すべく，すべてのエネルギーを注ぎ込む必要がある．結果的に，発掘には，集中と実行を促すような組織デザイン――人々，アーキテクチャ，ルーティン，そして文化（PARC）――が必要とされる．インセンティブは，強化される傾向がある．さらに，可能であれば，オペレーションの業績，費用，収入，そして収益性といった数量的な指標をベースに提供される．不確実性の軽減とリスク管理のために，プロセスのコントロールが緊密に行われる．現在の顧客ニーズを満たさねばならないということが強調される．スラック――戦略の実行に向けて利用されていない資源――については，極限まで徹底的に利用し尽くし，取り除いていく．

　リンカーンは，発掘をうまく成し遂げてきた．数十年にわたって，アーク溶接機やその他の製品のコスト削減を一貫して追求することにより，販売価格の低下や市場支配を実現した．本書ですでに論じたように，この企業の組織デザインのすべての要素は，労働者がタスクの生産性を高めていくことと，

うまく適合したものなのである．その要素は，有名な出来高給制やボーナス制度にはじまり，ジョブ・デザインの仕方，そして所有構造といったものにまで至っている．ほんのわずかな費用であっても，削減努力の対象とした．浪費と思えるものですらも，効率性を実現するための戦略にとって不可欠な要素だということがわかった．たとえば，リンカーンにおいて，大量の仕掛品在庫は，個人の作業速度を維持するのに必要とされている．また，出来高給の有効性にとってだけでなく，懸命に働き，職務遂行の仕方をうまく改善するというインセンティブにとっても，重要な意味をもっている．同様に，高水準の従業員所得──リンカーンの本拠地で，製造業に従事する労働者の平均所得の少なくとも2倍の額であった──は，労働者の信頼や長期的な忠誠心が損なわれたり，あるいは（出来高給から生じる）イニシアチブや（ボーナスから生じる）協力のインセンティブにたいする悪影響を覚悟することなしに，減らせるものではなかった．

　発掘は，狭義の静学効率の問題というわけではない．発掘によって，数多くのイノベーションを生み出すことができる．リンカーンは，長年にわたって，数え切れないほどのプロセス・イノベーションを実行してきたからこそ，時間あたり生産量の記録を達成できたのである．同様に，すぐれた発掘型企業である BPX は，石油の発見と精製にかんして，あまたのメージャー・イノベーションを成し遂げた．その成果としては，深海を水平に掘削していく能力の開発などがある．さらに，技術変化が激しい産業では，発掘型企業が，有効にオペレーションを展開してきた．たとえば，インテル（Intel）は，1990年代をつうじて，ひたすら X86/Pentium マイクロプロセッサアーキテクチャの機会の発掘を続けていた．新世代チップの製造において，最大成果をあげることをつねに優先してきた．それによって，費用最小化と価格の引下げがもたらされた．新しいチップの開発プロセスは，秩序だっていて，統制のきいたものであった．事業領域については，マイクロプロセッサ事業に完全に絞り込んだ．イニシアチブは，当該事業から注意をそらしてしまうこともある．砂漠地帯に生息するクレオソートブッシュという植物は，毒を放出することによって，自分の空間を侵略してきた他の植物を枯らしてしまう．マイクロプロセッサ事業が，イニシアチブに影響を及ぼし，他の事業への関

心をそいでしまうことを表現するのに，クレオソートブッシュのメタファーが一般的に用いられてきたのである（Burgelman 2002）．

　発掘型企業は，もちろんイノベーションを実行するのだが，ラディカル・イノベーションについて言えば，発掘の産物ではなく，むしろ探査の産物なのである．発掘にせよ探査にせよ，いずれもたゆまぬ改善の追求をともなう．しかし，発掘は，通常の事業を行う過程で頻繁に実行されており，現行のアジェンダやモデルの文脈を改善すること，あるいはそれらの限定的な拡張を求めることなのである．これにたいして，探査というのは，より広範なドメインに及ぶ探索をともなう．そして，現在のパラダイムの外部に広がった新しい機会を求めることなのである．探査には，つねに大きな不確実性がつきまとう．そうした不確実性は，何かを発見できるかどうかについてだけでなく，それが実際により望ましいものかどうかにも関係している．探査は，スラック——現行の戦略を実行するうえで，ほとんどと言ってよいほど役に立たない未利用資源——によって左右される．ここで，新改良液体洗剤タイド（Tide®）とデジタルコンパクトディスクについて考えてみよう．Ｐ＆Ｇ（プロクター・アンド・ギャンブル：Proctor & Gamble）が，コンシューマー・リサーチを重点的に実施し，既存製品を改良することによって，顧客ニーズを満たせることを認識した事例は，発掘にあてはまる．これにたいして，ソニーとフィリップスは，エンターテインメントのための新しいシステムを開発した．このシステムは，潜在的な顧客が想像もつかない優位性をもつものであって，探査の要素を含んでいた．

　探査というアプローチを徹頭徹尾採用してきたのは，ごくわずかな企業にすぎない．最も純粋な探査型企業が，もっぱらフォーカスをあてているのは，アイデアの創造にほかならない．かくして，事業に発展させる価値をもつアイデアの選択，そして事業の創造と運営については，他の主体に委ねてしまう．このアプローチは，研究中心大学（リサーチ・ユニバーシティ）によるオペレーションの仕方にほかならない．研究中心大学は，技術のライセンシングによって収入をえている．ほとんどの企業は，このアプローチを採用する余裕をもたないであろう．とは言うものの，これに近いアプローチを採用している企業の事例も存在する．そうした企業は，事業の構築と運営を自社で行うというよりは，むしろ自社

で創出したアイデアを売却する，あるいはアイデアをベースに独立した企業としてスピンオフするという試みを実行している．アイデアラボ（IdeaLab）は，その一例として挙げられる．この企業は，ドットコム・バブルの崩壊とともに苦境に立たされた．そもそも，その原初的なビジネス・モデルというのは，創業者のビル・グロス（Bill Gross）と研究員達のアイデアをベースに，インターネット事業を創造していくというものであった．この企業は，新規事業担当の CEO を外部から採用し，彼らを事業創造の面で支援するといった具合に，インキュベーターとしての役割をはたした．この方法は，今でこそポピュラーになっている．アイデアラボは，初期的なアイデア，資本，オフィスの場所，ビジネス・サービス，専門的なスキル，そしてアドバイスといったものをまず提供して，その後に，ベンチャー・キャピタリストとのネットワークを構築するうえで支援を与えた．それぞれの事業は，独立した企業へと成長を遂げた．アイデアラボは，各社を実質的に所有した．1998 年の時点で，このプロセスによって独立した企業の数は，30 社以上にのぼっていた．

　純粋な探査型企業やインキュベーターにとどまっていることに満足している企業は，ほとんどない．だが，探査を重視し続けていると言えるだろう．代表的なケースとして考えられるのは，1960 年代の 3M（スリーエム）である（Bartlett and Mohammed 1995）．この企業は，1 世紀前に開発された耐水性サンドペーパーをはじめとして，世界中の高速道路で用いられている反射標識，そしてスコッチ（Scotch）のブランドで知られる粘着テープやヘルスケア製品に至るまで，幅広い製品のラインナップを扱っている．その長所は，ブレイクスルー型の新製品開発に求めることができる．これを実現するには，想像力，「型破り」の発想，リスク負担にたいする積極性，失敗にたいする寛容な態度（リスクをおかした人を罰するのではなく，むしろたたえる），前人未踏の新しい課題への挑戦，そして従来の成功製品とはかけ離れたアイデアの生成と創造のためのスラックといったものが，必要とされる．3M は，これらをすべて可能にするような組織を編成した．

　3M では，複数の R＆D グループが設置された．しかし，アクティビティのコーディネーションや合理化が，グループの垣根を越えて行われること

はほとんどなかった．しかし，グループ間の直接的なコミュニケーションが強く促進されるようになり，それが規範となった．かくして，千の花が咲き乱れるかのごとく，1つの問題にたいして複数のアプローチが共存し，互いに競争と受粉を展開していった．さらに，3M は，人々が仕事の仕方や内容にかんする意思決定を行ううえで，彼らに並はずれた自由と裁量を与えた．自由を保護するために，専門職の人々にたいして，公式に配属されたプロジェクトで作業するのではなく，彼ら自身が選択した「ブートレッグ・プロジェクト」に自分の時間の 15% を配分するように命じた．広く普及しているポストイット（Post-It®）も，実はそうした努力の賜物なのである．プロジェクトを中止せよというシニア・マネジャーの指示に抵抗した人々は，成功を目指して，プロジェクトを地道に継続していったからこそ，組織のヒーローになることができた．CEO ですらも，ペット・プロジェクトを中止せよという自分の命令に直接はむかった反逆者達をたたえる伝説を，好んで語ってきたのである．

　全社レベルの目標は，新製品が生み出す収入のシェアを増やすことであった．だが，サブグループや個人の業績評価には，財務指標というよりは，むしろ主観的評価やマイルストーンの達成が反映される傾向があった．報酬には，とくに個人の自律性や専門家集団による認知などといった非金銭的要素が多く含まれている．科学的研究やエンジニアリングなどの個別のキャリア・パスが形成されるので，専門職の人々は，マネジメント層に抜擢されることがなくても，キャリア・パスにそって昇進することができる．販売部門の人々は，製品販売の責務だけでなく，顧客と研究員とのコミュニケーション・リンクとしての責務をも担う．彼らにたいする報酬は，これらの責務の成果に応じて適宜に決められた．

　3M が展開する事業について，もう少し深く掘り下げてみよう．3M のモットーは，「少量生産と少量販売（Make a little, sell a little）」である．この企業は，マス・マーケットにおけるコスト・ベースの競争に必要な規律を設けようとはしなかった．むしろ，ニッチ市場を一貫して求め続け，数多くの模倣者の参入によって競争が熾烈になった頃合を見計らって，そこから退出した．

3M とリンカーンのケースは,いずれも極端なものである.この種の特化については,稀にしか確認できない.その理由は,明らかである.探査型企業は,それよりも効率的なオペレーションを展開する速攻型フォロワー(追随者)との競争にきわめて弱い.他方,速攻型フォロワーは,最初に製品を市場に投入した原初的な企業が,開発費を回収する前に,その市場を侵食していき,製品価格を引き下げる.実際,3M は,1990年代にこの種の熾烈な競争に巻き込まれ,ビデオテープ事業とフロッピーディスク事業のスピンオフを実行した.より一般的に言って,3M のモデルは,多くのアイデアを生み出すとしても,それらを厳しく選択しているわけではない.そのために,製品に結実しないアイデアに長いあいだ振り向けられた挙句のはてに,結局は埋没してしまった資源のために,費用がかさんでしまうという構造になっている.一方,純粋な探査型企業として長期的に存続していくには,戦略の実行にすぐれているだけでは十分でない.つねに,それ以上のものが必要とされる.さらに,戦略には,存続の見込みがなければならない.つまり,大きな需要のシフトが生じないという見込みに加えて,すぐれた新技術によって企業の競争優位がゆらぐことがないという見込みがなければならない.リンカーンは,新技術の脅威によって,この10年のあいだ翻弄され続けた.新しい競争相手は,軽量の新素材や新しい電気制御装置を用いた溶接機の導入を図ったのである.さらに,リンカーンが実現していた以上に,リード・タイムの大幅な短縮化を図ったうえで,顧客に直接供給をはじめるようになった.リンカーンは,レイオフに反対する政策を打ち立てていたために,繁忙期における臨時の雇用が制約されていた.企業は,イノベーションと成長を有利に持続していくことを望むのであれば,探査と発掘の要素を,それぞれ適宜に混合せねばならないのである.

最も単純なケース――単一製品の創造,開発,そして販売を目的とし,需要が枯渇してしまった場合には,事業撤退を甘受する企業――においてすらも,企業は,その発展段階に応じて,探査と発掘という両極のあいだを適宜にシフトしていく必要がある.企業の寿命の初期段階では,探査モードでのオペレーションが必要とされる.だが,成長を追求するのであれば,後に発掘型企業になるためのシフトを実現していかねばならない.そもそも,この

こと自体，さまざまな問題をともなうだろう．ベンチャー・キャピタリストは，そのポートフォリオ企業の CEO を指名する権利を主張するとともに，創業者の交代を図るべく，パワーを頻繁に用いることがある (Hellmann 1998). 彼らは，なぜそうした試みを実行するのだろうか．おそらく，その理由の一部として考えられるのは，オリジナルの事業アイデアを発見して，その価値を証明するのに必要な特性が，そのアイデアを事業の形に発展させるのに必要な特性，あるいはいったん事業が確立されてから，それを有効に運営していくのに必要な特性とは，まったく異なっているからである．組織的な問題も，生じるだろう．自由な初期段階の探査型企業に魅力を感じた人々は，規律が厳しいうえに目標が絞り込まれた発掘の文脈には，適合しないかもしれない．小規模のスタートアップ企業にとって適切だったコミュニケーション・パターンや意思決定プロセスは，企業成長に応じてより形式化された官僚的な仕組と置き換えられなければならない．何かを創造するために，共同作業を行うような文化は，割り当てられたタスクを実行する責任を負う文化と置き換えられる必要がある．これらは，すべからく分裂を生み出しかねない．しかし，単一製品企業は，発掘の段階にひとたび到達してしまえば，プロダクト・ライフ・サイクルが終わって存続の危機を迎えるまで，発掘モードでのオペレーションにもっぱら集中することができよう．リンカーンやハドソン・ベイのケースが明確に示していたように，それは長期に及ぶ現象なのである．——リンカーンは，1895 年以来，アーク溶接機事業を営んできた．また，ハドソン・ベイも，創業後3世紀にわたって，毛皮の購買と交易商品の販売を続けてきたのである．

単一製品の市場にしか成長を見込めない場合には，企業は，このモデルを超えるために，持続的に複数の事業機会を開発せねばならないうえに，持続的に成長と存続を求めていかなければならない．したがって，いかなるときでも，さまざまなアクティビティのポートフォリオを形成し，それらを組織内で進行している状況になければならない．すなわち，新しい機会の探索，同定したさまざまな機会からの選択，新規事業の構築，既存事業の運営，そしていくつかの事業撤退といったアクティビティである．これらについては，どれも時間をかけることなく，敏速に行う必要がある．とくに，探査と発掘

は，直ちに行わなければならない．企業は，探査と発掘の同時追求というマルチタスク問題の渦中におかれることになる．探査と発掘のあいだで適切なバランスを発見し，これを維持するのはきわめて困難な課題である．一方にたけてしまうと，それだけ他方を実行するのが困難になってしまうものなのである．

　第1のマルチタスク問題とは，第4章で詳細に論じたモチベーション問題にほかならない．この問題は，さまざまなタスクが存在しているが，それらのあいだにタイミングや業績指標の精度という点で，大きな差異が存在する場合に，いかにして従業員の時間，努力，そして注意の配分を，そうしたタスクに適切に振り向けさせるかに関連している．これは，探査と発掘のケースと類似している．

　2つのタスクのあいだに，従業員の時間と注意をめぐる競合関係が生じている場合，それぞれのタスクに提供されるインセンティブは，同等の強度をもたなければならない．さもなければ，従業員は，報酬の高い一方のタスクを過度に強調し，他方のタスクが供給不足になってしまうであろう．極端な場合には，彼らは，報酬の少ないタスクを完全に無視することになる．というのも，これこそ，任意の総努力水準から最大報酬を獲得するための方法だからである．しかしながら，2つのタスクの業績指標のあいだに，精度やタイミングにかんして大きな差異がある場合に，異なるアクティビティにたいして，同等に強いインセンティブを提供するのは，問題含みになってしまうだろう．

　一般的に，あるアクティビティの業績指標の質が高まれば高まるほど，それにたいして，より強いインセンティブを提供し，より高位の努力を引き出すための費用は，より小さくて済むようになる．その主な理由は，業績指標が不適切だというのは，従業員が報酬にかんしてコントロール不能な大きいリスクに直面することを意味するからである．つまり，報酬は，従業員自身の選択によってだけでなく，業績指標の不確実性によっても変化しうる．業績指標の不確実性は，リスク回避的な主体にとって，費用をもたらすものであって，インセンティブ強度がより高まるにつれて，そうした費用も増大し，報酬の不確実性も大きくなってしまう．主体は，そうしたリスク負担にたい

する補償をうける必要があるので，適切な業績指標は強いインセンティブに，そして不適切な業績指標は弱いインセンティブに，それぞれつながっていく傾向がある．

　2つのアクティビティの業績指標の質が大きく異なっている場合，うまく測定できないアクティビティにたいして，強いインセンティブを提供するのは，たとえ他方のアクティビティにたいして強いインセンティブを提供するのが容易だとしても，きわめて困難になるだろう．あるいは，多くの費用がかかってしまう．かくして，双方のアクティビティにたいして，バランスのとれた強いインセンティブを提供するのは問題である．結果的に，どちらのタスクも必要とされるのであれば，それらにたいして，相対的に弱い――しかし，バランスのとれた――インセンティブを提供せねばならないだろう．（実際に，理論が示唆しているのは，次のことである．すなわち，マルチタスクをうまく実行させる最適なインセンティブというのは，不適切にしか測定されないアクティビティにたいして個別に提供されるものよりも，弱くなってしまうということである）．弱いインセンティブというのは，主体がどちらのタスクにも多くの努力を配分しないことを意味している．このことは，適切に測定されているタスクの場合にもあてはまる．そうしたタスクは，分離されるのであれば，より多くの努力が配分されるはずのものなのである．

　典型的に，探査というアクティビティは，厳密かつタイミングよく評価するのが困難である．適切な行動を，あらかじめ特定しておくのは難しい．従業員の努力と結果の関係は，現実的な不確実性にさらされており，適切に理解できるものではない．そして，結果が，実際にどのような値になっているかについては，しばらく明確にすることができない．他方，発掘というアクティビティについては，容易に測定することができる．適切にタスクを理解できることが多いために，望ましい行動を事前に特定して，直接的にコントロールできる．より一般的には，努力と結果の関係が明確にされて，ノイズが小さくなっていく傾向を確認できる．また，業績指標――オペレーションや財務の結果――は，容易に利用できるようになる．さらに，現在の業績を達成するのに適しているのは，タフで規律づけられたマインドセットである．これは，今までに探査したことのない分野で，新しいアイデアを生み出すの

に適したオープンで実験的なマインドセットとは，かなり異なったものになりがちである．

したがって，現在の業績の実現を望む場合には，強いインセンティブを提供することで，合理的な費用で高水準の努力を誘発できる．他方，イノベーションしか望まない場合には，望み通りにそれを誘発できるとしても，きわめて強いインセンティブの提供によって，大きな費用を負担せねばならない．しかし，従業員にたいして，業績の維持とイノベーションという２つのアクティビティを同時に担わせることが，目下の課題になっているのである．企業は，従来２つのオペレーション・モードのなかでも，どちらか一方に目標を絞り込んできた．だが，双方の実行に向けて，方針転換を図るものとしよう．この文脈では，前述したことがあてはまる．

この10年間について言えば，多くの企業が，原価管理に目標を絞り込んで，このアクティビティだけに強いインセンティブを提供してきた．そのなかの１社が，成長を促進するための意思決定を実行し，従業員にたいして，より多くのイノベーションを促す必要があると認識したとしよう．だが，原価管理によって可能な業績を，犠牲にするわけにはいかない．このような状況において，何らかの手段を講じることができるだろうか．

まず，記しておかねばならないのは，従業員の既存の報酬パッケージに，イノベーションのインセンティブを単につけ足すだけでは，何の効果も生み出せないということである．従業員は，イノベーションの実行によってえられるインセンティブが，原価管理のインセンティブと同等に強くなるまで，前者を合理的に無視し続けるだろう．というのも，思考や努力をイノベーションに振り向けることによって，彼ら自身の期待報酬が減少してしまうからである．さらに，それによって報酬の変動が大きくなり，彼らが直面するリスクも大きくなってしまう．このことは，経営者がよく口にする不満の原因を，探り当てるうえで参考になる．すなわち，彼ら自身，成長を促進するアイデアを熱心に受け容れているにもかかわらず，従業員は，何かを見つけ出す想像力を欠落しているという不満のことである．いずれにせよ，提供されるインセンティブは，実際に評価されるアクティビティから，リスクが高くて報酬も低いアクティビティへと，注意配分のウェイトを合理的に変えさせ

るほど強いものではない．

　イノベーションのインセンティブが強化されると，それらは，ある点で十分に強いものとなり，従業員は，イノベーションに向けて注意を配分するようになる．だが，イノベーションと原価管理という2つのアクティビティのあいだには，従業員が配分する時間をめぐって競合関係が生じているので，原価管理のインセンティブも強化しなければ，このアクティビティにおける努力や期待業績は低下してしまう．これこそが，第2のマルチタスク問題——あるタイプの行動を促すことによって，別のタイプの行動を実行させるのに必要な費用が増大してしまうという問題——なのである．さらに，現行の強いインセンティブは，ノイズの大きい不完全な業績指標と関係をもっている．すなわち，従業員の報酬は，業績指標の不確実性によって大きく変動してしまうのに，報酬そのものは，彼ら自身の努力と部分的な関係しかもたないということである．報酬の変動は，リスク回避的な従業員に大きな費用を負担させてしまう．この費用は，彼らがそうした変動をコントロールできないために経験する不快感によるものである．彼らの報酬の大きな変動は，彼ら自身の努力とは無関係なのである．したがって，企業に費用の負担を直接的に課すような期待総報酬の増大か，あるいは従業員の退職か，といったいずれかの帰結が生じる．

　これら2つのオプションは，実際に企業で確認されている．スタートアップ企業の多くは，1990年代にストック・オプションをつうじて，探査というアクティビティにきわめて強いインセンティブを与えてきた．ストック・オプションが価値をもたなくなる確率を所与とした場合ですらも，その期待リターン——従業員にたいして提供される期待総報酬——は，他企業で期待できる額よりも，かなり高い水準になる傾向があった．（少なくとも，ストック・オプションを利用する企業に就職した従業員は，実際にこのような事態が生じると認識していた）．このように，高位の期待金銭価値は，従業員が直面するリスクを相殺するのに必要とされた．人材の損失という「解」は，リスクの高いプロジェクトを実行させることによって，企業が従業員に転嫁するリスクを，適切なリターンの提供によって相殺できない場合に，暗黙のうちに採用されるものなのである．従業員は，所得やキャリアの見通しにか

んするリスクに直面する．まさに，このリスクは，失敗がつきまとうにもかかわらず，成功のリターンのうち，ほんのわずかな部分しかえられないことに関係している．多くの人々は，退職するか，あるいはより巧妙に，リスクの小さいアクティビティに向けて注意を配分するか，といった選択を行う．それによって，企業のオファーを拒絶するのである．いずれの場合にせよ，企業は，成功を望んでいたにもかかわらず，イノベーションの失敗という事態に陥ってしまう．

これらの要素は，企業がイノベーションを促進するうえで，経験してきたさまざまな問題を説明するのに有用である．たとえば，アメリカのコンシューマー・プロダクト・メーカーであるP＆Gは，大規模なR＆D投資を行ったにもかかわらず，1990年代にかけて，革新的な新製品の開発と導入を成功裡に導くことができずに，数多くの失敗を重ねてきた．そして，1990年代末になって，新製品の開発と導入のスピード化を図るべく，組織再編に着手することを決定した．だが，その過程で，原価管理にほころびが出はじめ，収入の伸びが従来よりも鈍ってしまった（もちろん，期待していたスピードでの伸びも達成できなかった）ばかりか，収益が落ち込んだ挙句のはてに，株価も暴落してしまった．一連の事態の帰結として，2000年6月にCEOの交代が行われた．この交代劇は，就任後から2年もたたぬうちに生じた出来事であった．

また，それに関連した問題は，探査型企業がオペレーション効率の増大を目的にする場合に生ずる．この目的を実現するための自然な方法は，集中と規律（focus and discipline）の要素を加味するとともに，スラックを減らしていくというものである．たとえば，経営者は，事業部内の業績評価に着手し，原価管理が必要だと喧伝する．このような行動は，ほとんど効果がない．というのも，インセンティブが，アンバランスな状態になっているからである．これは，明らかに不運とでも言うべき事態である．さらに深刻なのは，業績指標がうまく機能しているとしても，その過程でイノベーションが破壊されかねないということである．

スタートアップ企業のストック・オプションに代表されるように，探査にたいして相対的に強いインセンティブを与えている組織において，現在の業

績にかんして限定的なインセンティブを導入したところで，ほとんど何の効果も生じない．というのも，主要な報酬は，あいかわらずイノベーションというアクティビティに提供されているからである．さらに，そうした報酬が提供されているときに，企業に誘引された人々は，発掘という単調な仕事にたいして，さほど大きな魅力を感じないだろう．そして，この仕事のオファーが行われ，明示的報酬が与えられることになっても，それを無視しがちである．要するに，クールな仕事をつうじて，大きな目標を成し遂げる機会をえるために，企業に就職したのである．だから，退屈な原価管理の命令に応じることは，彼らが本気で取り組みたいと思っている仕事ではない．

　さらに，3M に代表されるように，既存の探査型企業の場合には，また状況が異なっている．そこでは，インセンティブが強調されることはほとんどなかった．人々は，仕事にたいするプライドや内発的な満足によって主に動機づけられているうえに，自分が享受する自由を高く評価しているのだろう．効率性を増大させるうえで，当然とみなされる手段としては，コントロールの緊密化，資源配分にかんする厳しい規律，そして結果と連動した明示的報酬といったものが考えられる．だが，これらは，重大な影響を生み出すであろう．とくに，注意をラディカルな仕方でシフトさせる．実際，探査というアクティビティでの一般的な失敗は，関連主体にたいして，きわめて大きな費用を負担させてしまう．そのために，リスク負担が大きく損なわれてしまうとともに，イノベーションが深刻な形で阻害されてしまう．さらに，企業で現在働いている人々を組織に誘引してきた要素と，企業が現在提供している要素とのあいだに生じるミスマッチの問題は，少なくとも，スタートアップ企業と同じくらいに深刻化してしまう．

　3M の近年の CEO 達は，効率性を増大する一方で，企業の中核をなすイノベーション・エンジンを破壊しないようにつとめてきた．したがって，研究プロジェクトの厳格なレビューに着手するとともに，将来性に乏しいプロジェクトの中止決定を迅速に行う一方で，研究予算を大幅に増やした．しかし，彼らは，バランスの実現というタフな役回りを演じていたが，イノベーションにたいして負の影響をもたらすような示唆を，与えてしまうこともあった．

マルチタスクのジョブ・デザイン

　マルチタスク問題にたいする1つの明確な解は，ある従業員には探査を，そして別の従業員には発掘を行わせるといった具合に，職務を分割することである．それぞれの職務について，単純なアジェンダが与えられることになる．それによって，どのタスクのあいだにも，問題が生じることはなかろう．しかし，そうではなく，単一の個人ないしグループに，双方のアクティビティを担わせるのが有利になった場合には，職務の分割に支障が生じてしまうだろう．たとえば，イノベーションの成功確率は，当該分野での活動をつうじて，最も適切に獲得できる現行の技術や市場にかんする知識に依存したものなのである．

　あるビジネス・ユニットが複数の目標を追求し，そのユニット内のさまざまなグループを，それぞれのアクティビティに割り当てる場合に，別のモチベーション問題が生じる．このモチベーション問題は，ビジネス・ユニット内の内部競争とインフルエンス活動に関係したものである．現行の業績維持に集中してきたあるユニットのアジェンダにたいして，新たに成長とイノベーションが追加されるような場合，問題は深刻化してしまう．

　単一のビジネス・ユニットにたいして，現行の製品やサービスの業績維持，そして新しい製品やサービスの開発といった両方を期待する場合，それぞれのタスクに割り当てられたチームは，資源をめぐって競争することになろう．資金は，新製品の開発にも配分できるし，また既存製品の生産やマーケティングにも配分できる．有能な人々は，どこかのグループに配属される．ビジネス・ユニットのリーダーは，その努力を成長チームないし業績維持チームの支援に配分できる．将来の昇進機会は，どこかのチームのあるメンバーに与えられることになろう．そうした内部競争は，最適な状況の下でも多くの費用を要するだけでなく，分裂的な帰結をもたらしがちである．それぞれのチームは，自分達の立場のメリットを声高に主張するとともに，相手方のチームを中傷するようになる．外部の競争相手や顧客に眼を向ける代わりに，内部競争にエネルギーを集中するようになってしまう．既存製品を扱ってい

るチームの努力によって生み出される資源は，他のチームが得意とする開発プロジェクトに費やされて，嫉妬と不満を生み出すことになる．開発中の製品そのものが，既存製品とのあいだで競合関係をきたしている場合，この競争は激化し，破壊的なものになりうる．その結果，どちらか一方のタスクに努力が不適切に配分されることによって，モラールにかかわる深刻な問題が生み出される．

　さらに，あるグループに探査を，そして別のグループに発掘をそれぞれ割り当てることによって，マルチタスク問題を解決するという仕方は，実際には実行できるものではない．企業が，探査と発掘の両方を模索するのであれば，誰かがマルチタスクを担わなければならない．少なくとも，組織のビジネス・ユニットのメンバーにたいして，さまざまなタスクの実行を動機づける責任を負っている長は，複数の目標を抱えこまなければならない．そのユニットのメンバーには，単純なタスクが与えられているとしても，その長は，彼らにたいして，両方のアクティビティを適切な水準で実行させるためのモチベーションを提供するために，バランスのとれたインセンティブをえる必要がある．

　ビジネス・ユニットのリーダーの報酬が，時間をつうじて当該ユニットの収益によって左右される仕組にしておけば，マルチタスクの動機づけという観点からすると，リーダーが，自分のために意思決定を行うのと同じことになる．このとき，マネジャーにマルチタスクの実行を動機づけるうえで，ほとんど問題は生じない．（だが，そのマネジャーよりも下位の人々を動機づける場合には，問題が生じるにちがいない）．しかし，実際には，ビジネス・ユニットのマネジャーが，そうしたインセンティブに直面することはほとんどない．彼らの報酬は，企業の全社的な業績，ビジネス・ユニットとしての会計利益，何らかの主観的指標，あるいはさまざまなマイルストーンの達成といったものと連動している．たとえ，企業業績が株価で測定されるとしても，それに結果を連動させることによって，個々のユニットの生み出した結果が，報酬に及ぼすインパクトを無視することになってしまう．そして，フリー・ライダー問題が生じる．とくに，イノベーションが追求されている文脈において，努力や想像力の測定については別の問題としても，会計指標は，

創造された価値を測定するには不十分な代用物にすぎない．実際，現行の会計利益は，イノベーションの探索によって損なわれてしまう傾向がある．主観的指標やマイルストーンは，会計指標が提供するよりも，有効なインセンティブをイノベーションにたいして提供できる．だが，きわめて強いインセンティブを提供するうえで，それらを利用するのは不適切だと言わざるをえない．主観的評価に連動した巨額の報酬は，政治活動を誘発することになる．そうした指標にもとづいた経営は，不安定であって偏り(バイアス)を生み出しやすく，不公平だとさえ言えるものなのである．したがって，業績維持と成長のバランスを達成するというアジェンダを実行するように，ビジネス・ユニットのマネジャーを動機づけるのは困難である．

　他方，トップ・マネジメントは，探査と発掘を適切に選択すべく，適切なモチベーションを提供されねばならない．少なくとも，アメリカでは，経営者の実質的な報酬の大部分は，企業の株価と連動している．株価が企業の短期観測と長期観測の双方を反映している限り，経営者は，バランスのとれた強いインセンティブをえる．したがって，トップ・マネジメントだけに，探査と発掘の両方にかんする責任を負わせることが，マルチタスク問題を簡単に解決する方法になると思われる．このとき，個々のビジネス・ユニットや職能にとっては，単純なアジェンダにしたがい，現在の業績維持，あるいは成長のうちのいずれかに集中すればよい．

　そのためには，既存事業の標準的な範囲を越えたプロジェクトの実現に向けて，さまざまなビジネス・ユニットを創造することが必要になるだろう[3]．既存のビジネス・ユニットは，既存機会の発掘に集中するのにたいして，新しいビジネス・ユニットは，新規機会の探査を行ったうえで，それらを事業として立ち上げていく．また，独立の探査ユニットを創造することによって，新規事業にとって適切なプロセスや指標が応用できるようになるだけでなく，経営者による努力供給が確実に行われるようになる．しかし，それによって，既存事業の業績維持を担っているユニットと，新規事業の立ち上げを目指

---

[3] このアーキテクチャを解とする議論については，Day *et al.* (2001) を，そして新しい事業開発のイニシアチブを組織化するための代替的なモデルについては，Burgelman (1984) を参照．

ているユニットとのあいだの問題を解決することはできない．その代わりに，闘争の場は，全社レベルへと移されることになる．その結果，インフルエンス費用は大きくなってしまうだろう．

　既存事業の「クレオソートブッシュ効果」から新規事業を保護するために，後者を「スカンクワーク・モデル」によって徹底的に分離しようとする企業もある．元来，この言葉は，ロッキード（Lockheed）における最高機密の国防プロジェクトの作業チームを表していた．このチームは，機密保持のために，企業内の他の組織から完全に隔絶されていた．以来，このモデルは，改良されて広く採用されるようになった．IBM は，最初の PC を開発するにあたって，自社の施設から離れた場所にあった新しいアドホックなユニットを利用した．このユニットの存在については，企業内といえども別の部署には一切明かされることがなかった．この方法は，当時の IBM のコア事業をなしていたメインフレームコンピュータ事業を偏重する文化から，そのプロジェクトを保護するためにとられたものなのである．同様に，GM は，サターン部門（Saturn Division）を立ち上げ，これを「新しいタイプの自動車」を生産する「新しいタイプの自動車会社」と位置づけた．サターンは，自律性を保つとともに，新しい作業方式，そしてサプライヤーや労働者との新たな関係を構築できるようにするために，GM の本拠地であるデトロイトから遠く離れた立地を選択した．スカンクワーク・モデルには，新しいユニットを本体にうまく統合できるかどうかという問題が付随する．この点にかんして，IBM は，成功をおさめることができた．しかし，GM は，サターンとのあいだに軋轢をきたした．新しいユニットは，抵抗やら嫉妬やらの対象であり続け，企業内の他の組織とは異なった形で組織化されている限り，複雑性やインフルエンス費用が生じてしまうのである．

　企業のトップ・レベルの人々にたいして，マルチタスクの責任を委ねると，さらにまた別の問題も生じてしまう．つまり，トップ・マネジメントは，資源配分の意思決定基盤となる直接的な知識をえられる立場から遠く離れたところにいるという問題である．これは，大企業にまつわるたいていの環境で確認される．たとえば，さまざまな探査の収益をめぐる意思決定を行う場合に，そうした問題が生じることになろう．意思決定は，間接的な知識どころ

か，カンや本能にも依拠して行われるようになってしまう．そのために，理想的なものとはほど遠い意思決定しか実現できない．さらに，経営者が意思決定のために獲得できる情報は，非対称的なものなのである．探査について言えば，それにたいする資源配分によって生ずる費用と便益を測定するのがなかなか難しい．これにたいして，発掘にたずさわっているグループは，自分達の主張をうまく文書化することができる．このことは，業績志向型の既存事業に有利な方向へと，意思決定が歪曲されてしまう傾向をもたらす．

経営者は，それを埋めあわせるために，探査を志向するように何らかの偏り(バイアス)をかけようとするかもしれない．しかし，それによっても問題が生じてしまう．プロジェクトは，初期段階で CEO による支援をうけることができれば，客観的にみて，分不相応と思われるほど多くの資源を獲得する傾向がある．たとえばインテルは，PC を利用したビデオ会議システムの実現に向けて，カメラ製品にたいして数百万ドルに及ぶ投資を実行した（Burgelman 2002）．CEO のアンディ・グローブ（Andy Grove）がカメラ製品に抱いていた堅固な信念のために，市場で失敗する兆候があった（実際に失敗した）にもかかわらず，それを偏重する形で，多くの資源を配分し続けた．同様に，アップルの PDA（パーソナルデジタルアシスタント：personal digital assistant）であるニュートン（Newton）は，CEO のジョン・スカリー（John Sculley）のペット・プロジェクトであった．（パーム〔Palm〕が後に証明したように）製品コンセプトは良かったのだが，ニュートンそのものの失敗については，あらかじめ予想できたはずである．CEO が躍起にならなければ，莫大な資源を無駄にせずに済んだにちがいない．そうした問題が生じていないとしても，トップ・マネジメントの時間には限りがあるので，意思決定の遅れ，過負荷，そしてすべての関連事項にたいするストレスが生じかねない．

マルチタスク問題にたいする正攻法は，組織デザインにかかわる人々や文化的要素に働きかけることによって，ファンダメンタルなトレードオフを変えていくことである．それは，以下のような発想を基本にしている．すなわち，株主と従業員のあいだの利害の整合化を図ることによって，マルチタスク問題の根底にあるエージェンシー問題やインセンティブ問題を軽減したり，

あるいは解決することもできるという発想である（Day et al. 2002）。このアプローチを表すのに，一般的に用いられている言葉は，「ハイ・コミットメント型のHRMシステム」である。第4章で論じたように，業績にたいしてきわめて弱い明示的報酬しか与えられない場合には，ハイ・コミットメント型のHRMシステムを採用する費用を負担するのが望ましいだろう。というのも，それによって，弱い明示的報酬がもたらす水準よりも，高い水準の努力供給が実現する（そして，その努力をさまざまなタスクのあいだにうまく配分できる）からである。このシステムの特質は，信頼，透明性，エンパワーメント，平等主義，ジョブ・エンリッチメント，チームワーク，個人にたいする明示的なモニタリングの排除，そして業績給といった要素に加えて，従業員が自己利益と企業利益を一体化させるとともに，企業のビジョンを真摯にうけいれることに求められる。

　ノキアは，イノベーションとオペレーション効率の劇的な改善という2つのアクティビティを成し遂げるうえで，そうした組織的な手段をうまく利用してきた。この企業は，1992年の時点で，フィンランドの破産寸前のコングロマリットにすぎなかった。その製品は，ゴム長靴から木材パルプ，そしてテレビにまで及んでいた。ソビエト連邦の崩壊によって，フィンランド経済は，深刻な不況に見舞われた。他のヨーロッパ諸国も，厳しい景気後退を経験していた。ノキアとその主要株主であったフィンランドのいくつかの銀行は，どれもみな危機的な財務状態に陥ってしまった。ノキアは，こうした危機的な状況において，小型携帯電話事業をエリクソン（Ericsson）に売却することを申し出た。しかし，このスウェーデン企業は，ノキアのオファーにたいして何の関心も示さなかった。ノキアは，2000年までにヨーロッパ最大の市場価値をもつとともに，世界第5位のブランド価値をもつまでになった。テレコミュニケーションに完全に事業を集中し，携帯電話の売上高で際立ったグローバル・リーダーの地位を確立したのみならず，ネットワーク周辺機器の供給でも強力なプレイヤーとなった。また，携帯電話について言えば，競争相手——エリクソンやモトローラ——のマージンは，たかだか1桁の低い値にすぎなかったのにたいして，ノキアのマージンは，20％以上だと推定されていた。ノキアは，製品にたいする爆発的な需要を満たし続ける

のに必要なオペレーションを，厳密にコントロールし続けていた．それにあわせて，よりすぐれた技術，性能，そしてデザインを備えたニュー・モデルの開発という点で，一貫して産業を先導し，大きな飛躍を成し遂げたのである．テレコミュニケーション・ブームが過ぎ去って，この産業において，数多くの企業が深刻な状態に陥った．その後ですらも，ノキアの成功は続いた．

ノキアは，1992年にそのすべてのエネルギーと注力をテレコミュニケーションに集中するという選択を下した．だが，その後数年にわたって，それ以外のすべての事業から撤退した．そのなかには，グローバル規模の事業や高業績の事業も含まれていた．ヨーロッパで，規制緩和や民営化が進められていくなかで，テレコミュニケーション・サービスの市場が生成していた．そのために，ノキアは，国家独占的な既存のサービス・プロバイダに立ち向かっていく新手の新規参入企業と提携した．その際，エンドユーザーに細心の注意を払い，携帯電話のための新しいサービスを開発した．それによって，既存のサービス・プロバイダにとって，模倣困難な差別化されたサービスが，顧客に提供されるようになった．このイノベーション・パターンは，ノキアが，携帯電話というものは，コンシューマ・プロダクトなのだという認識を，早い時期に抱いた結果なのである．さらに，この認識の下に，人々の注目を集めるような外観と使いやすさの両方を目的として，デザインとブランド構築に集中した．同時に，共通プラットホームの開発によって広がる可能性を直ちにかぎとった．つまり，共通プラットホームによって，広範なモデルの供給が可能になる一方で，製品開発費，調達費，そして製造費の節約が期待できたのである．

ノキアの売上高は，1992年から1995年を対象期間とすると，毎年2倍以上の成長を達成した．この高い成長率によって，オペレーション上，大きな課題に直面することとなった．1995年には，ロジスティクス関連の問題のために，最新製品の需要を充足するのに深刻な問題が生じた．他方，旧型製品は売れ残ってしまった．ノキアにたいする株式市場評価は，半減してしまった．ノキアは，新たな危機から抜け出すために，新しい情報システムや意思決定支援システムの導入を図るとともに，オペレーションにたいするコントロールを強化した．それによって，1996年から1999年を対象期間とする

と，売上収益は3倍に成長し，その一方で，イノベーションのスピードを維持することができた．

ノキアが採用した組織デザインは，成功を生み出すうえで決定的な役割をはたした．ノキアの従業員は，創業当時，自分達の企業を救いたい，そしてそれを自分達と母国にとって特別な存在へと育て上げたい，という強い願望によって動機づけられていた．彼らが一丸となって成し遂げた成功は，個人にとって事実上のプライドとなった．リーダーシップをベースに提示されたビジョン——声はワイヤレスで伝わる——は，いずれ業界リーダーの座をモトローラから奪うという明示的な意図と同様に，新しい着想を生み出すための源泉になった．急成長を遂げた世界的な成功企業の一翼を担っているのだ，という客観的事実がもたらす興奮や喜びは，従業員による企業との一体化をより一層強化していった．

組織デザインにかんする別の側面が，そうした一体化とそれがもたらすモチベーションの双方を促す役割をはたしていた．この企業では，プロジェクト・チームの形成と解散が容易に行えるように，流動的なアーキテクチャが採用された．そのために，興味深い対象に取り組む機会とともに，企業中にネットワークをはりめぐらせる機会が，すべてのメンバーに与えられることになった．成長は，学習の機会だけでなく，新たに責任をひきうける機会が増えることを意味していた．ノキアは，すべての職務機会を内部に知らせるとともに，配置転換を望む部下の異動を上司が拒むのを禁止して，学習や責任を負う機会を利用するように促した．この企業のリーダーは，気さくで近寄りやすい存在なのであって，従業員と同じカフェテリアで食事をしていた．彼らは，明白にチームとして機能しており，組織のチームワークのモデルとなっていた．厳密なプロセスをつうじたコントロールというよりは，むしろ「バリュー・ベース型のリーダーシップ」がモデルとなった．顧客満足を志向する価値観，個人の尊重，達成感，そして持続的な学習といったものが整合的に機能していた．

組織内の賃金格差は解消された．ボーナスは少ない．さらに，個人の業績を基盤にするのではなく，チーム・ベースでの支給や企業の全社的な業績にもとづく支給が基本となった．こうした明示的な弱いインセンティブが提示

されるのと同時に，ストレッチ・ターゲットが設定された．このストレッチ・ターゲットは，期待を形成するとともに，ハード・ワークと業績重視の規範の創造を促すタイプのものであった．他方，イノベーションと実験が促された．従業員の3分の1以上がR＆Dに携わっていたが，どの部署に属していようとも，何かアイデアをもっている人がいれば，そのアイデアを事業化しようという試みを妨げる人を見つけるのは困難であった．誠実な失敗については，懲罰が加えられることはなかった．——たとえば，1995年のロジスティクス障害のために，解雇された者はいなかった．また，リーダーは，組織から不安を取り除こうと努めたので，人々は，リスク負担に積極的な姿勢を示した．政治活動やインフルエンス活動は忌避されており，オープンで誠実なコミュニケーションと議論の規範が促進された．ノキアの人々は，同僚や上司を相互に信頼できると感じていたので，このことによっても，リスクをすすんで負担した．

　ノキアは，1998年と1999年にイノベーションにたいするコミットメントをかなり強化し，「モバイル情報社会」の発展を先導していくという意図を公表した．すなわち，すべての人々が，携帯電話によってインターネットにアクセスできるような社会である．従来，ノキアが手がけてきたイノベーションは，モバイル音声コミュニケーションを支配する外部的に設定されたスタンダード（標準）の文脈で行われてきた．これとは対照的に，どの準政府機関も，モバイル・インターネットにたいするスタンダードを設定していなかったのである．さらに，1990年代の携帯電話は，音声コミュニケーションに重点をおいていた．これにたいして，次世代のモバイル・コミュニケーションは，データやマルチメディアによって展開されていくことになろう．音声コミュニケーションに適した携帯電話の特性がいかなるものかについては，すでに明らかになっていた．——小型，高音質，そしてバッテリー寿命の長さが重要なのである．データ・コミュニケーションには，GPSシステム（全地球測位システム：Global Positioning Satellite system）による位置情報の提供から，双方向ゲームやモバイル・コマースに至るまで，携帯電話を用いたサービスの開発という面でかなり大きな可能性があった．さらに，携帯電話とは別に，ワイヤレス・コミュニケーション技術が創発していた．ノキ

アによる新たなイノベーションの努力は，かつて以上に広範かつオープン・エンドなものとなった．

　ノキアは，探査をより一層進めるべく，1998年にNVO（ノキア・ベンチャーズ・オーガニゼーション：Nokia Ventures Organization）という独立ユニットを創設した．このユニットに委託されたのは，新技術を新規市場に結びつけるのに必要な事業を開発するという機能であった．携帯電話部門（NMP〔ノキア・モバイル・フォンズ：Nokia Mobile Phones〕）とネットワーク機器部門という既存の2つの中核的なビジネス・ユニットは，既存技術を新規市場へ拡張していく機会，あるいは新技術を用いて既存市場に貢献する機会を開発していく役割を担った．同時に，1992年以来，ともにノキアを支えてきた中核的なグループのあいだで，責任の所在が見直されることとなった．社長だったヨルマ・オリラ（Jorma Ollila）は，CEOを兼務する形で会長の職についた．NMPの長だったペッカ・アラ・ピエティラ（Pekka Ala-Pietilä）は，オリラの後任としてノキアの社長に指名され，新設のNVOと中央研究所（Central Research Laboratories）の長にも就任することとなった．かくして，この企業内で2番目に高い役職についた人物が，探査と成長を促進していくという責務を負った．他方，ネットワーク機器部門の長は，NMPのトップに就任した．

　NVOは，企業内ベンチャー・ユニットとベンチャー・キャピタル・ファンドの双方を含むものであった．このファンドは，シリコンバレーに拠点を設けていた．NVOは，新規事業のインキュベーターとして機能した．新規事業が成功すれば，それを中核的なビジネス・ユニットへと移管し，独立した新たなビジネス・ユニットへとしたてた．さもなくば，売却するか，あるいは独立のカンパニーとしてスピンオフの対象にされた．どの事業も，ただ漠然とNVOにとどまり続けることはなかった．このことによって，多くの企業が，探査のためのユニットを設置する際に経験してきた組織内の反発や嫉妬を抑制することができた．ベンチャー事業の新奇的なアイデアは，企業の至るところで生じた．そのアイデアは，NVOに移されるのか，あるいは独自の内部ベンチャー・ユニットをもつコア事業の1つにとどめられるのか．その答えは，アイデアが新技術と新規市場の双方に関連するものかどうかと

いう基準に依存していた．エンジニア・チームは，事業部門，NVO，そして中央研究所のあいだを定期的に移動していたために，その関心が狭い領域に限定されずに済んだ．NVO のガバナンスは，事業部門のリーダー・グループによって行われた．それによって，NVO は，主要事業との関連性を保つとともに，ノキアの本部から隔絶せずに済んだ．

2000年のテレコミュニケーション・ブームの終焉は，電話サービス事業を展開する企業による新技術の採用を鈍らせてしまった．さらに，多数の機器サプライヤーにたいして，破壊的な影響を及ぼした．だが，ノキアは，繁栄を謳歌し続けた．この企業は，広範な新製品や新しいソフトウエア・プラットホームの開発については，自前で行うと同時に，コンソーシアムの形成をつうじて行ってきたのである．R&D には，純売上高の10％以上の資金をつぎ込んだ．そして，携帯電話のマーケット・シェアを40％近くまで増やすことができた．競争相手が資金を失っていくなかで，大きなマージンを維持した．

ノキアが成功したのは，探査と発掘をバランスさせる能力をもっていたからである．このように，オリラは考えていた．「なぜわれわれは，企業として成功を維持できたのだろうか．答えを示すとすれば，イノベーションと実行のバランスを適切に保つということに尽きる」[4]．

オリラの答えは，いたってシンプルなものだが，実際にそのバランスを達成するのは至難の業である．そのカギは，適切な組織デザインに求められるのである．

---

[4] Doornik and Roberts（2001）における引用である．

第7章 現代企業の創造：経営とリーダーシップの課題

　本書では，有効な組織デザインの実現という課題を達成するのに役立つ枠組，概念，そして分析道具を提供してきた．また，戦略や組織デザインの発展をつうじて，高業績と成長を実現してきた企業のケースについても，数多く提示してきた．しかし，競争に勝利するための戦略や有効な組織を発展させるのは，きわめて困難なことなのである．この事実に変わりはない．基本的に言って，そうした戦略や組織を発展させるのは，創造的な行為にほかならない．そのためには，経営とリーダーシップの双方が必要とされる．経営は，分析的な問題解決によって特徴づけられる．これにたいして，リーダーシップは，ビジョン，コミュニケーション，そして説得といったものが，その本質をなしている[1]．

　企業が成功するには，その戦略と組織に関連した諸要素を相互に整合化させるだけでなく，それらと事業環境とを適合させねばならない．このように，整合化と適合が必要とされるという事実は，戦略と組織デザインの諸要素間に数多くの相互依存関係が存在するということとあわせて，同時並行的かつホーリスティックな仕方で，戦略と組織を発展させていく必要があるということを意味する．組織が戦略にしたがうこともなければ，戦略が組織にしたがうこともない．このような同時性は，企業を成功へと導く戦略や組織をいかにして創造するかという問題が，きわめて複雑であることを含意している．

---

1) 経営とリーダーシップの違いについては，Kotter (1990) を参照．

というのも，この問題は，相互に作用しあう多くの次元にかかわるものだからである．

相互作用の多くは，動態的に展開されている．とくに，大企業にかんして言えば，戦略の変化は，産業に影響を及ぼすだけでなく，さらに戦略と組織を変化させてしまう反応を引き起こす．企業の内部についても，これと同様のことがあてはまる．ある特定の行動を変化させることを目的として，組織のある特性を変化させたとしよう．このとき，組織デザインの他の次元の行動をさらに変化させねばならなくなる．かくして，組織進化のプロセスで生ずる問題を処理するための代表的なアプローチ——問題解決という主要な1次効果に関連した干渉を発見する，それ以外のものをすべてを所与とみなす，そしてレバーを引く——は，根本的な欠点をもっている．このアプローチは，反応，干渉，予測不能なさらなる反応，そしてまた別の干渉といった具合に，際限なく続いていく流れを恣意的に断ち切ろうとしているにすぎない．

そうではなく，戦略と組織の選択は，相互依存性に目を向けてホーリスティックに行われるべきなのである．企業の範囲——何を，どこで，いかにして，そして誰のために行うのか——にかんする決定を下さなければならない．企業は，競争の過程で自社を際立たせ，競争優位を獲得し，そして価値を創造していく．これらをいかにして実行するかについて，決定しなければならないのである．適切な人々の誘引と維持を図るとともに，彼らにたいしてさまざまな役割を割り当てる必要がある．彼らの有効なコーディネーションとモチベーションを実現できるように，フォーマルなアーキテクチャを構築する必要がある．行動の誘導とコントロールを可能にするプロセス，手続き，そしてルーティンを発展させねばならない．企業で共有される基本的な価値観，信念，そして規範を創造し，移転し，そして採用しなければならない．これらの要素をすべからく適切に結びつける必要がある．そうすれば，戦略の実行を可能にする組織が構築される．

人々，彼らのネットワーク，そして彼らがしたがうルーティンは，価値創造に必要なケイパビリティを企業にもたらすものでなければならない．インセンティブ・システムは，企業に誘引された特定の人々を動機づけるものでなければならない．それによって，彼らは，戦略の実行に必要とされる適切

な行動ミックスを提供するようになる．結果的に，企業は目的を達成できる．フォーマルな組織構造と意思決定権の配分は，専門知識の所在とのあいだだけでなく，組織の人々のモチベーション要素とのあいだで，整合化されなければならない．そして，戦略と組織にかんする要素は，どれもみな競争，技術，社会，法，そして規制といった企業が直面する現実とのあいだに，適合を生み出さなければならない．

かくして，世界と組織自体が進化を遂げていくのにつれて，戦略と組織デザインの調整——あるいは，ラディカルな変革——によって，適合を維持していかねばならない．

組織デザインのさまざまな選択変数のあいだに，補完関係や代替関係が存在している事実を見極めることによって，コヒーレントなパターンを明らかにできる．その結果，組織デザイン問題の複雑性を軽減することができよう．とは言うものの，依然として，この問題が困難であることに変わりはない．企業のあらゆる人々は，相互にかかわりあいをもたねばならない．なぜなら，企業においては，その規模に関係なく，知識が広い範囲に分散して存在しているからである．そうした知識は，物事の機能の仕方，顧客による実際の行動，そしてさまざまな選択間の相互作用にかかわるものである．企業のあらゆるマネジャーは，組織デザインというタスクに参加せねばならない．戦略や組織にかんして，彼らが最もよく知る個別要素にかんする詳細な知識を明らかにする一方で，全体的な結果をコヒーレントにまとめられるように協力する必要がある．

基本的に言って，組織デザイン問題の解決には，経営とリーダーシップの両方が必要とされる．実際，組織デザインという仕事の多くは，経営——予算プロセスの統合，報告関係の特定化，アウトソーシングの対象の決定，ガバナンスの手続きの設定，部門の創造・人員配置，そしてファイナンス・モデルの確立——に関連している．これらの要素は，きわめて重要なのだが，それで十分だということにはならない．すなわち，リーダーシップも，必要とされるということである．リーダーは，他者にたいして，進むべき方向性を示すとともに，信じてしたがうためのモチベーションを与えていく．かくして，戦略と組織デザインの基本的な考え方は，リーダーシップにまつわる問

題と密接に結びついている．リーダーは，戦略と組織にかんするビジョンを提示せねばならない．ビジョンは，基本原理やトレードオフの解決方法を暗示している．リーダーは，明確かつ強力な仕方でメンバーに組織モデルを伝達していく必要もある．それによって，メンバーは，そのモデルを理解して受容することができ，組織における自分の役割をはたすべく動機づけられる．

　リーダーシップは，組織デザイン問題を解決するための第2の経路でも必要とされる．企業のマネジャーは，組織デザインのフォーマルな要素の構築と設定を行えるとしても，ネットワークや文化といったインフォーマルな要素については，直接的にコントロールすることができない．いかなる信念を抱いているのか．何に価値をおくのか．いかなる行動規範を採用するのか．そして，誰とインフォーマルな関係を構築していくのか．組織の人々は，これらの問題にかんして，個人とグループという双方のレベルで，意思決定を実行している．だが，これらの要素は，行動の決定要因，ひいては企業業績の決定要因として最も重要なものだとみなせる．その選択は，リーダーシップによって形づくられるのである．

　組織デザインのフォーマルな要素は，ネットワークや文化にたいして影響を及ぼす．したがって，マネジャーは，それらを間接的にコントロールできると言えよう．たとえば，BPによるピア・グループの生成は，オリジナル・メンバーが新しい職務を与えられて異動してしまい，同じグループのメンバーではなくなった後も，有効に機能し続けるネットワークの構築に寄与した．ノキアは，1995年にロジスティックス事故を経験した．その後，雇用維持というオプションを選択した．それによって，リスク負担にたいする人々の積極的な態度が強化された．この組織では，解雇にたいする懸念は，もはや払拭されてしまった．リーダーシップは，文化がうまく形づくられるためにも，重要な役割をはたさなければならない．

　企業の価値観を，高らかに宣言することはたやすい．だが，それだけでは何の実効性もない．企業が示すバリュー・ステートメントのほとんどは，あまりに曖昧模糊としていて抽象度が高いために，大きなインパクトをもたらすものではない．どの組織も，顧客を重視するというスタンスを表明している．だが，このことは，行動の観点からみた場合，はたして何を意味すると

言うのか．リーダーは，価値観にたいして特定の意味を付与せねばならない．それによって，望ましい行動にかんする規範の生成基盤が確立されるのである．

　リーダー自身が，価値観にしたがって行動するとともに，望ましい行動をモデル化していく．これが第1のステップである．CEO は，顧客のクレーム処理にかんするサンプリングを，自分で定期的に行うのであれば，顧客にたいする配慮が，いかに大切かを強力に示していることになる．さらに，リーダーは，適切な仕方で行動している人々をたたえて報酬を与える一方で，そうでない人々を叱正していかなければならない．

　望まれている物事を伝達する，ひいては生起する物事を形づくっていくうえで，逸話はきわめて強力なツールになる．たとえば，3M の CEO は，ある研究員の逸話を語ることで，何が大切なのかを明確に示し，文化を形づくっている．とくに，その研究員は，プロジェクトを中止せよという命令に背いてまで，有力な製品の開発を続けて成功をおさめた人物であった．より一層強力な逸話は，カスタマー・サービスで有名なアメリカの小売企業のノードストローム（Nordstrom）において，新入社員に脈々と語り継がれているものである．摩耗したタイヤ・チェーンを運んでいる1人の顧客が，店員のところへ近づいてきて，そのチェーンが満足のいく品物ではなかったというクレームを述べた．その顧客は，レシートをもっていなかったのだが，ビジネス・センスのあるその店員は，それをとがめることもなく，直ちに購入代金の返金処理を行った．しかし，ノードストロームは，タイヤ・チェーンを販売していなかったばかりか，自動車部品さえも一切扱っていなかった．

　このように，組織デザインは，経営とリーダーシップの両方を必要とする．だが，それは，経営とリーダーシップを超越した創造的なプロセスなのである．企業は，成功を遂げていくうえで，価値を創造するとともに，その一部を留保する必要がある．このことが実現するのは，以下のような場合に限られる．すなわち，戦略と組織を適切に組み合せることによって，企業が競争下におけるよりも，すぐれた成果をえる場合，すなわちターゲット顧客のニーズをより有効かつより安価に満たせる製品やサービスを提供できる場合である．企業は，競争相手と同じ物事を同じ仕方で行ったところで，すぐれた

成果を生み出すことはできない．さらに，激しい競争が続くために，かりに価値を創造できたとしても，それを維持できないだろう．

　このことは，成功企業の戦略と組織には，きわめて特異な要素があることを示す．戦略と組織にまつわる問題解決は，真の創造性を要する行動なのである．だから，そうした問題解決には，これまで考えられなかった新しい特異な機能の発見が必要とされる．

　この種の創造性の多くは，既存の物事を新奇的な仕方で結合するという形をとっている．このことは明白である．戦略や組織デザインのすべての要素が，新しいうえに特異である必要はまったくない．そこには，経験から学習できるものも数多く含まれているのである．だが，特異性の実現という目的を掲げた以上，一般的なベスト・プラクティスを後追いするだけでは，この目的を達成することはできない．企業は，ベンチマーキングをつうじて，たかだか競争の状況におけるのと同等の成果をえるにすぎず，競争に勝つことはできない．それによって，せいぜい期待できるのは，巨大なモンスターの誕生，すなわち全体としては，コヒーレントな組織デザインにつながらない不適合な組織特性のパッチワークが生成されるだけである．これこそ，失敗の秘訣にほかならない．

　創造性は，オリジナリティを必要とする．つまり，新しい物事を想像するのに加えて，新しいパターンや結合の仕方を把握することが重要なのである．しかし，オリジナリティが重要なのはもちろんだとしても，それで十分ということにはならない．というのも，大切なのは，単に新しい何かではなく，特異な機能をもつ何かを発見することだからである．そのためには，組織デザインを統治している基本ロジックを理解しておく必要がある．本書で提示したアイデアや事例は，この点にかんする理解を深めていくための出発点となるだろう．

訳者あとがき

　本書は，John Roberts（2004），*The Modern Firm: Organizational Design for Performance and Growth*. Oxford: Oxford University Press. の全訳である．原著である英語版は，イギリスの『エコノミスト（*The Economist*）』の2004年度ベスト経営書（Best Business Book）に選ばれている．このように影響力の大きい著書の翻訳が，世界ではじめて日本語で刊行されるのは，訳者としても大変光栄なことである．本書は，戦略経営論，組織経済学，そして比較制度分析などの理論的概念装置だけでなく，数多くのケース・スタディの成果を提示することによって，企業が直面している組織デザイン問題――環境変化を勘案しながら，相互に適合した戦略と組織を創造することで高業績を実現するという問題――を解決するための示唆を与えている．経営学の領域で扱われてきた戦略と組織の問題に，経済学のロジックを適用することによって，業績向上と成長を同時に実現するような組織デザインを追求する本書は，学部や大学院の学生，研究者，そして経営者やビジネスマンなどの広範な人々にとって，きわめて有用であろう．私自身，このように確信している．

　実際に，経営者が組織デザインの場面で直面している選択は，価格，生産量，在庫水準，ガバナンス構造，そして負債・資本比率など多次元にわたっており，一連の選択変数を適合的に組み合せて業績を達成する必要がある．ここで簡単化のために，選択と業績という2次元の関係を考えてみると，主に従来の経済学は，選択集合の凸性（無限に分割可能な選択が可能である），そして目的関数の凹性（2つの選択水準によって，同一の業績水準が実現できる場合，それらの中間的な水準で選択を行えば，業績水準がつねに高くなる）という仮定を設けてきた．だが，これらの仮定は，現実世界にあてはめ

てみると，かならずしも適切なものだとは言えない．たとえば，企業の経営者にとって，中国の天津に1つの工場を建設するために用意した資金を，中国の全都市に配分したところで，1つの工場すら建設できないだろう．また，送迎用の自動車を3分の1台だけ購入することもできない．さらに，現在の業績が望ましい水準にない場合に，業績向上に向けて選択パターンを徐々に変えていきさえすれば，かならず最大業績をもたらす選択パターン――ワン・ベスト・ウェイ――にたどりつけるという含意は，現実的なものだとは言えない．というのも，最適な一意の選択パターンというよりは，最適ではないが相対的に望ましい複数の選択パターンが存在しうるからである．

　この点にかんして，本書と同様に，比較制度分析やコンティンジェンシー理論も，多様性（diversity）と適合（fit）という概念を重視している．これらの概念をベースにすると，経済システムや企業は，補完的な制度の複合体とみなすことができる．そして，法，規制，関連市場，競争相手，あるいは歴史などといった環境に適合し，多様性をもちうることとなる（Aoki 1992, 2001; Milgrom and Roberts 1994, 1995; 青木 1995; 岡崎・奥野編 1995; 青木・奥野編 1996; 伊藤編 1996）．とくに，経営史家のアルフレッド・チャンドラー（Alfred Chandler）名誉教授は，アメリカ企業の通時的なケース・スタディをつうじて，戦略と組織のあいだに適合関係が生じていることを見出した．「組織は戦略にしたがう（Structure follows strategy）」（Chandler 1962）というチャンドラー命題は，どの環境にも普遍的な強みをもつ組織形態の存在を否定し，多様性と適合を強調するコンティンジェンシー理論の基盤になっている．これにたいして，ジョン・ロバーツ教授は，本書で「組織が戦略にしたがうこともなければ，戦略が組織にしたがうこともない」という立場から，組織デザイン問題に取り組んでいる．すなわち，チャンドラー命題を変形すれば，「組織は戦略を補う（Structure complements strategy）」（谷口 2005a, b）ということになるのである．

　本書では，さまざまな個別要素が適切に配置された状態（すなわち，適合）を表すために，コヒーレンス（coherence）という言葉が用いられている．それにたいして，全体的なシステムが，その個別要素の総和よりも大きくなっているというシステム効果を表すために，これまで主に，経済学では

補完性，そして経営学ではシナジーという言葉が，それぞれ用いられてきた．補完性は，本書の重要なテーマの1つとなっており，企業の業績を左右するさまざまな組織デザイン変数のあいだに，相互作用が生じていることを示した概念である．より形式的に言えば，任意の対をなす2つの組織デザイン変数について，その一方を（より多く）実行することによって，他方を（より多く）実行することから生ずる収穫が増加する場合に，双方の変数のあいだには補完性が成り立つと言える．とくに，企業の文脈における補完関係のスーパーモジュラー分析については，重要な研究分野に発展しつつある (Athey and Stern 1998; Topkis 1998; 木戸・谷口・渡部 2004*a, b*).

ロバーツ教授にとって，組織デザインとは，環境変化を勘案したうえで，戦略——目標，アクティビティの範囲，そして競争優位の性質やロジック——と組織——PARC（人々，アーキテクチャ，ルーティン，そして文化）——の要素をコヒーレントに組み合せていくことである．経営者は，組織デザインの局面で，いくつかの意思決定をしなければならない．第1に，組織デザインのタイプを決定する必要がある．すなわち，タイト・カップリング型の組織デザインは，組織デザインの特性が相互に密に結びついているので，ある特性の変化にあわせて他の特性も調整していかなければ，その企業の業績が悪化してしまうようなタイプである．これにたいして，ルース・カップリング型は，組織デザインの特性のあいだの結びつきが疎になっており，高いフレキシビリティのために環境変化に適応しやすいというタイプである．たとえば，仕事の手続きをマニュアル化するのか，それとも現場の自由裁量にまかせるのかという組織デザインのタイプにかんする問題は，組織学習のあり方を左右する重要な問題なのである．

第2に，経営者は，組織メンバーのモチベーションとコーディネーションにまつわる問題を解決できるように，いかにして協力——他者の利益を勘案し，共通目的にそって行動する——とイニシアチブ——構想力をベースにしながら，個人の目標と責任を追求する——とをミックスさせるかを考えねばならない．企業では，さまざまなタスクを担う組織メンバーの意思決定や行動が，相互に影響しあっている．こうした分業と外部性の文脈では，異なる複数のタスクの業績をどのように評価するかという問題だけでなく，他者の

努力へのフリー・ライディングをいかに抑制するかという問題も生じてしまう．このとき，経営者は，業績評価を適切に行うことによって，組織メンバーに報酬を支払い，組織にとって望ましい行動を導き出そうとするだろう．

だが，経営者にとって，組織メンバーが直接的に費やした努力や想像力などを容易に測定することはできない．そのために，彼らの報酬決定は，間接的な業績指標に依存する形で決定される．この点については，生産量という業績指標を考えれば理解できるように，間接的な業績指標は，従業員の努力だけでなく，彼らにとってコントロール不能なノイズも反映している．たとえば，w を報酬，α を基本給，e を個人の努力，x をノイズ，そして生産量 $q = e + x$ とした場合，インセンティブ・スキームは，$w = \alpha + \beta(q)$ として表現できるものとしよう．この式において，β は，インセンティブ強度——努力が報酬に反映する程度——を表している．インセンティブ強度を高めれば，組織メンバーの努力水準が高まると期待できる一方で，業績指標の確率的な変動を反映して報酬の変動が大きくなるので，彼らはより大きなリスクを抱えることになる．したがって，経営者は，インセンティブ強度を決定する際に，組織メンバーによる追加的努力の実現や大きなリスク負担を補償するための費用と，強いインセンティブによって誘導される追加的努力の便益とのあいだのトレードオフに目を向ける必要がある．そして，インフォーマティブ原理が示唆するように，インセンティブ・スキームのデザインにあたって，ノイズを小さくする業績指標を追加する一方で，ノイズを大きくする業績指標を排除せねばならないのである（Milgrom and Roberts 1992）．

第3に，経営者は，組織デザインの局面で，既存の機会を有効に掘り下げるという発掘（exploitation）と，スラックを利用すべく新しい機会を探りあてるという探査（exploration）とのバランスを実現せねばならない．すなわち，企業は，既存事業の業績の実現とともに，新奇的なイノベーションという異なるアクティビティを同時に追求するマルチタスク問題を抱えている．その正攻法としては，ノキア（Nokia Corporation）で行われていたように，人々や文化といった組織デザインの要素に働きかけて，トレードオフそのものを変えてしまうことが挙げられる．この企業は，簡潔なビジョンをつうじて新しい着想の源泉を与え，革新的な企業で働く喜びを体感させるこ

とで，従業員は企業と一体化した．さらに，自由に学習できるネットワーク構築の機会を保障することで，学習を尊重するアーキテクチャも進化を遂げた．

　価値創造に貢献するための制度である企業の業績向上と成長には，経営──分析的な問題解決──だけでなく，リーダーシップ──ビジョン，コミュニケーション，そして説得など──が不可欠である．だが，経済のグローバル化や ICT の発展などに特徴づけられる21世紀の乱気流環境において，組織デザイン問題の解決には，経営とリーダーシップを超越した能力が必要とされているようである．この点にかんして，ロバーツ教授は，新しいだけでなく，特異な何かを発見ないし創造する能力こそが，企業の存続と成長を左右するカギになると考えているようである．その意味で，同業他社のベスト・プラクティスを模倣するという創造性を欠いたベンチ・マーキングの手法では，競争優位を実現できないのは当然のことであろう．このことは企業制度論や戦略経営論の研究成果が示唆するとおりである（Langlois and Robertson 1995 ; Porter 1998 ; Barney 2002）．

　現代企業に広くみられるトレンドとして，「選択と集中」の戦略を掲げた垂直分解や脱多角化が指摘されている．しかし，環境変化とあわせて，コヒーレントな戦略と組織のデザインとリデザインが行われていること，そしてイノベーションがたえず追求されていることは，時代にかかわらず変わることのない企業の特徴なのかもしれない．われわれの生活とは切っても，切り離すことができない企業という存在．企業とは何か．本書をつうじて，このファンダメンタルな問題を自分なりに思索して頂ければ幸いである．

　本書の内容にかんする連絡は，ロバーツ教授と私のあいだで，主にメールと電話をつうじて行った．ロバーツ教授は，ノルウェーで休日をすごされているときでも，ビジネス・スクールの多忙な公務の只中であっても，翻訳原稿をよりよいものに改善できるようにと，ご親切にもコメントやご助力を与えて下さった．この場をお借りして，ロバーツ教授のお心遣いにあらためて感謝せねばならない．なお，われわれのコミュニケーションのなかで発見した原著の過誤については，日本語版で適宜修正しておいた．だが，日本語版に意図せざる過誤があるとすれば，それは訳者の責任だということをここに

記しておく．

　翻訳の実現にこぎつけたのは，多くの方々のおかげである．以下において，とくにお世話になった方々のお名前を記しておきたい．この日本語版をNTT 出版から刊行できたのは，スタンフォード大学青木昌彦名誉教授のお力添えのおかげである．心より感謝申し上げたい．青木先生は，Aoki (2001) において，比較制度分析という新しい研究分野を開拓されただけでなく，スタンフォード学派のリーダーとして，ロバーツ教授，ポール・ミルグロム（Paul Milgrom）教授，そしてアヴナー・グライフ（Avner Greif）教授などとともに，経済学的な制度や組織の研究において先駆者的な仕事を続けておられる．その知的影響力については，ロバーツ教授も「日本語版への序文」に記されているとおりである．そして，専門用語の訳出にあたって，共同研究プロジェクトの機会にさまざまなご教示を下さった植竹晃久名誉教授，木戸一夫助教授，マーク・フルーエン（Mark Fruin）教授，楊錦華博士，李維安教授，李濱氏，渡辺智子博士，そして渡部直樹教授に，お礼申し上げたい．また，翻訳の正確さを期すために，原稿をチェックして下さった蜂巣旭氏に，お礼申し上げたい．さらに，細かい表現にかんするアドバイスをつうじて翻訳の改善にご助力下さったマシュー・ハンリー（Matthew Hanley）教授に，心より感謝したい．

　出版にあたっては，編集者の島崎勁一氏と NTT 出版の宮崎志乃さんに大変お世話になった．島崎氏は，正鵠を射たアドバイスや激励を適宜に与えて下さった．この日本語版については，約束していた期日よりも遅れてしまったということもあって，私自身，夏の太陽を避けているかのように自宅に引きこもり，仕事に没頭せざるをえなくなったが，それにとどまらず，宮崎さんには，ご多忙をきわめる時期に，実に骨の折れる編集作業をして頂く結果になってしまった．宮崎さんの迅速で行き届いた仕事がなければこの日本語版は実現しなかったはずである．心よりお礼申し上げたい．

2005年9月　鵠沼海岸にて

谷口和弘

参考文献

Abreu, D., Pearce, D., and Stacchetti, E. (1990). "Towards a Theory of Discounted Repeated Games with Imperfect Monitoring." *Econometrica,* 58: 1041-63.

Aghion, P., and Tirole, J. (1997). "Formal and Real Authority in Organizations." *Journal of Political Economy,* 105: 1-29.

Akelof, G. A. (1970). "The Market for Lemons: Quality Uncertainty and the Market Mechanism." *Quarterly Journal of Economics*, 89: 488-500.（「『レモン』の市場：品質の不確実性と市場メカニズム」幸村千佳良・井上桃子訳『ある理論経済学者のお話の本』ハーベスト社，1995年に所収）

Alchian, A., and Demsetz, H. (1972). "Production, Information Costs, and Economic Organization." *American Economic Review,* 62: 777-95.

Anderson, E. (1985). "The Salesperson as Outside Agent or Employee: A Transactions Cost Analysis." *Marketing Science,* 4: 234-54.

——, and Schmittlein, D. C. (1984). "Integration of the Sales Force: An Empirical Examination." *The RAND Journal of Economics,* 15: 385-95.

Arrow, K. (1974). *The Limits of Organization.* New York: W. W. Norton & Company.（村上泰亮訳『組織の限界』岩波書店，1976年）

Asanuma, B. (1989). "Manufacturer-Supplier Relationships in Japan and the Concept of Relation-Specfic Skill." *Journal of the Japanese and International Economies,* 3: 1-30.

Asanuma, B., and Kikutani, T. (1992). "Risk Absorption in Jananese Subcontracting: A Microeconometric Study on the Automobile Industry." *Journal of the Japanese and International Economies,* 6: 1-29.

Athey, S., and Roberts, J. (2001). "Organizational Design: Decision Rights and Incentive Contracts." *Amemican Economic Review: Papers and Proceedings,* 91: 200-5.

Avery, C., Chevalier, J. A., and Schaefer, S. (1998). "Why Do Managers Undertake Acquisitions?: an Analysis of the Internal and External Rewards to Acquisitiveness." *Journal of Law, Economics, and Organization,* 14: 24-43.

——, Roberts, J., and Zemsky, P. (1993). "Sony Corporation Enters the Entertainment Business." Stanford, CA: Stanford University Graduate School of Business, case S-BP-265.

Baker, G. (2000). "The Use of Performance Measures in Incentive Contracting." *American Economic Review: Papers and Proceedings*, 90: 415-20.

———, Gibbons, R., and Murphy, K. (1994). "Subjective Performance Measures in Optimal Incentive Contracts." *Quarterly Journal of Economics*, 109: 1125-56.

——————— (2001). "Relational Contracts and the Theory of the Firm." *Quarterly Journal of Economics*, 117: 39-83.

Baron, J., and Kreps, D. M. (1999). *Strategic Human Resources: Frameworks for General Managers*. New York: John Wiley & Sons.

———, Burton, D., and Hannan, M. T. (1996). "The Road Taken: Origins and Early Evolution of Employment Systems in Emerging Companies." *Industrial and Corporate Change*, 5: 239-76.

Barnett, W., and Reddy, P. (1995). "Newell Company (A)." Stanford, CA: Stanford University Graduate School of Business, case S-SM-16A.

Bartlett, C. A. (1993). "ABB's Relays Business: Building and Managing a Global Matrix." Boston: Harvard University Graduate School of Business Administration, case 9-394-016.

———, and Mohammed, A. (1995). "3M: Profile of an Innovating Company." Boston: Harvard University Graduate School of Business Administration, case 9-395-016.

———, and O'Connell, J. (1998). "Lincoln Electric: Venturing Abroad." Bonton: Harvard University Graduate School of Business Administration, case 3-398-095.

Berg, N. A., and Fast, N. D. (1975). "Lincoln Electric Co.." Boston: Harvard University Graduate School of Business Administration, case 9-376-028.

Berger, P., and Ofek, E. (1995). "Diversification's Impact on Firm Value." *Journal of Financial Economics*, 37: 39-65.

——————— (1996). "Bustup Takeovers of Value-Destroying Diversified Firms." *Journal of Finance*, 51: 1175-200.

Berzins, A., Podolny, J., and Roberts, J. (1998*a*). "British Petroleum (A): Performance and Growth." Stanford, CA: Stanford University Graduate School of Business, case S-IB-16A.

——————— (1998*b*). "British Petroleum (B): Focus on Learning." Stanford, CA: Stanford University Graduate School of Business, case S-IB-16B.

Brady, D., and de Verdier, A.-K. (1998). "Nike: A History." Stanford, CA: Stanford University Graduate School of Business, case S-IB-14A.

Bresnahan, T., Brynjolfsson, E., and Hitt, L. M. (2002). "Information Technology, Workplace Organization and the Demand for Skilled Labor: Firm-level Evidence." *Quarterly Journal of Economics*, 117: 339-76.

Brynjolfsson, E., and Hitt, L. M. (2000). "Beyond Computation: Information Technology, Organizational Transformation and Business Performance." *Journal of Economic Perspectives,* 14/14: 23-48.

Burgelman, R. (1984). "Designs for Corporate Entrepreneurship in Established Firms." *California Management Review,* 26: 154-66.

―― (2002). *Strategy is Destiny: How Strategy-Making Shapes a Company's Future.* New York: Free Press.

Burt, T. (2002). "Auditors Drive a Hard Bargain at Ford." *Financial Times,* January 14, U. S. edition, 14.

Campa, H., and Kedia, S. (2002). "Explaining the Diversification Discount." *Journal of Finance,* 57: 1731-62.

Chandler, A., Jr. (1962). *Strategy and Structure.* Cambridge, MA: MIT Press.（有賀裕子訳『組織は戦略に従う』ダイヤモンド社，2004年）

―― (1977). *The Visible Hand: The Managerial Revolution in American Business.* Cambridge, MA: Belknap Press.（鳥羽欽一郎・小林袈裟治訳『経営者の時代：アメリカ産業における近代企業の成立』東洋経済新報社，1979年）

Chevalier, J. (2002). "Why do Firms Undertake Diversifying Mergers? An Examination of the Investment Policies of Merging Firms." Chicago: University of Chicago Graduate School of Business, working paper.

Coase, R. (1937). "The Nature of the Firm." *Economica,* 4: 386-405.（「企業の本質」宮沢健一・後藤晃・藤垣芳文訳『企業・市場・法』東洋経済新報社，1992年に所収）

―― (1960). "The Problem of Social Cost." *Journal of Law and Economics,* 3: 1-44.（「社会的費用の問題」宮沢・後藤・藤垣訳（1992）に所収）

Comment, R., and Jarrell, G. (1995). "Corporate Focus and Stock Returns." *Journal of Financial Economics,* 37: 67-87.

Day, J., Mang, P., Richter, A., and Roberts, J. (2001). "The Innovative Organization: Why New Ventures Need More than a Room of their Own." *The McKinsey Quarterly,* (Second Quarter): 20-31.

――――――(2002). "Has Performance Pay Had its Day?" *The McKinsey Quarterly* (Fourth Quarter): 46-55.

Doornik, K. (2001). "Relational Contracting in Partnerships." Stanford, CA: Stanford University Graduate School of Business, working paper.

―― (2002). "Incentive Contracts with Dispute Costs." Stanford, CA: Stanford University Graduate School of Business, working paper.

―― (2003). "Dispute Costs and Reputation." Oxford: Oxford University Saïd School of Business, working paper.

Doornik, K., and Roberts, J. (2001). "Nokia Corporation: Innovation and Efficiency in a High-Growth Global Firm." Stanford, CA: Stanford University Graduate School of Business, case S-IB-23.

Gibbons, R. (1997). "Incentives and Careers in Organizations." In D. Kreps and K.

Wallis (eds.), *Advances in Economic Theory and Econometrics*, vol. II. Cambridge: Cambridge University Press, 1-37.

——, and Murphy, K. (1990). "Relative Performance Evaluation for Chief Executive Officers." *Industrial and Labor Relations Review*, 43: 30S-51S.

—— —— (1992). "Optimal Incentive Contracts in the Presence of Career Concerns: Theory and Evidence." *Journal of Political Economy*, 100: 468-505.

Gibbons, R., and Waldman, M. (1999). "Careers in Organizations: Theory and Evidence." In O. Ashenfelter and D. Card (eds.), *Handbook of Labor Economics*, vol. 3B. Amsterdam: Elsevier, 2373-437.

Gomes-Casseres, B., and McQuade, K. (1991). "Xerox and Fuji Xerox." Boston: Harvard University Graduate School of Business Administration, case 9-391-156.

Grinblatt, M., and Titman, S. (2002). *Financial Markets and Corporate Strategy*. Boston: McGraw-Hill Irwin.

Grossman, S. J., and Hart, O. (1986). "Costs and Benefits of Ownership: A Theory of Vertical and Lateral Integration." *Journal of Political Economy*, 94: 691-719.

Hart, O. (1995). *Firms, Contracts, and Financial Structure*. Oxford: Clarendon Press.

——, and Holmström, B. (1987). "The Theory of Contracts." In T. Bewley (ed.), *Advances in Economic Theory: Fifth World Congress*. Cambridge: Cambridge University Press, 71-155.

——, and Moore, J. (1990). "Property Rights and the Nature of the Firm." *Journal of Political Economy*, 98: 1119-58.

Hellmann, T. (1998). "The Allocation of Control Rights in Venture Capital Contracts." *RAND Journal of Economics*, 29: 57-76.

Helper, S., MacDuffie, J. P., and Sabel, C. (1998). "The Boundaries of the Firm as a Design Problem." Proceedings, Conference on Make versus Buy: Emerging Structures. New York: Columbia University School of Law Sloan Project in Corporate Governance.

Holmström, B. (1979). "Moral Hazard and Observability." *Bell Journal of Economics*, 10: 74-91.

—— (1982*a*) "Managerial Incentive Problems—A Dynamic Perspective." In *Essays in Economics and Management in Honor of Lars Wahlbeck*. Helsinki: Swedish School of Economics. Reprinted in *Review of Economic Studies*, 66 (1999): 169-82.

—— (1982*b*). "Moral Hazard in Teams." *Bell Journal of Economics*, 13: 324-40.

—— (1999). "The Firm as a Subeconomy." *Journal of Law, Economics, and Organization*, 15: 74-102.

——, and Milgrom, P. (1991). "Multitask Principal-Agent Analyses: Incentive Contracts, Asset Ownership and Job Design." *Journal of Law, Economics, and Organization*, 7: 24-52.

——, and Roberts, J. (1998). "The Boundaries of the Firm Revisited." *Journal of*

Economic Perspectives, 12: 73-94.

Horngren, C. T. (1999). *Cost Accounting: A Managerial Emphasis*, 5th edn. Englewood Cliffs, NJ: Prentice Hall.

Ichniowski, C., Shaw, K., and Prennushi, G. (1997). "The Effects of Human Resource Management Practices on Productivity: A Study of Steel Finishing Lines." *American Economic Review*, 87: 291-313.

Jaikumar, R. (1986). "Postindustrial Manufacturing." *Harvard Business Review*, 64: 61-8.

Jensen, M., and Meckling, W. (1976). "Theory of the Firm: Managerial Behavior, Agency Costs and Ownership Structure." *Journal of Financial Economics*, 3: 305-60.

Joskow, P. L. (1985). "Vertical Integration and Long Term Contracts: The Case of Coal Burning Electric Generating Plants." *Journal of Law, Economics, and Organization*, 1: 33-80.

—— (1987). "Contract Duration and Relationship Stecific Investments: Empirical Evidence from Coal Markets." *American Economic Review*, 77: 168-85.

—— (1988). "Asset Specificity and the Structure of Vertical Relationships: Empirical Evidence." *Journal of Law, Economics, and Organization*, 4: 95-117.

Kamper, A., Podolny, J., and Roberts, J. (2000). "Novo Nordisk: Global Coordination." Stanford, CA: Stanford University Graduate School of Business, case S-IB-20A.

Kawasaki, T., and McMillan, J. (1987). "The Design of Contracts: Evidence from Japanese Subcontracting." *Journal of the Japanese and International Economies*, 1: 327-49.

Kennan, J., and Wilson, R. (1993). "Bargaining with Private Information." *Journal of Economic Literature*, 31: 45-104.

Klein, B., Crawford, R., and Alchian, A. A. (1978). "Vertical Integration, Appropriable Rents, and the Competitive Contracting Process." *Journal of Law and Economics*, 21: 297-326.

Kotter, J. (1990). "What Leaders Really Do." *Harvard Business Review*, 68: 103-11.

Kreps, D. (1990). "Corporate Culture and Economic Theory." In J. Alt and K. Shepsle (eds.), *Perspectives on Positive Political Economiy*. Cambridge: Cambridge University Press, 90-143.

Lang, L. H. P., and Stulz, R. M. (1994). "Tobin's q, Corporate Diversification and Firm Performance." *Journal of Political Economy*, 102: 1248-80.

Lazear, E. (2000). "Performance Pay and Productivity." *American Economic Review*, 90: 1346-61.

——, and Rosen, S. (1981). "Rank Order Tournaments as Optimum Labor Contracts." *Journal of Political Economy*, 89: 841-64.

Levin, J. (2003). "Relational Incentive Contracts." *American Economic Review*, 93:

835-57.

Levinthal, D. A. (1997). "Adaptation on Rugged Landscapes." *Management Science*, 43: 934-50.

Lichtenberg, F. (1992). "Industrial De-Diversification and its Consequences for Productivity." *Journal of Economic Behavior and Organization*, 18: 427-38.

Lins, K., and Servaes, H. (1999). "International Evidence on the Value of Corporate Diversification." *Journal of Finance*, 54: 2215-40.

McMillan, J. (1995). "Reorganizing Vertical Supply Relationships." In H. Siebert (ed.), *Trends in Business Organization: Do Participation and Cooperation Increase Competitiveness ?* Tübingen: J. C. B. Mohr, 203-22.

—— (2002). *Reinventing the Bazaar: The Natural History of Markets*. New York: W. W. Norton & Company.

——, and Woodruff, C. (1999a). "Dispute Prevention Without Courts in Vietnam." *Journal of Law, Economics, and Organization*, 15: 637-58.

—— —— (1999b). "Interfirm Relationships and Informal Credit in Vietnam." *Quarterly Journal of Economics*, 114: 1285-20.

March, J. (1991). "Exploration and Exploitation in Organizational Learning." *Organization Science*, 2: 71-87.

Masten, S. E. (1984). "The Organization of Production: Evidence from the Aerospace Industry." *Journal of Law and Economics*, 27: 403-17.

——, Meehan, J. W., and Snyder, E. A. (1989). "Vertical Integration in the US Auto Industry: A Note on the Influence of Transactions Specfic Assets." *Journal of Economic Behavior and Organization*, 12: 265-73.

Matsusaka, J. (1993). "Takeover Motives During the Conglomerate Merger Wave." *RAND Journal of Economics*, 24: 357-79.

Meyer, M., Milgrom, P., and Roberts, J. (1992). "Organizational Prospects, Influence Costs and Ownership Changes." *Journal of Economics and Management Strategy*, 1: 9-36.

Milgrom, P., and Roberts, J. (1988a). "Communication and Inventories as Substitutes in Organizing Production." *Scandinavian Journal of Economics*, 90: 275-89.

—— —— (1988b). "An Economic Approach to Influence Activities in Organizations." *American Journal of Sociology*, 94 Suppl.: S154-79.

—— —— (1990a). "Bargaining Costs, Influence Costs and the Organization of Economic Activity." In J. Alt and K. Shepsle (eds.), *Perspectives on Positive Political Economy*. Cambridge: Cambridge University Press, 57-89.

—— —— (1990b). "The Economics of Modern Manufacturing: Technology, Strategy and Organization." *American Economic Review*, 80: 511-28.

—— —— (1990c). "The Efficiency of Equity in Organizational Decision Processes." *American Economic Review: Papers and Proceedings*, 80: 154-9.

―――(1992). *Economics, Organization and Management*. Englewood Cliffs, NJ: Prentice Hall, 1992. (奥野正寛・伊藤秀史・今井晴雄・西村理・八木甫訳『組織の経済学』NTT出版，1997年)

―――(1993). " Johnson Controls, Inc., Automotive Systems Group: Georgetown, Kentucky Plant." Stanford, CA: Stanford University Graduate School of Business, case S-BE-9.

―――(1994). " Complementarities and Systems: Understanding Japanese Economic Organization." *Estudios Económicos*, 9: 3-42.

―――(1995). " Complementarities and Fit: Strategy, Structure and Organizational Change in Manufacturing." *Journal of Accounting and Economics*, 19: 179-208.

―――(1998). " The Internal Politics of the Firm." In S. Bowles, M. Franzini, and U. Pagano (eds.), *The Politics of Exchange and the Economics of Power*. London: Routledge, 46-62.

Monteverde, K., and Teece, D. (1982). " Supplier Switching Cost and Vertical Integration in the U. S. Automobile Industry." *Bell Journal of Economics*, 13: 260-13.

Montgomery, C. A., and Wernerfelt, B. (1988). " Diversification, Ricardian Rents and Tobin's q." *RAND Journal of Economics*, 19: 623-32.

Myerson. M., and Satterthwaite, M. (1983). " Efficient Mechanisms for Bilateral Trading." *Journal of Economic Theory*, 29: 265-81.

Nagar, V. (2002). " Delegation and Incentive Compensation." *Accounting Review*, 77: 379-95.

Newman, P. C. (1985). *Company of Adventurers, Vol. I*. Markham, ON: Penguin.

―――(1987). *Company of Adventurers, Vol. II: Caesars of the Wilderness*. Markham, ON: Penguin.

―――(1991). *Company of Adventurers, Vol. III. Merchant Princes*. Markham, ON: Penguin.

Nickerson, J., and Zenger, T. (2003). " Being Efficiently Fickle: A Dynamic Theory of Organizational Choice." *Organization Science*, 13: 547-66.

Ohno, T. (1988). *Toyota Production System: Beyond Large-Scale Production*. Cambridge, MA: Productivity Press. (大野耐一『トヨタ生産方式：脱規模の経営をめざして』ダイヤモンド社，1978年)

O'Reilly III, C. (1998). " Cisco Systems: The Acquisition of Technology is the Acquisition of People." Stanford, CA: Stanford University Graduate School of Business, case S-HR-10.

Oyer, P. (1998). " Fiscal Year Ends and Nonlinear Incentive Contracts: The Effect on Business Seasonality." *Quarterly Journal of Economics*, 113: 149-85.

Pearson, A., and Hurstak, J. (1992). " Johnson and Johnson: Hospital Services." Boston: Harvard University Graduate School of Business Administration, case 9-392-050.

Pfeffer, J. (1996). *Competitive Advantage Through People: Unleashing the Power of the Work Force.* Boston: Harvard Business School Press.

Porter, M. (1980). *Competitive Strategy: Techniques for Analyzing Industries and Competitors.* New York: Free Press. (土岐坤・中辻萬治・服部照夫訳『競争の戦略（新訂）』ダイヤモンド社, 1995年)

—— (1985). *Competitive Advantage: Creating and Sustaining Superior Performance.* New York: Free Press. (土岐坤・中辻萬治・小野寺武夫訳『競争優位の戦略：いかに高業績を持続させるか』ダイヤモンド社, 1985年)

Prendergast, C. (1999). " The Provision of Incentives in Firms." *Journal of Economic Literature,* 37: 7-63.

—— (2000). " What Trade-off of Risk and Incentives?" *American Economic Review: Papers and Proceedings,* 90: 421-5.

Rajan, R., Servaes, H., and Zingales, L. (2000). " The Cost of Diversity: The Diversification Discount and Inefficient Investment." *Journal of Finance,* 60: 35-80.

——, and Wulf, J. (2002). " The Flattening Firm: Evidence from Panel Data on the Changing Nature of Corporate Hierarchies." Philadelphia: University of Pennsylvania Wharton School of Finance, working paper.

——, and Zingales, L. G. (1998). " Power in a Theory of the Firm." *Quarterly Journal of Economics,* 113: 387-432.

Roberts, J. (1998). " Value Maximization." In P. Newman (ed.), *The New Palgrave Dictionary of Economics and the Law,* vol. 3. London: Macmillan Reference.

——, and Van den Steen, E. (2001). " Human Capital and Corporate Governance." In J. Schwalbach (ed.), *Corporate Governance: A Volume in Honor of Horst Albach.* Berlin: Springer Verlag, 128-44.

Rotemberg, J., and Saloner, G. (1994). " The Benefits of Narrow Business Strategies." *American Economic Review,* 84: 1330-49.

—— —— (2000). " Visionaries, Managers and Strategic Direction." *RAND Journal of Economics,* 31: 693-716.

Roy, D. (1952). " Quota Restriction and Goldbricking in a Machine Shop." *American Journal of Sociology,* 57: 427-42.

Ruigrok, W., Pettigrew, A., Peck, S., and Whittington, R. (1999). " Corporate Restructuring and New Forms of Organizing: Evidence from Europe." *Management International Review,* 39 (Special Issue): 41-64.

Saloner, G., Shepard, A., and Podolny, J. (2001). *Strategic Management.* New York: John Wiley & Sons. (石倉洋子訳『戦略経営論』東洋経済新報社, 2002年)

Schaefer, S. (1988). " Influence Costs, Structural Inertia and Organizational Change." *Journal of Economics and Management Strategy,* 7: 237-63.

Scharfstein, D. (1998). " The Dark Side of Internal Capital Markets II: Evidence from Diversified Conglomerates." Cambridge, MA: National Bureau of Economic

Research, working paper 6352.
——, and Stein, J. (2000). "The Dark Side of Internal Capital Markets: Divisional Rent-Seeking and Inefficient Investment." *Journal of Finance,* 55: 2537-64.
Shin, H.-H., and Stultz, R. (1998). "Are Internal Capital Markets Efficient?" *Quarterly Journal of Economics,* 112: 531-52.
Simon, H. (1951). "A Formal Theory of the Employment Relationship." *Econometrica,* 19: 293-305. (「雇用関係の定式的理論」宮沢光一監訳『人間行動のモデル』同文舘出版, 1970年に所収)
—— (1991). "Organizations and Markets." *Journal of Economic Perspectives,* 5: 25-44.
Smith, A. (1776/1937). In E. Canaan (ed.), *An Inquiry into the Nature and Causes of the Wealth of Nations.* New York: The Modern Library. (大河内一男監訳『国富論』中央公論社, 1978年)
Spence, A. M. (1973). "Job Market Signaling." *Quarterly Journal of Economics,* 87: 355-74.
Spraakman, G. P. (2002). "A Critique of Milgrom and Roberts' Treatment of Incentives vs. Bureaucratic Controls in the British North American Fur Trade." *Journal of Management Accounting Research,* 14: 135-52.
Stevenson, H., Martinez, J., and Jarillo, J. C. (1989). "Benetton S.p.A." Boston: Harvard University Graduate School of Business Administration, case 9-389-074.
Vance, R., Bhambri, A., and Wilson, J. (1980). "IBM Corp.: The Bubble-Memory Incident." Boston: Harvard University Graduate School of Business Administration, case 9-180-042.
Van den Steen, E. (2002). "Organizational Beliefs and Managerial Vision." Cambridge, MA: Massachusetts Institute of Technology Sloan School of Management, working paper.
Villalonga, B. (2002a). "Diversification Cost or Premium? New Evidence from BITS Establishment-Level Data." Boston: Harvard University Graduate School of Business Administration, working paper.
—— (2002b). "Does Diversification Cause the 'Diversification Discount'?" Boston: Harvard University Graduate School of Business Administration, working paper.
Whang, S., and de Verdier, A.-K. (1998). "Nike: Global Supply Chain." Stanford, CA: Stanford University Graduate School of Business, case S-IB-14D.
Whinston, M. (2003). "On the Transaction Cost Determinants of Vertical Integration." *Journal of Law, Economics, and Organization,* 19: 1-23.
Whittington, R., Pettigrew, A., Peck, S., Fenton, E., and Conyon, M. (1999). "Change and Complementarities in the New Competitive Landscape: A European Panel Study, 1992-1996." *Organization Science,* 10. 583-600.
Williamson, O. (1975). *Markets and Hierarchies: Analysis and Antitrust Implications.* New York: Free Press. (浅沼萬里・岩崎晃訳『市場と企業組織』日本評論社, 1980年)

―― (1985). *The Economic Institutions of Capitalism*. New York: Free Press.
Womack, J. P., Jones, D. T., and Roos, D. (1990). *The Machine that Changed the World*. New York: Harper Perennial. (沢田博訳『リーン生産方式が世界の自動車産業をこう変える：最強の日本メーカーが欧米を追い越す日』経済界, 1990年)

参考文献（日本語版への序文，訳注，および訳者あとがき）

Aoki, M. (1992), "The Japanese Firm as a System of Attributes: A Survey and Research Agenda," in M. Aoki and R. Dore *eds., The Japanese Firm: Sources of Strength*. Oxford: Oxford University Press, pp. 11-40. (NTTデータ通信システム科学研究所訳『システムとしての日本企業：国際・学際研究』NTT出版, 1995年に所収)
Aoki, M. (2001), *Toward a Comparative Institutional Analysis*. Cambridge, MA: MIT Press. (瀧澤弘和・谷口和弘訳『比較制度分析に向けて』NTT出版, 2001年)
青木昌彦 (1995)『経済システムの進化と多元性：比較制度分析序説』東洋経済新報社.
青木昌彦・奥野正寛編 (1996)『経済システムの比較制度分析』東京大学出版会.
Athey, S. and S. Stern (1998), "An Empirical Framework for Testing Theories About Complementarity in Organizational Design," NBER Working Paper 6600, February.
Barney, J. (2002), *Gaining and Sustaining Competitive Advantage*, 2nd *edn*. Upper Saddle River, NJ: Prentice-Hall. (岡田正大訳『企業戦略論：競争優位の構築と持続（上）（中）（下）』ダイヤモンド社, 2003年)
Chandler, A. (1962), *Strategy and Structure: Chapters in the History of the American Industrial Enterprise*. Cambridge, MA: MIT Press. (有賀裕子訳『組織は戦略に従う』ダイヤモンド社, 2004年)
伊藤秀史編 (1996)『日本の企業システム』東京大学出版会.
Langlois, R. and P. Robertson (1995), *Firms, Markets, and Economic Change: A Dynamic Theory of Business Institutions*. New York: Routledge. (谷口和弘訳『企業制度の理論：ケイパビリティ・取引費用・組織境界』NTT出版, 2004年)
Milgrom, P. and Roberts J. (1992), *Economics, Organization, and Management*. Englewood Cliffs, NJ: Prentice-Hall. (奥野正寛・伊藤秀史・今井晴雄・西村理・八木甫訳『組織の経済学』NTT出版, 1997年)
Milgrom, P. and Roberts J. (1994), "Complementarities and Systems: Understanding Japanese Economic Organization," *Estudios Económicos*, 9, pp. 3-42.
Milgrom, P. and Roberts J. (1995), "Complementarities and Fit: Strategy, Structure, and Organizational Change in Manufacturing," *Journal of Accounting and Economics*, 19, pp. 179-208.
木戸一夫・谷口和弘・渡部直樹 (2004*a*)「現代企業のスーパーモジュラー分析序説（Ⅰ）」『三田商学研究』47巻4号, pp. 61-79.

木戸一夫・谷口和弘・渡部直樹（2004b）「現代企業のスーパーモジュラー分析序説（II）」『三田商学研究』47巻5号，pp. 113-128.
岡崎哲二・奥野正寛編（1995）『現代日本経済システムの源流』日本経済新聞社.
Porter, M. (1998), *On Competition*. Cambridge, MA: Harvard Business School Press. （竹内弘高訳『競争戦略論（I）（II）』ダイヤモンド社, 1999年）
下川浩一・藤本隆宏編（2001）『トヨタシステムの原点：キーパーソンが語る起源と進化』文眞堂.
谷口和弘（2005a）「組織は戦略を補う」『三田商学研究』48巻1号, pp. 299-308.
谷口和弘（2005b）『企業の境界と組織アーキテクチャ：企業制度論序説』NTT出版, 近刊.
Topkis, D. (1998), *Supermodularity and Complementarity*. Princeton, NJ: Princeton University Press. （小宮英敏・木戸　大訳『スーパーモジュール性と補完性』慶應義塾大学出版会, 近刊）

事項索引

A-Z
CEO　11,23,58,105,113,118,131,151,171-173,177,203,241,242,244,249,250,255,267
EMS企業　180
FDA(米国食品医薬品局)　107
HRM(人的資源管理)　15,37,43,66,176
ICT(情報・通信技術)　47,182
M&A(合併・買収)　2,201,230,233,234
MBO(マネジメント・バイアウト)　93,162
M型組織(事業部制組織)　1,2,28,88,106
PARC(→文化)　16,18,155,271
R&D　241,249,259,261
TOB(テイクオーバー・ビッド)　170
U型組織(職能別組織)　159

ア
アーキテクチャ(PARCのA)　16,18,22,24,67,103,108,111,159,169,177,225,238,253,264,271,273
アウトソーシング　i,2,89,108,161,170,175,176,178-180,182-184,186,188,190,197,224,233,265
アクセス　4,8,99,111,203,221,259
アクティビティ　1,2,13,16,17,23,31,32,34,39,45,54,59,70,73,92-94,97,98,100,103,107,109,111,112,133,137-139,141,161,178-182,188,196,204,207,212,217,235,241,244-247,250,271,272
アブノーマル・リターン　230
いいところどりのアプローチ　236
意思決定権　17,51,133,162,169,174,220,221,265
イニシアチブ　5,8,45,101-108,134,165,177,183,217,239,253,271
イノベーション　3,37,45,71,106,201,229,236-240,243,247-253,256,258,259,261,273
　プロセス・イノベーション　44,239
　プロダクト・イノベーション　43,101
　メージャー・イノベーション　2,239
　ラディカル・イノベーション　240
インキュベーター　241
インセンティブ　10,32,33,39,40,47,62,71,75,77,79,80,87,89-96,98,100,101,108,111,116-118,120,121,123,124,126-128,133-145,149,152,156-158,160,163,164,167,169,170,180-183,190,195,204,208,210,215,216,218,219,222,239,245-250,252,253,258
　インセンティブ強度　123,124-127,135,140,175,219,245,272
　インセンティブ契約　118,145
　インセンティブ問題　112,150,185,255 →「モチベーション問題」を参照
インフォーマティブ原理　129,143,272
インフルエンス　62,95-97,213
　インフルエンス活動　95-97,151,162,207-211,217,251,259
　インフルエンス費用　62,63,236
失われた10年　199
エージェンシー問題　118,163,255
エージェンシー理論　116,118,119,128,130,150,155,185
エクイティ・カーブアウト　89
エンパワーメント(権限委譲)　24,45,59,

60, 106, 108, 162, 166, 168, 174, 216, 220, 256
(目的関数の)凹性　47, 48, 51, 269
オークション　231
オペレーション効率　256

カ

カイゼン　49, 52
外部オプション　20, 91, 132, 165, 187
外部性　75, 101, 112, 204, 213, 271
学習　3, 24, 62, 85, 103, 105, 141, 180, 197, 199, 258, 268, 273
隠れた行動　191
隠れた情報　191
価値創造　13, 14, 19, 20, 95, 99, 114, 115, 118, 152, 185, 190, 202, 213, 233, 234, 264
ガバナンス　16, 65, 233, 261, 265, 269
環境　iii, 10, 12, 17, 18, 21, 22, 28, 30, 36, 47, 48, 63, 65, 263
　　　乱気流環境　25, 26, 165, 273
関係特殊投資　85-87, 186, 192, 193
慣行　i, vi, 38, 43, 58, 59, 67, 83, 107, 146, 193, 222, 225
慣性　21, 58
機会主義　81, 85, 152, 193, 207
機関投資家　3, 170, 215
企業　v, 6, 8, 13, 14, 17, 19, 21, 24, 33, 42, 51, 56, 59, 61, 63, 68, 69, 73, 80, 82, 85, 87-88, 94, 97-100, 103, 108, 111, 112, 115, 126, 132, 140, 144, 150, 154, 156, 157, 160-162, 167, 169, 170, 172, 178, 180, 181, 183, 185, 186, 188, 196, 211, 215, 225, 227-230, 232, 234-237, 245, 248, 249, 254, 260, 264-272
　　　アメリカ企業　i, ii, 270
　　　日本企業　i-iii, 11, 58, 65
企業家精神　208
企業境界　16, 83, 91, 97, 109, 161, 181, 183, 203
企業制度論　273
企業文化　5, 51, 207 →「文化」を参照
企業変化　215

規範　2, 24, 52, 61, 108, 146, 163, 166, 170, 175, 177, 193, 219
規模の経済　23, 32, 44, 69, 190, 233
基本的変換　85
逆選択　77, 78
キャッシュ・フロー　214
急勾配のランドスケープ　29
境界　160, 225
　　　垂直境界　16, 169, 215
　　　水平境界　16, 169, 215
業績　18, 19, 21, 31, 34, 35, 47, 48, 50, 52-54, 56, 61-63, 80, 96, 103, 104, 107, 128, 140, 146, 151, 154, 158, 160, 164, 168, 169, 215, 217, 222, 227, 229, 237, 247
　　　業績給　30-33, 108, 129, 140, 148, 153, 167, 222, 256
　　　業績向上　iii, v, 3, 24, 25, 49, 53, 55, 93, 94, 162, 164, 169, 170, 177, 215, 217
　　　業績指標　78, 89, 92, 120-124, 126-128, 131, 132, 136, 137, 142-145, 148, 150, 161, 163, 167, 245, 246, 248, 272
　　　グループ業績給　146
競争優位　14, 17, 271, 273
協力　85, 101-103, 105-108, 134, 184, 186, 187, 195, 204, 271
協力会　192, 193
局所最適性　53
距離をおいた市場取引　i, 103
クレオソートブッシュ　239, 240
　　　クレオソートブッシュ効果　254
クレディブルな脅し(信憑性のある脅し)　189
クロス・ファンクショナル・チーム　44, 45
経営　51, 55, 64, 106, 156, 233, 263, 265, 267, 273
ケイパビリティ　14, 21, 189, 192, 194, 200, 203, 213, 223, 234, 236, 264
　　　組織ケイパビリティ　238
契約　20, 78, 82, 114, 115, 117, 120, 150,

事項索引　*289*

　　　156,213
　　　　暗黙的契約　　17,62,154
　　　　インセンティブ契約　　118,145
　　　　関係的契約　　109,185,199
　　　　契約のネクサス　　98
　　　　契約の不完備性　　81
　　　　契約配置　　233
　　　　不完備契約　　82,91
　　　　明示的契約　　16,17,150,188,199
ケース・スタディ　　v ,141
ゲームのルール　　99
原価管理　　247,248-250
研究中心大学(リサーチ・ユニバーシティ)　　237,240
権限　　5,10,16,51,98,145,217
限定合理性　　81
コア・コンピタンス　　45
公共財　　74,75,82
効率賃金　　132,166
コーディネーション　　ii ,3,13,52,56,69,70,72,73,83,98,99,102,104,106,182,204,205,236,241,264,271
　　　　コーディネーション問題　　49,70,71,73
コーポレート・センター　　15,172,220
コヒーレンス　　7,11,35,52,53,55,270
コヒーレント・ポイント　　53,54,56
コマンド・アンド・コントロール(命令と管理)　　5,56,216
コミットメント　　41,59,81,96,189,259
　　　　コミットメント問題　　79-81,85
コミュニケーション　　3,41,47,56,60-62,72,96,106,170,178,182,203,217,220,237,242,259,263,273
コングロマリット　　171,201,208,209
　　　　コングロマリット・ディスカウント　　201,211
混合と調和(ミックス・アンド・マッチ)　　30,37,226,236
コンティンジェンシー理論　　18,270

サ
再交渉　　80-82,87
在庫生産　　32
財産権アプローチ　　90,99,180
産業組織論　　12
残余請求権　　122
シェアードサービス　　222
シグナリング　　77
資源　　62,71,73,87,96,99,107,194,200,237
資源配分　　73,83
自己選択　　157
資産特殊性　　88
市場　　17,20,25,71-74,78,82,97-100,196,197,201,211
市場の失敗　　73,76,99
システム効果　　34
実効化　　32,72,76,79,85,114,150,163,166,185
　　　　実効化可能性　　88
シナジー　　141,233,271
ジャスト・イン・タイム方式　　60
収穫逓増　　51
集中　　27,201,211,213,224,249
主観的評価　　150,151
受注生産　　32,47
準レント　　86,87
ジョイント・ベンチャー　　109,171,188,196,199,206
勝者の災い　　231,232
情報の非対称性　　76,77,79,82,84,151,191,192,203
情報問題　　76,85
職能別組織　　159
所有権　　90,91,99,216
シリコンバレー　　43,260
信頼　　24,41,42,149,153,165-167,172,177,239,256
垂直統合　　44,88,91,180
垂直分解　　178,273

スーパーモジュラー分析　271
スカンクワーク・モデル　254
スクリーニング　77, 166, 235
スタートアップ企業　21, 43, 163, 244, 248-250
スタンダード戦争　206
ストック・オプション　130, 147, 150, 214, 248, 249
ストリーム　23, 172, 175, 177
スパン・オブ・コントロール　178, 218-220
スピルオーバー　31, 142, 206, 221, 222
スピンオフ　2, 108, 160, 192, 260
スラック　238, 240, 241
制裁　115, 154, 186, 187, 189, 193
成長　iii, v, 229, 243, 269, 273
制度　iv, 19, 69, 154
説得　61, 263
選択的介入　88, 94
選択と集中　273
戦略　ii, iii, 5, 7, 9-15, 17, 18, 21-31, 36, 38, 47, 50, 53, 56-59, 63, 68, 103, 105, 156, 169, 216, 219, 227, 238, 263-271
　　　企業戦略（全社戦略）　15, 202
戦略経営論　v, 12, 29, 269, 273
戦略的意思決定　26
戦略的意図　26, 27
戦略的認識　58
戦略は組織にしたがう　25
戦略変化　22, 63
相互依存性　70, 71, 169, 205, 224, 264
創造性　13, 268
組織　ii, 3, 7, 10-13, 15-18, 21, 22, 25, 26, 28-31, 37, 38, 42, 43, 47, 50, 53, 54, 56, 58, 59, 61, 62, 66, 68, 69, 97, 101, 103, 105, 106, 108, 111, 112, 115, 118, 156, 157, 159, 160, 164, 169, 180, 216, 229, 235, 237, 263, 264, 266, 269, 271
組織アーキテクチャ　158, 159, 208 →「アーキテクチャ」を参照
組織イノベーション　2-4, 59

組織学習　66, 271
組織経済学　iv, v, 269
組織デザイン　i, iii-v, 1-3, 11, 12, 17, 18, 22-24, 26, 29, 31, 35, 37, 38, 41, 47, 49, 51, 53, 59, 63, 64, 66, 67, 83, 95, 101, 103, 105-107, 111, 133, 146, 167, 169, 170, 174, 178, 208, 219, 222, 224, 225, 227, 229, 235, 236, 238, 255, 258, 263-269, 271, 272
　　　組織デザイン問題　iii, v, 12, 21, 25, 28-30, 33, 63, 68, 69, 236, 265, 266, 269, 273
組織は戦略にしたがう　12, 263, 270
組織は戦略を補う　270
組織変化　11, 22, 24, 31, 35, 47, 51, 52, 63, 235

タ
代替性　32
第三者的実効化主体　81
タイト・カップリング　31, 63, 64, 66, 67, 271
ダイベスチャー　172
大量生産　43
　　　大量生産方式　43
多角化　201-203, 209, 210, 212-214
　　　多角化ディスカウント　210, 212
タスク　16, 49, 70, 133-135, 137, 141, 238, 244-246, 251, 265
脱多角化　215, 273
多様性　33-35, 38, 66, 270
探査　237, 238, 240, 243, 245, 246, 251, 253, 255, 260, 261, 272
段取り替え（チェンジオーバー）　33, 37
　　　段取り替え費用　33
知識　3, 27, 86, 141, 173, 176, 186, 188, 197, 251, 265
チャンドラー命題　12, 25, 270
長期関係　i, 45, 65, 106, 183, 185, 188, 196, 200
ツー・サプライヤー・ポリシー　189, 190
ディカップリング　66

事項索引　*291*

テイクオーバー(乗っ取り)　6,208
提携(アライアンス)　109,183,196,233
帝国建設　118,214,232
ディレイヤリング(階層の削減)　108, 216,218,220,221
適合　ii,10,18,21,28-30,63,66,68,270
出来高給　38-42,136,140,157,158
　　出来高給制　38,39,136,239
デザイナー　18,26,31,32,51,56,63,66, 111,132,133,159,168
動機づけ　17,39,72,73,80,99,102,104, 117,131,147,150,154,156,158,167,235
統合　104,180,183,202,204
トーナメント　131
(選択集合の)凸性　47,48,51,269
トヨタ生産方式　60,188
トラッキング・ストック　89
取引費用　83,85,88,99,182
努力供給　119-121,124,125,128,133, 135,142

ナ

内発的動機づけ　138,158,218
内部組織　83,97,106,215,224
ネットワーク　ii,51,99,108,217,241, 264,273

ハ

パートナーシップ　2,163,183,186,188, 196,198,200,224,233
ハイ・コミットメント型のHRM　128, 148,165,166,256
買収ターゲット　230-232,234,235
発掘　237,238,240,243,245,246,251, 253,255,261,272
バランス・スコアカード　132
ハリウッド　206,209
バリュー・チェーン(価値連鎖)　15,179
パワー　3,4,62,65,81,99,118
範囲の経済　45
ヒエラルキー　3,5,88,103,178,216-217, 220
非凹性　30,47,55
比較業績評価　131,144,145
比較制度分析　iv,269,270,274
ビジネス・モデル　5,241
ビジネス・ユニット(事業単位)　2,16,23, 67,75,89,90,104-108,116,134,142,143, 145,159,164,168,177,178,223,235,251- 253,260
ビジョン　26,58,60,156,166,256,258, 263,266,272
非凸性　30,47
人々(PARCのP)　16,18,62,103,111, 156,163,167,235,238,250,264,271
評判　61,96,114-116,136,152-155,183, 185,193,233
ブートレッグ・プロジェクト　242
不確実性　63,120,121,129,131,133, 181,235,245,246,248
不可分性　50,233
複雑性　22,27,44,59,180,208,209,213, 227
ブランド　75,90,91,101,116,142,179, 205,241,256
フリー・ライダー問題　147,195,219,252
フリー・ライディング(ただ乗り)　74, 116,117,146,151,158,272
フレキシビリティ　27,33-35,38,41,44- 46,60,64,182,184,271
プロジェクト1990　172
プロセス　5,17,26,27,61,66,145,163, 225,230,238
プロダクト・ライフ・サイクル　244
プロフィット・シェアリング　10,147
文化(PARCのC)　16-18,27,31,67,103, 111,164,166,167,169,177,208,235,238, 267,271
分解　106,169,170,202
ベスト・プラクティス　67,68,107,164, 175,268,273
ペット・プロジェクト　242,255

ペトロプレナー　23,173
ベンチ・マーキング　268,273
ベンチャー・キャピタリスト　163,241,244
ポートフォリオ　15,202,244
ホールドアップ　81,85-87,91,101,180,182,193,195,196
　　　ホールドアップ問題　87
補完性　30-34,38,43,45,47,54,55,59,64,135,178,205,221,224,225,233,234,271
ポジション（職位）　2,14,15,41,56,62,161,177

マ

マーケティング　23,44,66,169,172,179,187,234
マトリクス組織　23,104,223
マネジメント　1,2,15,169
　　　トップ・マネジメント　1,25,26,88,105,125,126,130,150,165,171,174,207,221,254,255
　　　ミドル・マネジメント　1,24,105
　　　ロワー・（レベル）マネジメント　1,94-96,165,217,220
マネジャー　iii, v,1,2,11,21,44,47,56,88,92,93,104,108,140,142-145,149,152,160,162,164,166,174,182,203,218,220,222,252,266
　　　シニア・マネジャー　7,94,95,128,224
　　　ゼネラル・マネジャー　v,11,17
マルチタスク　51,101,133,136,139,142,145,160,163,252,254
　　　マルチタスク問題　40,101,133,134,140,142,245,248,251-253,255
メインバンク　65
メンタル・モデル　17
モチベーション（動機づけ）　ii,13,24,69,70,83,96,111,113,114,132,144,146,149,155,158,159,161-164,167,208,221,258,264,265,271
　　　モチベーション問題　71,73,111-118,156,161,163,245
モデルT　35
モニタリング　17,32,66,78,85,113,116,120,132,146,150,151,162,167,256
モラル・ハザード　78,115,207,213,233
　　　モラル・ハザード問題　78

ヤ

勇気　61
予測不能なコンティンジェンシー（予測できないすべてのおこりうる事象）　10

ラ

ライセンシング　240
乱気流環境　25,26,165,273
リーダーシップ　24,58,258,263,265-267,273
リーン生産　43,45
　　　リーン生産方式　41,43,60
リスク・シェアリング　122
ルース・カップリング　64,66,67,169,216,221,271
ルーティン（PARCのR）　16-18,24,27,67,103,107,111,163,169,177,208,238,264,271
レバレッジ　156,233
レモン　76,77,84
レント　86
ロックイン　80,85

ワ

割引因子　153,154
ワン・ベスト・ウェイ　49,178,270

企業・組織名索引

A
アーサーアンダーセン (Arthur Andersen) 196
アセア・ブラウン・ボベリ (ABB) 96, 103-105, 158, 223
アップル (Apple) 156, 255
アモコ (Amoco) 171, 177, 233, 235
アルコ (Arco) 171, 177, 233
AT&T 200, 237

B
バーマカストロール (Burmah Castrol) 171
ベネトン (Benetton) 179
ベル研究所 (Bell Laboratories) 237
BP (BP plc) vii, 23, 28, 89, 129, 164, 170-173, 176-178, 216, 222, 224, 233, 235, 266
BPX (BPエクスポレーション：BP Exploration) 23, 25, 106-108, 173, 177, 223
BT 200

C
キヤノン 199
コロンビア・ピクチャーズ (Columbia Pictures) 205, 234
コンサート (Concert) 200
コンパック (Compaq) 235
シスコシステムズ (Cisco Systems) 229, 233, 235
CBS 229, 234
CBSレコード (CBS Records) 205, 206

D
第一勧業銀行 236
ダイムラー-ベンツ (Daimler-Bentz) 201
デルファイ (Delphi) 192
デンソー 189, 190

E
イーストマンコダック (Eastman Kodak) 199
エクソン (Exxon) 171
エクソンモービル (Exxon Mobil Corporation) 171
エリクソン (Ericsson) 256
エンロン (Enron) 148-150

F
フォード (Ford Motor Company) 35
富士写真フイルム 196-198
富士ゼロックス 196-199
フレクストロニクス (Flextronics) 179

G
GE (ゼネラル・エレクトリック) 38, 203, 213, 229
GEキャピタル (GE Capital) 229
GM (ゼネラル・モーターズ：General Motors) vii, 1, 37, 58, 184, 189, 192, 194, 195, 223, 254

H
ハドソン・ベイ (Hudson Bay Company) 6-12, 15, 22, 28, 30, 56, 58, 216, 244
ヒューストン・オイル・アンド・ミネラルズ (Houston Oil and Minerals) 208, 236

H. J. ハインツ(H. J. Heintz & Co) 148
HP(ヒューレットパッカード：Hewlett-Packard) 235

I
アイデアラボ(IdeaLab) 241
インテル(Intel) 239,255
IBM 145,199,254
ICI 201
ITT 203

J
ジョンソン・コントロールズ (Johnson Controls) vii
J&J(ジョンソン・エンド・ジョンソン：Johnson & Johnson) 105,106,169,222

K
コマツ 13
KPMG 195

L
リンカーン・エレクトリック(Lincoln Electric Company) 38,40-42,59,64, 136,142,157,158,238,239,243,244
ロッキード(Lockheed) 254

M
マンネスマン(Mannesmann) 230,234
モービル(Mobil) 171
モトローラ(Motorola) 27,256,258

N
ナイキ(Nike) 179
日産自動車 37
日本ビクター(JVC) 206
ニューウェル(Newell Company) 234
ノードストローム(Nordstrom) 267
ノキア(Nokia Corporation) vii,26-28,156,164,210,256-261,266,272

ノバルティス(Novartis) 201
ノボノルディスク(Novo Nordisk) vii,107-108
NUMMI 188

P
パロアルト研究センター(Palo Alto Research Center) 237
フィリップス(Phillips) 205,240
P&G(プロクター・アンド・ギャンブル：Proctor & Gamble) 240,249

R
ラバーメイド(Rubbermaid) 234
ランクゼロックス(Rank Xerox) 197,198
リコー 199

S
シアーズ・ローバック(Sears Roebuck) 1,149
スタンダード・オイル・オブ・ニュージャージー(Standard Oil of New Jersey) 1
セーフライト・オートグラス(Safelite Auto Glass) 157
ソニー vii,205-209,234,240
ソレクトロン(Solectron) 179

T
サーモエレクトロン (Themo-Electron Corporation) 89
テナリス(Tenaris) 159
テネコ(Tenneco) 208,236
トヨタ自動車 vii,36,37,60,184,188-190,192-194
3M(スリーエム) 241-243,250,267

U
UPFトンプソン(UPF-Thompson) 195

V
ヴァージン(Virgin)　204
バイアコム(Viacom)　230
ベバ(Veba)　171
ボーダフォン(Vodafone)　230

W
ウェスチングハウス(Westinghouse Electric Corporation)　38,229,234

ウォルト・ディズニー・カンパニー(Walt Disney Company)　204
ワールドコム(Worldcom)　148-150

X
ゼロックス(Xerox)　196-199,237
ゼロックス・インターナショナル・パートナーズ(Xerox International Partners)　198

人名索引

A
アカロフ,ジョージ(George Akerlof)　76
アルチアン,アーメン(Armen Alchian)　98
青木昌彦　iv,274
アロー,ケネス(Kenneth Arrow)　73
エイシー,スーザン(Susan Athey)　vi,271

B
バーニー,ジェイ(Jay Barney)　273
ブラウン,ジョン(John Browne)　23,107,173
ブリンヨルフソン,エリック(Eric Brynjolfsson)　34

C
チャンドラー,アルフレッド(Alfred Chandler)　12,270
シュヴァリエ,ジュディス(Judith Chevalier)　212
コース,ロナルド(Ronald Coase)　72,76,83,98

D
デムゼッツ,ハロルド(Harold Demsetz)　98

F
フォード,ヘンリー(Henry Ford)　35
フルーエン,マーク(Mark Fruin)　274
藤本隆宏　60

G
ジェニーン,ハロルド(Harold Geneen)　203
グライフ,アヴナー(Avner Greif)　274
グローブ,アンディ(Andy Grove)　255

H
ハート,オリヴァ(Oliver Hart)　90
ホルムストローム,ベント(Bengt Holmström)　vi,91

I
伊藤秀史　270

J

ジェンセン, マイケル (Michael Jensen) 98
ジョブズ, スティーブ (Steve Jobs) 156

K
木戸一夫 271, 274
クレプス, デヴィッド (David Kreps) vii

L
ラングロワ, リチャード (Richard Langlois) 273

M
マーチ, ジェームズ (James March) 238
マクミラン, ジョン (John McMillan) vii, 72, 155
ミルグロム, ポール (Paul Milgrom) ii, vi, 91, 274
マーリーズ, ジェームズ (James Mirrlees) 76

O
大野耐一 60
岡崎哲二 270
奥野正寛 270
オリラ, ヨルマ (Jorma Ollila) 260

P
ペティグルー, アンドリュー (Andrew Pettigrew) 224
ポーター, マイケル (Michael Porter) 12, 273
ポドルニー, ジョエル (Joel Podolny) vi

R
ロバートソン, ポール (Paul Robertson) 273

S
スカリー, ジョン (John Sculley) 255
下川浩一 60
サイモン, ハーバート (Herbert Simon) 72, 98
スミス, アダム (Adam Smith) 69
ソロー, ロバート (Robert Solow) 35
スペンス, マイケル (Michael Spence) 76
スターン, スコット (Scott Stern) 271
スティグリッツ, ジョゼフ (Joseph Stiglitz) 76

T
谷口和弘 271
トプキス, ドナルド (Donald Topkis) 271
豊田喜一郎 60

U
植竹晃久 274

V
ヴィラロンガ, ベレン (Belen Villalonga) 212

W
渡部直樹 271, 274
ウィリアムソン, オリヴァ (Oliver Williamson) 88
ウォズニアック, スティーブ (Steve Wozniak) 156

著者紹介

ジョン・ロバーツ (John Roberts)
スタンフォード大学ビジネス・スクール (アメリカ) 教授.
マニトバ大学 (カナダ) 卒業 (1967). ミネソタ大学 (アメリカ) Ph.D. 取得 (1972). ノースウェスタン大学 (アメリカ) 助教授 (1972-74), 準教授 (1974-77), 教授 (1977-80).
[専攻] 組織経済学, 戦略経営論, ゲーム理論. [主要著書] *Economics, Organization, and Management.* with P. Milgrom, Englewood Cliffs, NJ : Prentice-Hall, 1992. (奥野正寛・伊藤秀史・今井晴雄・西村理・八木甫訳『組織の経済学』NTT 出版, 1997年).
[主要論文] "The Boundaries of the Firm Revisited," with B. Holmström, *Journal of Economic Perspectives,* 12, 1998, pp. 73-94.

訳者紹介

谷口和弘 (たにぐち・かずひろ)
慶應義塾大学商学部 (日本) 助教授・南開大学現代管理研究所 (中国) 訪問研究員.
[専攻] 企業制度論, 比較制度分析, 戦略経営論. [主要著書]『企業の境界と組織アーキテクチャ:企業制度論序説』(NTT 出版, 近刊). [主要訳書] 青木昌彦『比較制度分析に向けて』(共訳, NTT 出版, 2001年). リチャード・ラングロワ/ポール・ロバートソン『企業制度の理論:ケイパビリティ・取引費用・組織境界』(NTT 出版, 2004年).

現代企業の組織デザイン
——戦略経営の経済学

2005 年 11 月 15 日　初版第 1 刷発行　　定価はカバーに
　　　　　　　　　　　　　　　　　　　　表示してあります

著　者	ジョン・ロバーツ
訳　者	谷　口　和　弘
発行者	杉　本　　　孝
発行所	ＮＴＴ出版株式会社

〒 153-8928　東京都目黒区下目黒 1-8-1　アルコタワー
TEL:03-5434-1010(営業本部)/03-5434-1001(出版本部)
FAX:03-5434-1008　http://www.nttpub.co.jp
印刷製本　中央精版印刷株式会社

© TANIGUCHI Kazuhiro 2005　Printed in Japan
ISBN 4-7571-2139-3　C3033　乱丁・落丁はお取り替えいたします

NTT出版刊

組織の経済学
ポール・ミルグロム＋ジョン・ロバーツ 著／奥野正寛＋伊藤秀史＋今井晴雄＋西村理＋八木甫 訳

補完性をキー概念に，企業組織とそれをとりまく制度をシステムとして考察する，経済学と経営学の独創的ブレークスルー．日本の制度改革にも貴重な示唆を与える一冊．

B5判変型・定価（本体5,500円＋税）

比較制度分析に向けて　［新装版］
青木昌彦 著／瀧澤弘和＋谷口和弘 訳

制度とは何か．制度はいかに変わりうるか──ゲーム理論の枠組みの拡充と豊富な比較・歴史情報の結合によって，経済学・組織科学・政治学・法学・社会学・認知科学における制度論的アプローチを統合しようとする画期的業績．シュンペーター賞受賞．

B5判変型・定価（本体3,900円＋税）

国際・学際研究　システムとしての日本企業
青木昌彦＋ロナルド・ドーア 編／NTTデータ通信システム科学研究所 訳

日本企業の競争力の源泉は何か．内外第一線の研究者の共同研究による「日本企業」研究の決定版．学際的分析，システム性の認識，多様性の認識，国際比較的視点などの明快な分析指向が特長．

A5判・定価（本体5,340円＋税）

現代の資本主義制度　グローバリズムと多様性
コーリン・クラウチ＋ウォルフガング・ストリーク 編／山田鋭夫 訳

現代の米・欧・日先進資本主義各国市場経済体制の制度的特性と市場効率を政治経済学的，社会経済学的視点から分析し，その展開の方向を考察する．周到に計画・編集された共同研究の成果．世界史的展望のニーズに正面から応える力作．

A5判・定価（本体3,800円＋税）

企業制度の理論──ケイパビリティ・取引費用・組織境界
リチャード・ラングロワ＋ポール・ロバートソン 著／谷口和弘 訳

新制度派経済学の視点からケイパビリティや取引費用が企業境界の決定に及ぼす影響を解明．モジュール型システムに代表されるイノベーション，組織形態の多様性，産業発展における政府の役割を分析した動学的企業制度論．

A5判・定価（本体3,300円＋税）

イノベーションの経営学　技術・市場・組織の統合的マネジメント
ジョー・ティッド＋ジョン・ベサント＋キース・パビット 著／後藤晃＋鈴木潤 訳

イノベーションのマネジメントには日常的な企業の管理とは異なるスキル・取り組みが必要だ．イノベーション・マネジメントに関わる企業人だけでなく，技術の産業化を目指す研究者，技術経営に関心を持つ学生も必携．

B5判変型・定価（本体4,800円＋税）

現代産業組織論
植草益 他著

「産業組織論」の伝統的な体系をベースに，ゲーム理論，範囲の経済性，コンテスタブル市場理論等の新理論，公的規制，技術革新，産業融合などの新たな実証分析を加えた新しい体系に向かう産業組織論を明快かつ包括的に解説する．

A5判・定価（本体2,600円＋税）

（定価は2005年11月現在）